यह संकलन अज़ीम प्रेमजी विश्वविद्यालय की 'शिक्षा के सरोकार' सेमिनार शृंखला का हिस्सा है। इसमें अज़ीम प्रेमजी विश्वविद्यालय व फ़ैकल्टी ऑफ़ एजूकेशन, जामिया मिल्लिया इस्लामिया, दिल्ली के साथ संयुक्त रूप से आयोजित 'भाषा शिक्षण' पर केन्द्रित वेबिनार में प्रस्तुत पर्चे हैं। ये पर्चे हिन्दी और उर्दू में हैं। उर्दू के पर्चे देवनागरी लिपि और बोलचाल की भाषा में हैं।

यह वेबिनार के पर्चों का दूसरा भाग है। इस संकलन में वेबिनार की चार थीमों 'भाषा शिक्षण की शुरुआत : साक्षरता व अर्थग्रहण'; 'प्राथमिक स्तर पर भाषा शिक्षण में समावेशन'; 'भाषा शिक्षण और कक्षागत अनुभव' और 'भाषा शिक्षण और आरम्भिक साहित्यिक अभिव्यक्तियाँ' पर लिखे एवं प्रस्तुत किये गये पर्चे हैं। पहला संकलन प्राथमिक स्तर पर भाषा शिक्षण शीर्षक से प्रकाशित हुआ है। यह दूसरा संकलन प्राथमिक कक्षाओं के बाद के भाषा, ज्ञान व सीखने-सिखाने के कुछ अहम मुद्दों पर केन्द्रित है। ये पर्चे प्राथमिक स्तर पर भाषा शिक्षण से सम्बन्धित विविध तरह की पृष्ठभूमि वाले अध्येताओं के हैं, जो कि कई दृष्टियों व अनुभवों को पाठक के सामने रखते हैं। पर्चों में सिद्धान्तों की चर्चा तो है ही लेकिन व्यवहार के धरातल पर उन्हें लागू करने के अनुभवों की बात ज़्यादा है।

उम्मीद है, यह संकलन भाषा-शिक्षा के क्षेत्र में काम कर रहे लोगों के अनुभव व फ़ील्ड से प्राप्त समझ को व्यापक करने में मदद करेगा। साथ ही हिन्दी व अन्य भारतीय भाषाओं में इन मसलों पर और अधिक विमर्श को प्रोत्साहित करेगा।

अज़ीम प्रेमजी विश्वविद्यालय

सर्वे नम्बर 66, बुरुगुंटे विलेज, बिक्कनाहल्ली मेन रोड,

सरजापुरा, बेंगलूरु, कर्नाटक-562 125

Email : publications@apu.edu.in

Website : www.azimpremjiuniversity.edu.in

भाषा शिक्षण के कुछ सरोकार

सम्पादक

हृदय कान्त दीवान, रजनी द्विवेदी
राजेश उत्साही, अवधेश त्रिपाठी

वाणी प्रकाशन
प्रकाशन के उत्कृष्टतम 62 वर्ष

Azim Premji University

पेपरबैक पहला संस्करण : 2025

vaniprakashan.com

वाणी प्रकाशन

4695, 21-ए, दरियागंज, नयी दिल्ली-110 002

फ़ोन : + 91 11 23273167, 23275710

शाखाएँ

अशोक राजपथ, पटना-800 004, बिहार

कॉफ़ी हाउस कैम्पस, महात्मा गांधी मार्ग, प्रयागराज-211 001, उत्तर प्रदेश

महात्मा गांधी अन्तरराष्ट्रीय हिन्दी विश्वविद्यालय, वर्धा-442 001, महाराष्ट्र

sales@vaniprakashan.in

vaniprakashan@gmail.com

Bhasha Shikshan Ke Kuchh Sarokaar

Edited by Hriday Kant Dewan

Rajani Dwivedi

Rajesh Utsahi

Awadhesh Tripathi

ISBN : 978-93-6944-668-1

Education\Language

मूल्य : ₹ 500

सिटी प्रेस, दिल्ली-110 095 में मुद्रित

वाणी प्रकाशन का लोगो मक़बूल फ़िदा हुसैन की कूची से

अनुक्रम

शिक्षा के सरोकार : शृंखला परिचय

अज़ीम प्रेमजी फ़ाउंडेशन का व्यापक नज़रिया और उद्देश्य समाज में समतामूलक शिक्षा के लिए किये जाने वाले प्रयासों में पहलक़दमी व सहयोग प्रदान करना है। इस मुहिम में अज़ीम प्रेमजी विश्वविद्यालय का एक मक़सद गुणवत्तापूर्ण उच्च शिक्षा को ज़्यादा-से-ज़्यादा लोगों तक ले जाना है। इस दिशा में विश्वविद्यालय ने कई क़दम उठाये हैं और कई नये प्रयास शुरू करने की योजनाएँ हैं। उनमें से एक विश्वविद्यालय द्वारा संचालित विभिन्न पाठ्यक्रमों को दो भारतीय भाषाओं, हिन्दी और कन्नड़, में द्विभाषी ढंग से शुरू करना है। हमारी मान्यता है कि अंग्रेज़ी की कमज़ोरी के कारण इस तरह के कार्यक्रमों से वंचित विद्यार्थियों को धीरे-धीरे अंग्रेज़ी सीखकर आगे बढ़ने का मौक़ा मिलेगा। यह कर पाने के लिए एक काम तो इन पाठ्यक्रमों की उत्कृष्ट पठन सामग्री का अंग्रेज़ी से हिन्दी और कन्नड़ में अनुवाद करना है। दूसरा काम हिन्दी और कन्नड़ भाषा की इधर-उधर बिखरी सामग्री को खोजकर पाठकों के लिए सार्थक अध्ययन सामग्री के रूप में संकलित करना है। स्कूली शिक्षा ही नहीं बल्कि उच्च शिक्षा में भी ज्ञान पर विमर्श व मन्थन भारतीय भाषाओं में हो, इसके बारे में बहुत पहले से बात होती रही है। बहुत-से विषयों की पुस्तकों के अंग्रेज़ी से अनुवाद भी होते रहे हैं, किन्तु इनमें अधिकांश साहित्यिक रचनाओं के ही अनुवाद रहे हैं। साहित्य में यह भी हुआ है कि बहुत-सी भारतीय भाषाओं में लिखी सामग्री का अंग्रेज़ी में भी अनुवाद हुआ है। इसके विपरीत अन्य विषयों में न तो अंग्रेज़ी में लिखी गयी अच्छी पुस्तकों के ज़्यादा अनुवाद हुए और न ही भारतीय भाषाओं में पर्याप्त मात्रा में अच्छी पुस्तकें लिखी गयीं।

हालाँकि पिछले कुछ दशकों में स्कूली शिक्षा के सिद्धान्त और व्यवहार पर व्यवस्थित अकादमिक चर्चा के लिए देश के कई विश्वविद्यालयों में कई व्यापक क़दम उठाये गये, जिनमें नये कार्यक्रमों की संरचना और मौजूदा पाठ्यक्रमों का संशोधन मुख्य हैं। जहाँ हमारा यह विश्वास है कि इस तरह के पाठ्यक्रमों के

संचालन से स्कूली शिक्षा से जुड़े मुद्दों पर नागरिक समाज में सजगता आयेगी, वहीं यह भी स्पष्ट है कि इन कार्यक्रमों की गुणवत्ता बढ़ाने तथा इन्हें और अधिक समावेशी बनाने के लिए इनको भारतीय भाषाओं में भी आरम्भ करने का लक्ष्य रखना ज़रूरी है। इसके लिए यह आवश्यक है कि भारतीय भाषाओं में विमर्श व ज्ञान-निर्माण हो तथा साथ ही अकादमिक साहित्य की रचना भी हो। ऐसी संगोष्ठियों का आयोजन, जिनमें प्रस्तुत किये जाने वाले आलेख भारतीय भाषाओं में हों व उन पर विमर्श भी भारतीय भाषाओं में ही हो, इस दिशा में एक छोटी पहलक़दमी है। अज़ीम प्रेमजी विश्वविद्यालय ने अन्य सहयोगियों के साथ मिलकर ऐसी संगोष्ठियों के आयोजन की श्रृंखला आरम्भ की है। इन संगोष्ठियों में अध्येता भारतीय भाषाओं में अपने पर्चे प्रस्तुत करते हैं और उन्हीं भाषाओं में इन पर विचार-विमर्श व मन्थन होता है। इन संवादों में ज़मीनी स्तर पर कार्य कर रहे बहुत-से व्यक्ति व अध्येता, जो भाषा के गतिरोध के कारण अपने विचार प्रस्तुत नहीं कर पाते, वे भी अपने कार्य अनुभव के आधार पर शामिल हो पाते हैं। इन संगोष्ठियों में वे ज़मीनी कार्य के दौरान बने अपने विचार व विश्लेषण अकादमिक मन्थन में रख पाते हैं। इससे सभी के लिए, अवधारणाओं और विचारों के साथ गहरी अन्त:क्रिया की सम्भावनाएँ बनती हैं।

इस श्रृंखला की चौथी संगोष्ठी का विषय 'भाषा शिक्षण, विचारशीलता और सृजनशीलता' था। यह संगोष्ठी अज़ीम प्रेमजी विश्वविद्यालय और डिपार्टमेंट ऑफ़ टीचर ट्रेनिंग एंड नॉन फॉर्मल एजुकेशन (IASE), फैकल्टी ऑफ़ एजुकेशन, जामिया मिल्लिया इस्लामिया, दिल्ली के संयुक्त आयोजन में 9 से 11 अक्टूबर, 2020 तक जामिया मिल्लिया इस्लामिया के परिसर में होनी थी। यह संगोष्ठी जामिया मिल्लिया इस्लामिया के स्थापना के 100 वें वर्ष के उपलक्ष्य में होने वाले आयोजनों का हिस्सा थी। लेकिन कोविड के कारण इसका आयोजन भौतिक रूप से नहीं हो सका। अन्ततः इसे इन्हीं तारीख़ों में वेबिनार के रूप में आयोजित किया गया। हालाँकि पर्चा प्रस्तुतकर्ताओं के भौतिक रूप से आमने-सामने न हो पाने के कारण पारस्परिक चर्चाएँ नहीं हो पायीं। किन्तु ऐसे बहुत-से लोग जो संगोष्ठी में नहीं आ पाते वे भी इसके सत्रों में ऑनलाइन शामिल हो पाये।

–हृदय कान्त दीवान

अज़ीम प्रेमजी विश्वविद्यालय, बेंगलूरु

प्रस्तावना : प्राथमिक स्तर पर भाषा शिक्षण

भाषा इन्सान की सबसे बड़ी ईजाद है और इस ईजाद ने इन्सान को न सिर्फ़ जैविक रूप से गढ़ा है वरन यह पीढ़ी-दर-पीढ़ी उसे सांस्कृतिक, सामाजिक, राजनैतिक रूप से ही नहीं वैचारिक रूप से भी गढ़ती जाती है। असल में भाषायी क्षमता व भाषायी पहचान न सिर्फ़ ज्ञान तक पहुँच को निर्धारित करते हैं बल्कि इससे आगे जाकर सत्ता व आर्थिक व्यवस्था में हिस्सेदारी भी निर्धारित करते हैं। यह बात भी अब स्पष्ट हो गयी है कि भाषाओं के विकास में ग़ैर-बराबरी कुछेक विशेष भाषाएँ जान पाने वालों को अन्य के मुक़ाबले बहुत बेहतर अवसर देती है। यह प्रश्न जायज़ है कि क्या भाषाओं में कुछ नैसर्गिक कमज़ोरियाँ होती हैं जो उन्हें उच्च शिक्षा व उच्च ज्ञान के लिए अनुपयुक्त बनाती हैं या फिर सभी भाषाएँ क्षमतावान हो सकती हैं। अभी की परिस्थिति में लगता है कि यह मानकर ही चला जाता है कि ज्ञान कुछेक भाषाओं में ही होगा और सभी को इसी भाषा में सीखना होगा। अब तो यह भी तर्क दिया जाने लगा है कि सम्पूर्ण मानवता के लिए ज्ञान की भाषा एक ही होनी चाहिए और यह काम अंग्रेज़ी बख़ूबी कर रही है। ध्यान रहे, इस संकलन व इससे जुड़ी संगोष्ठी की यह मान्यता नहीं है। इस संगोष्ठी में ही नहीं, हमारे हर कार्य में अज़ीम प्रेमजी विश्वविद्यालय की अनुवाद पहल टीम का मक़सद ही यह है कि कम-से-कम हिन्दी और कन्नड़ में भी उच्च शिक्षा व उच्च ज्ञान उपलब्ध हो। वैसे तो जैसा हमने पहले कहा सभी भाषाओं में विषयों में काम करने से ज्ञान सृजन व ज्ञान निष्पादन की गुंजाइश बन सकती है। किन्तु हमने अपने दायरे को अभी मुख्यत: दो भाषाओं हिन्दी और कन्नड़ तक रखा है। हमारा लक्ष्य यह भी है कि इन भाषाओं में नया ज्ञान भी रचा जाये और यह संगोष्ठी इसी प्रयास का एक ज़रिया है। यह संगोष्ठी हमारी सरोकार शृंखला का हिस्सा है। इसी शृंखला की एक कड़ी के रूप में यह संगोष्ठी आयोजित की गयी थी। इस संगोष्ठी में भाषा के शिक्षण से सीधे जुड़े कुछ मसलों पर बातचीत की गयी थी, जो कि भाषा की व भाषा में शिक्षण की बहस का एक छोटा हिस्सा हैं।

संगोष्ठी की थीम व संगोष्ठी का विशिष्ट मक़सद

इस संगोष्ठी का शीर्षक था, 'भाषा शिक्षण, विचारशीलता और सृजनशीलता' और यह स्कूली शिक्षा के एक महत्त्वपूर्ण आयाम 'भाषा शिक्षण' पर केन्द्रित था। भाषा के स्कूली शिक्षा में स्थान के बारे में कई महत्त्वपूर्ण बातें नीति व पाठ्यचर्या दस्तावेज़ों में कही गयी हैं। जैसे भाषा मात्र एक विषय नहीं है और यह सिर्फ़ भाषा की घण्टी में ही नहीं वरन हर विषय की शिक्षा का हिस्सा होना चाहिए। यह भी कहा जाता है कि न सिर्फ़ भाषा के बिना अन्य विषयों की समझ नहीं हो सकती बल्कि अन्य विषयों को सीखने से भाषा की क्षमता में भी इज़ाफ़ा होता है। भाषा की बढ़ती क्षमता अधिक विचारशीलता देती है और यह केवल हमें ज्ञान जानकारी व समझ को ग्रहण करने के लिए ही तैयार नहीं करती है वरन इससे हम अपने विचारों को व्यवस्थित करके बेहतर सोच सकते हैं और बेहतर अभिव्यक्त कर सकते हैं।

एक और बात जो भाषा के सन्दर्भ में ध्यान रखना आवश्यक है, वह यह कि आम व्यवहार की भाषा तो बच्चे पारिवारिक और सामुदायिक जीवन जीते हुए यूँ भी सीख लेते हैं, लेकिन पढ़ना-लिखना सीखने के लिए व्यवस्थित प्रयास और प्राय: स्कूल जैसी संस्था की ज़रूरत पड़ती है। अत: इस संगोष्ठी का एक मक़सद पढ़ने-लिखने के अर्थ व उसे सिखाने-सीखने के तरीक़े पर मन्थन करना था। एक और पहलू था भाषा शिक्षण का विचारों व भावनाओं से अन्त:सम्बन्ध : लिखी हुई भाषा को पढ़ पाना और अपने विचारों और भावनाओं को लिखकर व्यक्त कर पाना–इन बुनियादी क्षमताओं के आधार पर ही आम लोग किसी को 'पढ़ा-लिखा' या शिक्षित मानते हैं। किन्तु इन अपेक्षाओं के अतिरिक्त शिक्षित व्यक्ति से नैतिक और बौद्धिक अपेक्षाएँ भी होती हैं जिसमें दूसरों के प्रति आदर, उनके विचारों व भावनाओं की समझ व उनके प्रति इज़्ज़त शामिल है। हालाँकि पढ़ने-लिखने की क़ाबिलियत को लगभग सभी लोग स्कूल का महत्त्वपूर्ण लक्ष्य मानते हैं। किन्तु शिक्षा व उसमें भाषा शिक्षण से इससे अधिक अपेक्षाएँ हैं और इसका कक्षा में चर्चाओं व पाठ्यपुस्तकों में पाठों के चुनाव को लेकर भी महत्त्व है।

संगोष्ठी में एक चिन्ता यह भी थी कि स्कूलों में विद्यार्थी पढ़ने-लिखने की क्षमता विकसित नहीं कर पा रहे हैं और साल-दर-साल सरकारी और ग़ैर-सरकारी आकलन दिखा रहे हैं कि बहुत बड़ी संख्या में विद्यार्थी आवश्यक क्षमता हासिल किये बिना आगे बढ़ा दिये जाते हैं। संगोष्ठी का एक मक़सद यह भी था कि पिछले वर्षों से लगातार रेखांकित किये गये उक्त मसले, उनके कारण व निहितार्थों को समझने की कुछ व्यवस्थित कोशिश की जाये। इस राह में एक चुनौती यह है कि

पढ़ना-लिखना सीखने और सिखाने की एक यान्त्रिक समझ हमारे सहज बोध में व्याप्त है। न सीख पाने को अमूमन तकनीकी समस्या के रूप में देखा जाता है और उसका उसी तरह से टुकड़ों-टुकड़ों में समाधान सोचा जाता है। शिक्षकों के लिए यह भी समझना कठिन होता है कि बहुत-से बच्चों को दिक़्क़त क्यों होती है जबकि कुछ जल्दी ही सीख जाते हैं। एक ओर यह अनुभव है कि विशेष पृष्ठभूमि के विद्यार्थी सरलता से यह क्षमता हासिल कर लेते हैं जबकि अनेक बच्चों के लिए यह टेढ़ी खीर ही रहती है।

यह काफ़ी स्पष्ट हो गया है कि असल में यह महज़ एक तकनीकी समस्या नहीं वरन इसके सामाजिक-सांस्कृतिक आधार हैं। जैसे-जैसे सरकारी प्रयासों से विविध आर्थिक, सामाजिक, सांस्कृतिक और भाषिक पृष्ठभूमि के विद्यार्थी विद्यालयी शिक्षा-तन्त्र में आये हैं वैसे-वैसे यह समस्या बढ़ी है। वैसे तो स्कूल में इस विविधता का बढ़ना ख़ुशी की बात है किन्तु अधिक बच्चों का न सीख पाना इसे धूमिल कर देता है। आज स्कूली कक्षाएँ पहले की तुलना में अधिक बहुभाषिक और बहुसांस्कृतिक हुई हैं और आज बहुभाषिकता महज़ एक वैचारिक टेक नहीं, बल्कि हमारी अधिकांश विद्यालयी कक्षाओं की वस्तुस्थिति है। ऐसी स्थिति में क्या हो और कैसे? आज शैक्षिक बहुभाषिकता को एक संसाधन के रूप में देख सकते हैं या एक चुनौती के रूप में, लेकिन बहुभाषिकता की अनदेखी नहीं की जा सकती। इसके अलावा अलग-अलग सांस्कृतिक पृष्ठभूमि से आने वाले विद्यार्थी सीखने के अलग-अलग तौर-तरीक़ों को लेकर कक्षा में आते हैं। क्या विद्यालयी तन्त्र की ऐसी तैयारी है कि वह इस विविधता को अपनी सीखने-सिखाने की प्रक्रिया में समाहित करके उस प्रक्रिया को अर्थपूर्ण बना सके? हमारा मानना है कि आमतौर पर जब नीतिगत स्तर पर विद्यार्थियों के पढ़ने-लिखने की अपेक्षित क्षमता हासिल नहीं कर पाने की चर्चा होती है तो इन प्रश्नों पर ध्यान नहीं जाता।

संगोष्ठी का एक और आयाम था विद्यालयी शिक्षा के अन्य स्तरों पर भाषा शिक्षण के बारे में सोच। अगर प्राथमिक कक्षा का भाषा शिक्षण अपने एक प्रमुख लक्ष्यों पढ़ना-लिखना सिखाने को पूरा करने में सक्षम है और विद्यार्थी स्वतन्त्र ढंग से पढ़ना और लिखना सीख लेते हैं तो उच्च-प्राथमिक और माध्यमिक स्तर पर भाषा की कक्षा की आवश्यकता क्यों है? इसी तरह विद्यार्थी अपने घर की जो भी भाषा हो, उसे ढंग से अर्जित कर लेते हैं, तो इस समझ का भाषा सीखने में क्या उपयोग है? यह भी सवाल है कि यदि उसके घर की भाषा वही है जो उसे स्कूल में सीखनी है तो वह स्कूल में इन भाषाओं में ऐसी कौन-सी दक्षताएँ अर्जित करेगा जो सामान्य जीवन में इन भाषाओं को बरतते हुए अर्जित नहीं कर सकता है? क्या

पढ़ने व लिखने के अलावा कुछ और पहलू हैं जो महत्त्वपूर्ण हैं? वैसे उच्च प्राथमिक व माध्यमिक कक्षाओं में भाषा शिक्षण का एक मक़सद साहित्य से अन्त:क्रिया है। पर यह किस साहित्य व किस प्रक्रिया से हो? यह सब सवाल जो भाषा शिक्षण के लिए महत्त्वपूर्ण हैं वे भी संगोष्ठी का मसौदा थे।

एक मसौदा पढ़ने की सामग्री का चुनाव भी था। आज साहित्य के स्थापित लेखकों की रचनाओं से विद्यार्थियों को परिचित करवाने की जो पुरजोर कोशिश होती है, क्या वह जायज़ लक्ष्य है? सामग्री के चयन के क्या आधार हों? यह सवाल भी संगोष्ठी के मसौदे में था कि पाठ्यपुस्तक में शामिल अलग-अलग विधाओं की रचनाओं को पढ़ाकर हम किन लक्ष्यों को हासिल करना चाहते हैं? क्या इन्हें पढ़ाने का लक्ष्य भाषा के कुछ कौशलों का विकास है या मूल्य विकास एवं सांस्कृतिक विरासत से परिचय? यह भी कहा जाता है कि साहित्य भावनात्मक, संज्ञानात्मक और सौन्दर्यबोधात्मक क्षमताओं के विस्तार का स्रोत है तो क्या साहित्य पढ़ाने के पीछे ये तीनों मक़सद हैं? आज की भाषा शिक्षण व्यवस्था में किसको अधिक और किसको कम स्थान है और सन्तुलन का रास्ता क्या है?

संगोष्ठी इस व्यापक वैचारिक दायरे व उसके कक्षा के अनुभवों व निहितार्थों को उभारना चाहती थी। इसमें भाषा शिक्षण के हर स्तर के लिए अलग-अलग सत्र थे। इनमें हिन्दी व उर्दू के पर्चे प्रस्तुत किये गये। संगोष्ठी ने स्कूलों में कार्य करने वाले कर्मियों व अध्येताओं दोनों को आकर्षित किया। प्राप्त पर्चों में भाषा के स्वरूप, उसके शिक्षण लक्ष्य, इनसे जुड़े सिद्धान्त, सामग्री आदि के अलावा कक्षा के वास्तविक अनुभवों पर मनन आधारित पर्चे शामिल थे।

यह संकलन

संगोष्ठी के लिए हिन्दी और उर्दू में 185 एब्स्ट्रैक्ट आये जिनमें से कुछ को सम्पूर्ण पर्चों में तब्दील किया गया। संगोष्ठी के लिए हिन्दी में अन्तिम रूप से 57 पर्चे प्राप्त हुए, जिनमें से 53 की प्रस्तुति वेबिनार में की गयी। उर्दू में अन्तिम रूप से 21 पर्चे प्राप्त हुए। इनकी प्रस्तुति वेबिनार में की गयी। इस तरह कुल 74 पर्चों में से संकलन के लिए 33 पर्चे चयनित किये गये। इनका प्रकाशन दो भागों में किया जा रहा है। 19 पर्चों का पहला संकलन 'प्राथमिक स्तर पर भाषा शिक्षण' प्राथमिक कक्षाओं में भाषा सीखने-सिखाने के कुछ अहम मुद्दों पर केन्द्रित है। यह वाणी प्रकाशन द्वारा प्रकाशित किया गया है। 14 पर्चों का यह दूसरा संकलन प्राथमिक कक्षाओं के बाद भाषा, ज्ञान व सीखने-सिखाने के कुछ अहम मुद्दों पर केन्द्रित है।

अक्सर बात होती है कि भाषा का लेना-देना सभी विषयों से है और इसका प्रभाव सिर्फ़ भाषा की दक्षता के स्तर पर ही नहीं वरन हर विषय की क्षमता पर पड़ता है। इस दूसरे संकलन में शामिल पर्चे उच्च प्राथमिक कक्षा के बाद के सीखने के सफ़र पर नज़र डालते हैं। पढ़ना सीख जाने के बाद बाक़ी सभी विषयों में आगे बढ़ना भाषा में लिखी सामग्री को पढ़ पाने पर अत्यधिक निर्भर है। प्राथमिक स्तर पर यह समझना और उसके लिए क़दम उठा पाना अपेक्षाकृत आसान है कि कैसे भाषा के बिना अन्य विषयों की समझ नहीं हो सकती और अन्य विषयों को सीखने से भाषा की क्षमता में भी इज़ाफ़ा होता है, किन्तु आगे बढ़ते हुए यह याद रखना और इसको इस्तेमाल कर पाना मुश्किल हो जाता है। विषयों की पद्धति, जानकारी, अवधारणाएँ आदि का बोझा होने से उसकी बुनियाद में बसी भाषा भुला दी जाती है। भाषा के बारे में कथन है कि, 'भाषा की बढ़ती क्षमता अधिक विचारशीलता देती है और यह न सिर्फ़ हमें ज्ञान जानकारी व समझ को ग्रहण करने के लिए तैयार करती है वरन इससे हम अपने विचारों को व्यवस्थित करके बेहतर सोच सकते हैं और बेहतर अभिव्यक्ति कर सकते हैं।' लेकिन इसे अमली जामा पहनाना प्राथमिक कक्षा के बाद भी सरल नहीं रहता।

पर्चों की ऑनलाइन प्रस्तुतियों के बाद सवाल-जवाब का दौर हुआ और इनमें पूछे गये प्रश्नों व दी गयी टिप्पणियों के अलावा वेबिनार के बाद सम्पादकों की टीपों व सुझावों के आधार पर लेखकों ने अपने पर्चे को तराशा है। संकलन में हिन्दी भाषा के 8 पर्चे और उर्दू भाषा के 6 पर्चे हैं। उर्दू के पर्चे देवनागरी लिपि में हैं और इन्हें बोल-चाल की भाषा में ही रखने का प्रयास किया गया है, फिर भी इन दोनों भाषाओं की व्यापक समान पृष्ठभूमि के साथ-साथ इनमें जो अन्तर है वह इनके टेक्स्ट को अन्य भाषा-भाषी को सरलता से समझने में दिक़्क़त दे सकता है। उर्दू से जो पर्चे लिए गये हैं उनकी शब्दावली में कुछ परिवर्तन किया गया है। इस कार्य का दूसरा क़दम यह सोचा गया कि हिन्दी में लिखे पर्चों का भी उर्दू में अनुवाद हो किन्तु यह अभी नहीं हुआ है।

संकलन के पर्चों में से तीन भाषा, माध्यम व ज्ञान के अन्त:सम्बन्ध को खँगालते हैं। हालाँकि यह प्रश्न स्कूली शिक्षा के लिए भी महत्त्वपूर्ण है, किन्तु उच्च शिक्षा तक आते-आते यह अनेक कारणों से उलझ जाता है। इसके सन्दर्भ में मसला सिर्फ़ ज्ञान व अध्ययन सामग्री की उपलब्धता का ही नहीं है वरन वहाँ तक पहुँच का भी है। इनमें से कुछ पर्चे उन अध्येताओं ने अपने अनुभव के आधार पर लिखे हैं जो भाषाओं के बीच आदान-प्रदान के क्षेत्र में काम कर रहे हैं। यह पर्चे हमें इस आदान-प्रदान के एक महत्त्वपूर्ण तरीक़े, अनुवाद की राह में आने वाली अड़चनों से

भी अवगत करवाते हैं और रास्ते भी दिखाते हैं। इसके अलावा कुछ पर्चे भाषा के विषय ज्ञान के और उसके अध्यापन के साथ अन्त:सम्बन्ध को प्रस्तुत करते हैं। यह न सिर्फ़ यह दिखाते हैं कि भाषा के कारण किस तरह की दिक़्क़तें विषय शिक्षण में आती हैं वरन यह भी दिखाते हैं कि इन दोनों में किस प्रकार की पारस्परिक साझेदारी विचार ही नहीं व्यवहार स्तर पर हो सकती है। साथ ही कैसे इस सम्बन्ध को ठीक से इस्तेमाल करना न सिर्फ़ विषय सीखने-सिखाने को सरल कर सकता है वरन इससे भी अधिक सिखाये जा रहे विषय और उसकी सामग्री के प्रति हमारा रवैया ही बदल सकता है।

भाषा की कक्षा में प्राथमिक कक्षा के बाद क्या और कैसे होना चाहिए यह एक ऐसा सवाल है जिस पर पर्याप्त कार्य नहीं हुआ है। क्या इस दौरान भाषा की कक्षा का एकमात्र मक़सद पाठ्यपुस्तक में दिये गये साहित्य के अंशों की व्याख्या सुनना व याद करना है? क्या भाषा की उच्च-प्राथमिक और बाद की कक्षा व्याकरण के और ज़्यादा शब्दों की परिभाषा व उनके उदाहरणों को याद करना है? क्या इस समय लक्ष्य अलंकार व आडम्बर युक्त लेखन के उदाहरणों को जानना व दोहरा पाना है? या फिर भाषायी क्षमता के विकास के लक्ष्य व दृष्टि बहुत अलग होनी चाहिए। इन कक्षाओं में भाषा की किन क्षमताओं पर क्या और किस प्रकार कार्य होना चाहिए और किस प्रकार नहीं होना चाहिए इसकी कुछ झलक इन पर्चों में मिलेगी। इसके अलावा दो पर्चे उर्दू साहित्य में दो रूपों यथा शायरी और बाल-साहित्य के अध्ययन पर हैं।

हमारी कोशिश भाषा शिक्षण के बारे में सिद्धान्त निर्माण की तुलना में कक्षा में भाषा शिक्षण के मसलों को सुलझाने की अधिक रही है। इन पर्चों में सिद्धान्तों की चर्चा तो मिलेगी ही लेकिन व्यवहार के धरातल पर उन्हें लागू करने के अनुभवों की बात ज़्यादा होगी। हमारी यह कोशिश किस हद तक कामयाब रही है इसका निर्णय तो भाषा शिक्षण से जुड़े लोग और सामान्य पाठक ही करेंगे।

–सम्पादक

आभार

'शिक्षा के सरोकार' श्रृंखला की चौथी संगोष्ठी के वेबिनार के रूप में आयोजन में अज़ीम प्रेमजी विश्वविद्यालय और जामिया मिल्लिया इस्लामिया, दिल्ली के अनेक साथियों का सक्रिय सहयोग मिला। उनकी मदद के बिना न तो वेबिनार का आयोजन हो पाता और न ही यह संकलन तैयार होता। उन सबके हम हृदय से आभारी हैं। हम सभी पर्चा लेखकों के भी आभारी हैं। उनमें से बहुतों ने अपने अनुभवों को लिखा, हमारे साथ साझा किया और फिर दोबारा-तिबारा लिखने की मेहनत की, जिससे कि पर्चे को एक स्वरूप दिया जा सके। लेखकों ने संगोष्ठी में हुई चर्चा के आधार पर अपने पर्चे में परिवर्तन किये, इसके लिए भी हम उनके आभारी हैं।

किसी भी संगोष्ठी की विचारात्मक तैयारी से लेकर, सम्भावित लेखकों से सम्पर्क करना, उनसे पत्र-व्यवहार करना भी धैर्य का व लम्बा काम होता है। इसमें संगोष्ठी के लिए आये पर्चों के एब्स्ट्रैक्ट से शुरू करके उनके पर्चे के रूप में आने तक की यात्रा का पूरा रिकॉर्ड रखना, व उनसे आग्रह करके पर्चे समय पर बुलवाने में राजेश उत्साही का बहुमूल्य योगदान रहा। संगोष्ठी के लिए आये प्रत्येक पर्चे पर सम्पादक टीम की टिप्पणियों के साथ लेखकों को भेजना, कुछ पर्चों के सन्दर्भ में सम्पादक मण्डल के बहुचरणीय फ़ीडबैक व टिप्पणियों को लेखक के साथ साझा करना, लेखकों से संशोधित पर्चा समय पर प्राप्त हो यह सुनिश्चित करना व फिर पर्चों को अन्तिम रूप में प्राप्त कर लेने के बाद उसे ध्यान से एकरूप करके कापी-एडिट करवाना, संगोष्ठी में वितरण के लिए एब्स्ट्रैक्ट बुकलेट तैयार करना आदि कई सारे काम होते हैं। इन कामों में कई लोगों ने मदद की, किन्तु इसकी प्रमुख ज़िम्मेवारी राजेश उत्साही की ही थी। यही काम उर्दू भाषा में आये एब्स्ट्रैक्ट तथा पर्चों के लिए जामिया मिल्लिया इस्लामिया में रूही फ़ातिमा और तबस्सुम नक़ी ने किया। हिन्दी एब्स्ट्रैक्ट बुकलेट तैयार करने में कविता तिवारी ने उल्लेखनीय मदद की।

इस तरह के तीन दिवसीय वेबिनार की व्यवस्थागत तैयारी व क्रियान्वयन जटिल प्रक्रिया होती है जिसके कई आयाम हैं। बेंगलूरु में अज़ीम प्रेमज़ी विश्वविद्यालय की अनुवाद पहल टीम तथा दिल्ली में जामिया मिल्लिया इस्लामिया के कई प्राध्यापक, तकनीकी कर्मचारियों ने इस आयोजन को सम्भव बनाने में महती भूमिका अदा की है। प्राध्यापकों, स्वयंसेवक विद्यार्थियों, तकनीकी व अन्य व्यवस्थाओं में लगे कर्मचारियों के हम हृदय से आभारी हैं। उनके प्रयासों ने ही इस वेबिनार को सम्भव और सफल बनाया। वेबिनार में जामिया मिल्लिया इस्लामिया की प्राध्यापिकाएँ सारा बेगम, गुरजीत कौर, रूही फ़ातिमा, फ़ौजिया नदीम, तबस्सुम नक़ी तथा प्राध्यापक मामूर अली का अकादमिक सहयोग निरन्तर उपलब्ध रहा है। अज़ीम प्रेमजी विश्वविद्यालय के प्राध्यापक मनोज कुमार तथा अम्बेडकर विश्वविद्यालय दिल्ली की प्राध्यापिका शिवानी नाग तथा उनके विद्यार्थियों का अकादमिक सहयोग भी वेबिनार के आयोजन में प्राप्त हुआ है। वेबिनार के बाद इस संकलन को वर्तमान स्वरूप तक पहुँचाने में रजनी द्विवेदी, अवधेश त्रिपाठी तथा राजेश उत्साही ने महत्त्वपूर्ण सम्पादकीय योगदान किया। उर्दू पर्चों को प्रकाशन योग्य बनाने में अंदलीब (सहायक प्राध्यापिका, जामिया मिल्लिया इस्लामिया) का सहयोग उल्लेखनीय है। वेबिनार के सत्रों के सुचारु संचालन में अध्यक्ष के रूप में जामिया मिल्लिया इस्लामिया तथा अज़ीम प्रेमजी फ़ाउंडेशन के कई साथियों का सक्रिय सहयोग मिला। पर्चा प्रस्तुत करने वाले भागीदारों ने भी दूर-दराज़ के अपने-अपने स्थान से सीमित संसाधनों से वेबिनार में अपनी प्रस्तुति सफलतापूर्वक दी, इसके लिए वे भी साधुवाद के पात्र हैं।

संगोष्ठी के आयोजन को सफल बनाने और प्रस्तुत चुनिन्दा पर्चों को इस संकलन योग्य बनाने में सभी सहभागियों का एक बार पुन: आभार।

सम्पादक परिचय

हृदय कान्त दीवान
अज़ीम प्रेमजी विश्वविद्यालय, बेंगलूरु में प्राध्यापक के पद पर कार्यरत हैं।
ई-मेल : hardy@azimpremjifoundation.org

रजनी द्विवेदी
अज़ीम प्रेमजी विश्वविद्यालय की पत्रिका 'पाठशाला भीतर और बाहर' में सह-सम्पादक हैं।
ई-मेल : rajni.dwivedi@azimpremjifoundation.org

राजेश उत्साही
अज़ीम प्रेमजी विश्वविद्यालय में वरिष्ठ हिन्दी सम्पादक हैं। पूर्व में कई वर्षों तक बाल साहित्य के सम्पादन में संलग्न रहे हैं।
ई-मेल : utsahi@azimpremjifoundation.org

अवधेश त्रिपाठी
अज़ीम प्रेमजी विश्वविद्यालय में भोपाल में प्राध्यापक हैं। विभिन्न संस्थानों में अध्यापन का अनुभव।
ई-मेल : awadhesh.tripathi@azimpremjifoundation.org

लेखकों की संस्थागत सम्बद्धता

हृदय कान्त दीवान
अज़ीम प्रेमजी विश्वविद्यालय, बेंगलूरु
ई-मेल : hardy@azimpremjifoundation.org

करन
डॉ. बी. आर. अम्बेडकर विश्वविद्यालय दिल्ली में पीएचडी स्कॉलर (शिक्षा)
ई-मेल : karankvs.109@gmail.com

मधु बी.जोशी
स्वतन्त्र अनुवादक, नयी दिल्ली
ई-मेल : madhubalajoshi@yahoo.co.in

मनोहर लाल पटैल
पूर्व प्रधान पाठक, पिपरिया, ज़िला-नर्मदापुरम, म.प्र.
ई-मेल : manoharlalp3@gmail.com

जयमाला देवलाल
सहायक अध्यापिका, विज्ञान
राजकीय कन्या उच्च प्राथमिक विद्यालय डाबरी, विकासखण्ड : मूनाकोट
ज़िला-पिथौरागढ़ (उत्तराखण्ड)
ई-मेल : jaimaladeolal@gmail.com

शहनाज़ डी.के.
अध्यापिका, राजकीय बालिका उच्च प्राथमिक विद्यालय, गोगुन्दा, उदयपुर, राजस्थान
ई-मेल : shehnazakir@gmail.com

मुरारी झा
सामाजिक विज्ञान अध्यापक, दिल्ली प्रशासन विद्यालय
ई-मेल : murarijha1984@gmail.com

रूही फ़ातिमा
सहायक प्राध्यापक, इंस्टीट्यूट ऑफ़ एडवांस स्टडीज़, डिपार्टमेंट ऑफ़ टीचर ट्रेनिंग एंड नॉन फार्मल एजुकेशन (IASE), फैकल्टी ऑफ़ एजुकेशन, जामिया मिल्लिया इस्लामिया, नयी दिल्ली
ई-मेल : drroohiazam@yahoo.co.in

सीमीं मुर्तज़ा
एसोसिएट प्रोफ़ेसर,
डिपार्टमेंट ऑफ़ आर्ट एजुकेशन, जामिया मिल्लिया इस्लामिया, नयी दिल्ली
ई-मेल : seemimurtaza@gmail.com

तबस्सुम नक़ी
एसोसिएट प्रोफ़ेसर,
डिपार्टमेंट ऑफ़ टीचर ट्रेनिंग एंड नॉन फार्मल एजुकेशन (IASE), फैकल्टी ऑफ़ एजुकेशन, जामिया मिल्लिया इस्लामिया, नयी दिल्ली
ई-मेल : tabassumnaqi@hotmail.com

मुहम्मद इफ्तिख़ार आलम
जामिया सीनियर सेकेंडरी स्कूल, नयी दिल्ली
ई-मेल : IR72423@GMAIL.COM

मुहम्मद मुश्ताक़ तिजारवी
असिस्टेंट प्रोफ़ेसर, डिपार्टमेंट ऑफ़ इस्लामिक स्टडीज़, जामिया मिल्लिया इस्लामिया, नयी दिल्ली
ई-मेल : muftimushtak@gmail.com

मुहम्मद राशिद इक़बाल
डिपार्टमेंट ऑफ़ टीचर ट्रेनिंग एंड नॉन फार्मल एजुकेशन (IASE), जामिया मिल्लिया इस्लामिया, नयी दिल्ली
ई-मेल : rashid198972@yahoo.com

उच्च प्राथमिक स्तर पर भाषा व अन्य विषय

–हृदय कान्त दीवान

उच्च प्राथमिक स्तर पर भाषा शिक्षण का एक महत्त्वपूर्ण पहलू भाषा और इसके अन्य विषयों के साथ जुड़ाव से सम्बन्धित है। इस जुड़ाव की वजह से ही कहा जाता है कि भाषा पूरी पाठ्यचर्या में सम्मिलित है। इस जुड़ाव का एक हिस्सा विभिन्न तरह की समस्याओं और सवालों को हल करना है। अक्सर यह कहा जाता है कि प्राथमिक शाला में बच्चे समस्याओं को पढ़कर समझ नहीं सकते। प्राथमिक शाला में और उच्च प्राथमिक शाला में भी यही प्रयास किया जाता है कि बच्चे को पाठ समझा दिया जाये। चाहे गणित हो, चाहे विज्ञान या कोई अन्य विषय, बस पाठ समझा दिया जाये और समझाने के बाद बच्चा उनसे सम्बन्धित सीधे-सीधे सवालों के जवाब ढूँढ़े। यह मानना कि विज्ञान, सामाजिक अध्ययन या गणित शिक्षण का उद्देश्य महज़ बच्चे को अवधारणाएँ समझाना है, उनको सरल करके सीखने वाले के सामने प्रस्तुत करना है, जिससे वह सवालों को हल कर सके, यह इन विषयों के साथ भी और भाषा के विकास के साथ भी मज़ाक़ है। यह पर्चा उच्च प्राथमिक स्तर पर भाषा व अन्य विषयों के साथ इसके जुड़ाव से सम्बन्धित विभिन्न पहलुओं की पड़ताल करता है।

पृष्ठभूमि

प्राथमिक स्तर पर भाषा शिक्षण के बारे में बहुत कुछ लिखा गया है। इससे भाषा शिक्षण के बारे में कई पहलुओं की स्पष्टता हुई है व उस पर कम-से-कम कई जगहों के पाठ्यक्रम व पाठ्यपुस्तकों के स्तर पर ध्यान दिया गया है, किन्तु अधिकांश शिक्षकों के बीच और कक्षा में वह अभी नहीं दिखाई देती। बहुत-से राज्यों के पाठ्यक्रमों और पाठ्यपुस्तकों में भी अभी यह स्पष्टता नहीं आयी है। कई जगह एक बार आ जाने के पश्चात अगले पुनः संशोधन व संवर्धन की प्रक्रिया में वह हटा दी

गयी है। इस सदी के पहले दशक में भाषा में नयी तरह की पुस्तकों की काफ़ी बात हुई थी। पढ़ना सीखने-सिखाने के तरीक़ों के बारे में एक वैकल्पिक समझ शिक्षकों व कक्षा तक ले जाने का प्रयास हुआ था। किन्तु अनेक कारणों से यह चर्चाएँ व पाठ्यपुस्तकों में अधिकांशतः इनकी झलक धीरे-धीरे चली गयी है। इसमें कुछ पहलू जो विशेष तौर पर उलझे हैं उनमें से एक कोड समझने व पढ़ने के अन्तःसम्बन्ध का है। पाठ्यपुस्तक लेखक दल और शिक्षक के लिए यह समझ पाना कि डी-कोडिंग और पढ़ने के बीच में जो सम्बन्ध है वह कैसे कक्षा के व्यवहार में आये। इसमें यह बात भी शामिल है कि डी-कोडिंग पढ़ने की प्रक्रिया का किस तरह का हिस्सा है। पढ़कर सुनाने और पढ़ने के बीच क्या सम्बन्ध है? नक़ल करने और लिखने के बीच क्या सम्बन्ध है? लिखने और पढ़ने के मुख्य आधार क्या हैं? किसी चीज़ को पढ़कर सुनाना अथवा याद करके सुनाना किस तरह से स्वयं अपने विचार रखने और किसी बातचीत में शरीक होने से फ़र्क़ है। और इस फ़र्क़ का पाठ्यक्रम पर क्या असर होता है। इसी तरह अपने सोच व तर्क के आधार पर बातचीत करने और अपने विचारों को एकत्रित करके व्यवस्थित ढंग से और कई बार गहरे विवरण के साथ रखने में जिस तरह भाषा का उपयोग है वह किसी और के द्वारा बताये गये तथा ज़्यादा सुगठित उत्तर जानने से बिल्कुल फ़र्क़ है। इसी तरह बतायी गयी परिभाषाएँ याद करना स्वयं परिभाषाएँ बनाने और विचारों को अपने शब्दों में रखने से बहुत फ़र्क़ है। ये मसले महत्त्वपूर्ण हैं क्योंकि यथार्थ में परिवर्तन की सम्भावना तभी फलीभूत होगी जब इस बात पर एक स्पष्ट समझ बनेगी कि भाषा के विकास का अर्थ क्या है?

प्राथमिक कक्षा के स्तर पर यह बात बहुत साफ़ दिखती है कि गणित, पर्यावरण व अन्य विषयों को सीखने में भाषा की महत्त्वपूर्ण भूमिका है। यह महत्त्व सिर्फ़ इस वजह से नहीं है कि भाषा इन विषयों को पढ़ने-पढ़ाने का माध्यम है। इन विषयों में सोच-विचार कर आगे बढ़ पाने का भाषा से सम्बन्ध इससे कहीं ज़्यादा है। भाषा ज्ञान ग्रहण करने की क्षभता और विचार कर पाने की क्षमता को प्रभावित करती है और पूरे परिदृश्य को देखकर उसको ग्रहण करने की क्षमता देती है। भाषा न सिर्फ़ व्यापक परिस्थितियों में वरन अलग-अलग समय और अलग-अलग जगह किये गये अवलोकनों को एक साथ प्रोसेस करने की क्षमता देती है। इसी के आधार पर हम अपने विचार बनाते हैं और अपने कार्यों का संचालन करते हैं।

उच्च प्राथमिक स्तर पर भाषा का परिप्रेक्ष्य

कुल मिलाकर भाषा के बारे में हम अब तक जो समझे हैं उससे यह स्पष्ट है कि भाषा को सिर्फ़ एक विषय के रूप में देखकर आगे नहीं बढ़ सकते। यह भी कहा

गया है कि भाषा सांस्कृतिक अनुभव को रचने का एक तरीक़ा है और यह लोगों और उनकी ज़िन्दगी को समझने का महत्त्वपूर्ण हिस्सा है। हालाँकि उच्च प्राथमिक स्तर पर कक्षा के अन्दर इस बात का उपयोग अभी बहुत सीमित ही होता है। इसे बढ़ाने की सम्भावना भी है और ज़रूरत भी। उदाहरण के लिए सामाजिक अध्ययन में यह देखना कि हम विभिन्न समाजों के बारे में जो भी पढ़ रहे हैं उसे कैसे बच्चों के जीवन, उनकी भाषा व संस्कृति और उनके भाषायी विकास से जोड़ें। हम किस तरह के अभ्यास देकर बच्चे के अध्ययन व विश्लेषण में आस-पास की परिस्थिति को अवधारणाओं के साथ जोड़ पायेंगे। यह भी ध्यान रखने की आवश्यकता है कि उच्च प्राथमिक शालाओं में बच्चों को जिन अवधारणाओं को समझना है वे अगर उनके आस-पास के परिवेश से किसी तरह से जुड़ी हों और वे परिवेश से अन्त:क्रिया करते-करते उनके बारे में सोच पायें तो यह उनके सीखने में मददगार होगा। यह अन्त:क्रिया कितनी गहरी होगी यह इस पर निर्भर करेगा कि इस अन्त:क्रिया व संवाद में बच्चों की भाषाओं का उपयोग किस प्रकार होता है। इसी पर यह निर्भर करेगा कि विषयों की अवधारणाओं को अनुभव से जोड़ने का काम हो पायेगा कि नहीं। इस स्तर पर यह अन्त:क्रिया ज़्यादा गहरे रूप में फलित हो सकती है बनिस्बत चीज़ों को नाम देने अथवा उनके विवरण के। इसे ठीक से कर पाने के लिए यह आवश्यक है कि कक्षाओं में ऐसे विमर्श का मौक़ा हो जिसमें आस-पास जो हो रहा है उस पर टिप्पणी की, खोज की और चर्चा की इजाज़त हो।

उच्च प्राथमिक कक्षाओं में भाषा के बारे में बात करते समय कुछ और भी बड़े सवाल हमारे सामने आते हैं। **पहला** सवाल तो यही है कि इस स्तर पर कितनी भाषा पढ़ाएँ, कौन-सी भाषाएँ पढ़ाएँ और इन भाषाओं में आपसी अन्त:सम्बन्ध क्या हो? **दूसरा** सवाल यह है कि जो भाषा हम पढ़ा रहे हैं उस भाषा में पढ़ने वाली सामग्री का किस प्रकार चयन किया जाये? उसकी क्या सीमा हो, उसकी क्या रचना हो और फिर उसमें अभ्यास के प्रकार क्या हों? और **तीसरा** सवाल यह कि सुनना, बोलना, पढ़ना, लिखना इस स्तर पर किस तरह से जारी रहेगा? क्या अब सिर्फ़ पढ़ने-लिखने का काम होगा और सुनने और बोलने का काम नहीं होगा या समझ और अभिव्यक्ति के हिस्से के रूप में वे अभी भी इस स्तर पर रहेंगे ही? और फिर यह चारों इस स्तर पर भी समझना और अभिव्यक्ति के हिस्से के रूप में रहेंगे तो उनमें अब नया क्या होगा और तब किस तरह के अभ्यास और किस तरह के मौक़े

गढ़ने होंगे ताकि बच्चे उनके साथ जुड़ सकें। और यह सब भाषा की कक्षा के बच्चों के जीवन सन्दर्भ से सम्बन्ध बनाने के ढंग के आलोक में।

भाषा, अन्य विषय व तार्किक विकास

उच्च प्राथमिक स्तर पर भाषा शिक्षण का एक और महत्त्वपूर्ण हिस्सा भाषा और इसके अन्य विषयों के साथ जुड़ाव से सम्बन्धित है। अन्य विषयों व ज्ञान के साथ सम्बन्ध की वजह से ही कहा जाता है कि भाषा पूरी पाठ्यचर्या में सम्मिलित है। इस जुड़ाव का एक हिस्सा विभिन्न तरह की समस्याओं और सवालों को हल करना है। अक्सर यह कहा जाता है कि प्राथमिक शाला में बच्चे समस्याओं को पढ़कर समझ नहीं सकते। पढ़ाने का ढंग यही है कि प्राथमिक शाला में और उच्च प्राथमिक शाला में भी यही प्रयास किया जाता है कि बच्चे को पाठ समझा दिया जाये। चाहे गणित हो, चाहे विज्ञान या कोई अन्य विषय, बस पाठ समझा दिया जाये और समझाने के बाद बच्चा उनसे सम्बन्धित सीधे-सीधे सवालों के जवाब ढूँढ़े। ऐसे सवाल जिनका उत्तर टेक्स्ट में सीधे-सीधे दिया गया है व जिसके लिए सवाल में ही संकेत शब्द मौजूद हैं। जैसा हमने ऊपर भी कहा कि यह आवश्यक है कि बच्चे को पाठ को पढ़ने, उसको समझने, उसको विश्लेषित करने का अभ्यास करना चाहिए ताकि वह स्वयं स्वतन्त्र पाठक बन सके। पहले पाठ्यपुस्तक पढ़ना और फिर उस विषय से सम्बन्धित अन्य लेख, किताब या किताब के हिस्से पढ़ना भाषा शिक्षण का और उस विषय की शिक्षा का भी अनिवार्य हिस्सा है। अतः यह मानना कि विज्ञान, सामाजिक अध्ययन या गणित शिक्षण का उद्देश्य महज़ बच्चे को अवधारणाएँ समझाना है, उनको सरल करके सीखने वाले के सामने प्रस्तुत करना है, जिससे वह सवालों को हल कर सके, यह इन विषयों के साथ भी और भाषा के विकास के साथ भी मज़ाक़ है। उच्च प्राथमिक कक्षाओं में पढ़ने व स्वयं पढ़ी हुई सामग्री का अर्थ निकालकर अन्य लोगों से सभी के अर्थों पर चर्चा कर अपने अर्थ की बेहतर व्याख्या करने के मौक़े विषय की समझ व पढ़ने की क्षमता के साथ-साथ तार्किक विकास के लिए बहुत उपयोगी हैं।

तर्क समझना व गढ़ना ही इस स्तर पर भाषा विकास का दूसरा महत्त्वपूर्ण हिस्सा है। जब भी विज्ञान, गणित, इतिहास, समाजशास्त्र या अन्य किसी भी विषय का टेक्स्ट लिखा जाता है, उसमें क्रमबद्धता होती है। इस क्रमबद्धता के कई तरह के पहलू हैं जिनका अहसास होना आवश्यक है। एक पहलू है सम्बन्धित तार्किक विचारों में चरणवार आगे बढ़ना। इसलिए हर कक्षा के स्तर पर अलग-अलग ढंग व जटिलता के तर्कों के क्रम को मोटे तौर पर बूझ पाना, उसे खोलकर समझ पाना

सीखना व उसके अभ्यास की आवश्यकता है। किसी पाठ के क्रम को समझना और उसका विश्लेषण कर व समझकर फिर ख़ुद व्यवस्थित रूप से तर्कपूर्ण टेक्स्ट बना पाने का अभ्यास भी होना चाहिए। हालाँकि इस तरह के अभ्यास स्वयं पढ़ने व समझकर सीखने की प्रक्रिया में लगातार होते ही हैं क्योंकि समझने में उसे अपने ढंग से अपने आपको व्यक्त करना होता ही है, किन्तु इस पर विमर्श होना, आदान-प्रदान होना पढ़ने की क्षमता को पैना करेगा। इसी से पढ़ने की क्षमता बढ़ती रहेगी। परन्तु पाठों को यान्त्रिक ढंग से पढ़ाये जाने के कारण व स्वयं समझने की अपेक्षा न होने के कारण ऐसे अभ्यास नहीं होते। इसीलिए अपने-आप चुपचाप पढ़ने की आदत उपयोगी है। क्योंकि यह ऐसे मौक़े देती है जिसमें कई तरह से पढ़ने का अभ्यास होता है, जो हर प्रकार से बेहतर क्षमता देता है। इसका एक उदाहरण अलग-अलग वाक्यों में आपसी सम्बन्ध समझ पाना व व्यक्त कर पाना है। एक और उदाहरण, पूरे पाठ को समझने में किस चीज़ को पहले आना चाहिए, किस चीज़ को बाद में आना चाहिए आदि मसलों को समझ पाना है। कुल मिलाकर किसी भी टेक्स्ट का गहरा अध्ययन, जिसमें उसकी रचना को भी पाठक समझ पाये, भाषायी क्षमता के विकास और उसको उपयोग कर पाने की क्षमता के विकास का हिस्सा है। इस क्षमता के विकास की कोशिश का माध्यम बच्चे का स्वयं टेक्स्ट पढ़ने और अन्य बच्चों के साथ टेक्स्ट को समूह में पढ़ने से होगा। इन स्थितियों में ही उसे यह सोचने का मौक़ा मिलता है कि यह पाठ क्या कह रहा है या फिर इसका यह हिस्सा समझ क्यों नहीं आ रहा है। उसे यह समझ आने लगता है कि कौन-सा वाक्य पहले आना चाहिए कौन-सा बाद में और क्यों। तर्क की क्रमिकता क्या है और उसे ठीक से प्रस्तुत कैसे करे? इसके साथ यह पहचान बनती है कि कौन-से तर्क सार्थक हैं, किनका कोई आधार है और कौन-से तर्क आधारहीन मान्यताएँ हैं, जिनको तर्क के रूप में रखना उचित नहीं होगा। हर विषय की कक्षा में टेक्स्ट ऐसे हों व प्रक्रिया ऐसी हो जिसमें विषय व उसके लिए उपयोग आने वाली भाषा का अनुभव सीखने वाले को हो। वह हर विषय के टेक्स्ट पढ़कर उसकी रचना के तार्किक ढाँचे को पहचानने और उसको अभिव्यक्त करने के अभ्यास करे। यानी टेक्स्ट को पढ़कर क्या समझ आया उसे लिखना और स्वयं द्वारा लिखे टेक्स्ट का साथियों के साथ मिलकर विश्लेषण इस पूरे कार्य में मदद करता है। विषय की पुस्तकों के उपयोग में, उसकी भाषा शैली, शब्दावली व तार्किक रचना से परिचय होना चाहिए और उसके साथ ऐसी प्रक्रिया चाहिए जो उन्हें उस विषय की सामग्री का सक्षम पाठक बना दे।

जैसा कि हमने ऊपर कहा कि पाठ को समझकर पढ़ते हुए यह देखना होता है कि उसका तार्किक क्रम क्या है और उस क्रम की रचना कैसे हुई है। इसमें कई

बार इस तरह का प्रयास किया जा सकता है जिसमें पाठक को यह सोचना है कि उसे बेहतर कैसे बनाया जा सकता है या क्या हम उसमें कुछ जोड़ सकते हैं आदि। जब कोई व्यक्ति किसी टेक्स्ट को पढ़ता है तो उस टेक्स्ट के प्रति उसको अपना नज़रिया बनाना होता है। वह टेक्स्ट को जिस ढंग से समझता है दूसरा व्यक्ति उसी टेक्स्ट को वैसे ही नज़रिये से नहीं समझता। इन दोनों नज़रियों में जो अन्तर है वह पाठक और टेक्स्ट के बीच का सम्बन्ध है। इसलिए कक्षा में टेक्स्ट पर आपसी विमर्श न केवल उन्हें समझने में मदद करेगा बल्कि विभिन्न नज़रियों को भी। यह सब तभी होगा जब सीखने वाले किसी सार्थक सवाल या समस्या से जूझें। जब यह प्रयास सामूहिक होता है तो सीखने की प्रक्रिया में ज़्यादा मदद करता है। हालाँकि हरेक विषय में पाठ को समझने के ढंग व रास्ते अलग-अलग हो सकते हैं और उनके अलग-अलग पहलू भी हो सकते हैं पर इनमें काफ़ी बातें समान हैं। उदाहरण के लिए गणितीय सवालों की रचना या गणितीय पहेलियों की रचना विज्ञान में दिये गये सवालों से अलग होती है पर इन दोनों के लिए बहुत-सी बातें समान हैं। फिर भी हम यह देख सकते हैं कि गणित में जो टेक्स्ट दिये जाते हैं वे सामान्यतः संक्षिप्त भाषा का प्रयोग करते हैं। उनमें पढ़ने वालों को पूरे टेक्स्ट को ध्यान से पढ़ना होता है। यह इसलिए कि उसमें कोई भी बफर या फिलर टेक्स्ट नहीं होता और न ही विचारों का दोहरान। कसी हुई सटीक भाषा जिसमें विशिष्ट तकनीकी शब्द भी हैं। हालाँकि गणित में कई ऐसे सवाल भी होते हैं जिनमें काफ़ी ज़्यादा सामग्री को पढ़ने की आवश्यकता होती है पर यह अमूमन नहीं होता। इसके साथ-साथ कुछ ऐसे भी होते हैं जो बहुत बड़े तो नहीं होते किन्तु जिनमें ध्यान से पढ़ने की और ज़्यादा गहराई से समझने की क्षमता चाहिए। सवाल समझने में मुख्य क़दम तो यही है कि सवाल में क्या पूछा गया है, सवाल की इबारत में कौन-सी बातें महत्त्वपूर्ण हैं, क्या करना है जिससे पूछे गये सवाल का सार्थक जवाब बन पाये।

गणितीय समस्या को हल करने के लिए सवाल समझने की प्रक्रिया को चरणों में बाँटकर समझा जा सकता है। इसका उदाहरण व चरणों का एक ढाँचा इग्नू के सीटीपीएम कोर्स में भी दिया गया है। उसके अनुसार किसी भी सवाल को हल करने में निम्नलिखित चरण देखे जा सकते हैं :

1. सवाल को ध्यान से पढ़कर समझना कि उसमें क्या कहा गया है–उसमें दी गयी जानकारी या मान्यताएँ क्या हैं, और क्या पता करना है, या सिद्ध करना है, या जाँच करना है।
2. उसे गणितीय रूप में प्रस्तुत करना और फ़ालतू जानकारी को छाँटकर हटा देना।

3. अन्य सम्बन्धित और ज़रूरी जानकारी, अभीगृहीतों तथा पहले से सिद्ध किये गये (या ज्ञात) परिणामों को एकत्रित करना।
4. सवाल के गणितीय रूप को हल करने का रास्ता खोजना।
5. सवाल की स्थिति के सन्दर्भ में इस हल का अर्थ निकालना।

(यूनिट 18, पेज 23-24)

इस तरह के कई और उदाहरण हो सकते हैं। इन सबमें सबसे महत्त्वपूर्ण बात यह मानी गयी है कि सवाल को पढ़कर समझ लिया जायेगा और फिर हल करने की प्रक्रिया शुरू होगी। इबारती सवालों में आने वाली दिक़्क़त पर भी काफ़ी बात की गयी है, और उनमें तर्क के रूप व उससे बच्चों के संघर्ष के रूप व मात्रा पर भी। विज्ञान व सामाजिक अध्ययन में भी कई तरह के सवालों को समझने की आवश्यकता के चलते उससे भाषायी क्षमता का विकास सम्भव और वांछनीय है। इन विषयों में शब्दों के अलावा रेखाचित्रों, फ्लो चार्ट, तालिका व अन्य रूपों में बात कही जाती है, उसे पढ़ना सीखना व उस रूप में अपने विचार रख पाना भी समझ के तरकस का महत्त्वपूर्ण तीर है।

समझना व कथन की जाँच

इस पर काफ़ी बात हो चुकी है कि समझने की प्रक्रिया, जिसमें स्वयं पढ़कर समझना शामिल है, के लिए पढ़े गये विचारों का विश्लेषण व आकलन आवश्यक है। विषय की समझ व पढ़कर समझने की क्षमता के विकास के लिए सभी विषयों में उच्च प्राथमिक स्तर पर कथनों की जाँच करवाने की प्रक्रिया शुरू करनी चाहिए। गणित, विज्ञान, सामाजिक अध्ययन यहाँ तक कि भाषा के सन्दर्भ में भी इस तरह से रचित समस्याओं की आवश्यकता है जो पाठक को दी गयी या समझी गयी अवधारणाओं को इस्तेमाल करने का मौक़ा देती हैं। यह कथन ऐसे हो सकते हैं जिनमें तथ्य अथवा तर्क के परीक्षण की ज़रूरत हो अथवा ऐसे सवाल जिनमें बच्चे को इस बात से जूझना पड़े कि हल करने की प्रक्रिया को कहाँ से और कैसे शुरू करना चाहिए और उसमें कौन-से प्रमुख पहलू शामिल हैं। इस तरह के कार्यों के पर्याप्त अभ्यास से बच्चा धीरे-धीरे अपने आपको इस बात में सक्षम पायेगा कि वह सवालों के लिए एक हल योजना बना पाये व उनसे जूझने का गम्भीर प्रयास कर सके। इसमें साथ-साथ उन अवधारणाओं का विकास भी होगा जिनका उपयोग सवाल में है। यह अभ्यास यह भी माँग करता है कि भाषा के पाठ्यक्रम की रचना और अन्य विषयों के पाठ्यक्रम की रचना एक-दूसरे में जो सामग्री दी गयी है, उसे साथ-साथ रखकर की जानी चाहिए। कक्षाओं में भाषा और बाक़ी विषय के बीच में कोई भी सम्बन्धों

का और किसी भी अन्त:क्रिया का नहीं होना, इस स्तर पर भाषा और अन्य विषयों की अवधारणाओं के विकास में एक बहुत बड़ी कमी छोड़ता है।

समस्या को हल करना

सीखने का व सीखे हुए ज्ञान को सुदृढ़ करने का रास्ता समस्या सुलझाना या सवाल हल करना है। सवालों की रचना यदि अच्छी हो तो वह अवधारणाओं के अभ्यास के कई तरह के मौक़े दे सकती है। समस्या अथवा सवाल के टेक्स्ट को पढ़कर समझ पाना अभ्यास कर पाने का पहला क़दम है। यह टेक्स्ट उस तरह के वाक्य रचना व शब्दावली इस्तेमाल करके बनाया गया होता है जो उस विषय के लिए स्वाभाविक है, अत: उसे पढ़कर समझना व जानना ज़रूरी है। समझने का अर्थ यह है कि हम सवाल की रचना को समझ पायें और उसमें कही गयी बातों को अलग-अलग कर पायें। यह हल करने का पहला चरण है। जैसा हमने कहा इस चरण के लिए यह आवश्यक है कि बच्चा ठीक से पढ़ पाये, जो कि अभ्यास के बिना नहीं हो सकता। यही बात अवधारणाओं को समझने में, परिभाषाओं को समझने और अपनी व पुस्तक की परिभाषाओं अथवा अवधारणाओं के विवरण की व्याख्या कर पाने में भी ज़रूरी है। इसके साथ-साथ इनके लिए अन्य उदाहरण सोचना व वैसे ही और सवाल सोच पाना और उसका अभ्यास करना महत्त्वपूर्ण है। इसका सीधा अर्थ है भाषा सीखने का अभ्यास पूरे पाठ्यक्रम में दिखना चाहिए। किन्तु अधिकांश हिन्दी भाषा की पाठ्यचर्या, पाठ्यक्रम अथवा पाठ्यपुस्तक इस मसले पर कोई भी व्यवस्थित काम नहीं करवातीं।

सवालों को स्वतन्त्र रूप से हल करना सीखने की राह में पढ़कर सवाल हल करने के स्तरवार मौक़े आवश्यक हैं। इन प्रयासों से उसे यह पहचान हो जाये कि समस्या के रूप में जो टेक्स्ट दिया जा रहा है, उसमें मूल बात क्या कही जा रही है। इसके बाद यह समझना कि उसमें कौन-सी जानकारी दी गयी है और फिर यह समझना कि असल में पूछा क्या जा रहा है। समस्या के हल तक पहुँचने के लिए यह भी आवश्यक है कि जो जानकारी दी गयी है और जो पूछा जा रहा है उसके बीच के सम्बन्ध को समझ लिया जाये। यह भी समझ लिया जाये कि कौन-सी जानकारी लाज़मी नहीं है और उसे हटा देना है। इसके बाद ज़रूरत यह है कि वह यह रास्ता देख पाये कि जो दिया गया है उसमें से किस हिस्से का कब और कैसे उपयोग करना है ताकि जो पूछा जा रहा है वहाँ तक पहुँचा जा सके। इसके लिए जो बातें चाहिए उन्हें स्पष्ट रूप से लिख पाना और यह पहचान पाना कि कौन-सी बातें सिर्फ़ ज़्यादा विस्तार दे रही हैं या सिर्फ़ उलझा रही हैं। जिससे यह जाँच हो सके कि क्या अब

अध्ययन की पर्याप्त क्षमता व विषय की समझ हो गयी है। इस तरह के अभ्यास करना और इन अभ्यासों के लिए धैर्य रखकर कई बार पढ़ना, भाषा और अन्य सभी विषयों की कक्षा में बहुत ज़रूरी है। अक्सर हम इस बात को भाषा की कक्षा में भी नज़रअन्दाज़ कर देते हैं और अन्य विषयों की कक्षा में भी इनके बारे में सोचते ही नहीं और इस तरह यह दोनों जगह नज़रअन्दाज़ हो जाता है।

समझकर पढ़ना कहाँ हो?

एक और बात महत्त्वपूर्ण है कि अक्सर पाठ्यक्रमों में पढ़कर समझने व उस पर तर्क करने का पूरा दारोमदार भाषा की कक्षा पर केन्द्रित या उस कक्षा में ही सीमित हो जाता है और वहाँ भी इस पर बहुत काम नहीं होता। कक्षा की प्रक्रिया, अभ्यास की रचना व दिये गये सवालों को हल करने के ढंग और शिक्षक के जेहन में भी यह प्रमुख रूप से नहीं रहता। असल में हर विषय की पुस्तक व कक्षा-प्रक्रिया में इसकी ओर अधिक ध्यान होना चाहिए। दरअसल विज्ञान, गणित व सामाजिक अध्ययन आदि सभी जानकारी दोहरान केन्द्रित होने से इसे करने की वास्तविक ज़रूरत भी नहीं लगती। इसके अलावा पाठ्यक्रम की समझ के कारण पाठ्यपुस्तक को ख़त्म करने के बोझ के तले इसकी जगह ही नहीं बचती। अभ्यासों में व आकलन में ऐसे कार्य नहीं होते जिसमें कथनों का परीक्षण करने के लिए उनके तार्किक आधार समझने व उस पर कुछ करने की अपेक्षा हो। विज्ञान की पुस्तकों में यह भी अपेक्षा नहीं होती कि दिये गये निर्देश पढ़कर सीखने वाले ख़ुद प्रयोग करेंगे और उनके आधार पर कुछ कथनों का परीक्षण करेंगे। यह तो सोचा भी नहीं जाता कि वह ख़ुद कोई कथन बनायेंगे व उनके लिए जाँच के साधन ढूँढ़कर प्रयोग बनाकर लिखेंगे। इसी तरह गणित में भाषा के उपयोग की गुंजाइश बनाना और गणितीय भाषा को पढ़ने का अभ्यास जिसमें गणित को लिखने की भाषा, गणित को व्यक्त करने की टाइट (संक्षिप्त), सटीक, नियत व नियम निष्ठ भाषा और इसके साथ-साथ सामान्यीकृत गणितीय कथनों को समझाना, प्रतीकों में लिखे कथनों को सामान्य भाषा में लिखना जैसे कार्य गणित सीखने में आत्मनिर्भर बनने के लिए आवश्यक क़दम हैं। इस तरह के कार्यों का अभ्यास नहीं हो पाता। इसी तरह भाषा के उपयोग व बच्चे के सामान्य अनुभवों के माध्यम से गणित का आम जीवन से सम्बन्ध बनाने के अभ्यास व उससे धीरे-धीरे अमूर्तिकरण करते हुए उससे विलग होने के बावजूद उसके इस्तेमाल के मौक़े अलग-अलग परिस्थितियों में खोज पाने की क्षमता महत्त्वपूर्ण है। गणित में आत्मविश्वास होने के लिए इस तरह के अन्तःसम्बन्ध बना पाना बहुत ज़रूरी हैं। विज्ञान, गणित व सामाजिक अध्ययन और भाषा की पुस्तकों में दिये पाठ (जिनमें

कहानी या कविता शामिल हैं) को पढ़ना व उनकी मुख्य बातों को, अन्त:सम्बन्धों को अथवा उसमें निहित पसोपेशों को समझना व उनका विश्लेषण करना। इसके लिए ऐसी कहानियों, कविताओं और ऐसी परिस्थितियों, अनुभवों, अवलोकनों अथवा विश्लेषणों को शामिल करना होगा जिनमें कुछ दुविधापूर्ण परिस्थितियाँ प्रस्तुत की गयी हैं। उन दुविधाओं को पहचानना और सोचना कि इसमें वह क्या सोचता है वह उससे कैसे निपटेगा और फिर दूसरों के हल सुनना। उनके आधार क्या हैं यह समझना और यह भी कि उस दुविधापूर्ण परिस्थिति में समस्या व पसोपेश क्या है। उस समस्या का हल जो उसने सोचा था उसे आँकना। मूल बात यह है कि पढ़ना एक यान्त्रिक प्रक्रिया नहीं है। यह क्षमता समझने के गहरे आयामों यथा अवधारणाओं के विकास से जुड़ी होने के साथ-साथ सोच के विकास, धैर्य व एकाग्र रहकर कुछ कर पाने की क्षमता से जुड़ी है। अत: उच्च प्राथमिक कक्षा में धैर्य व एकाग्रता के साथ पढ़ने का अभ्यास अनिवार्य है, अवधारणाओं व पाठों की शिक्षक द्वारा दी गयी व्याख्या व समझ को सुनकर याद करना नहीं।

अभिव्यक्ति लिखना व अन्य विषय

अक्सर अभिव्यक्ति का अर्थ बहुत सीमित मान लिया जाता है। हालाँकि प्राथमिक व पूर्व प्राथमिक स्तर पर ख़ामोश आत्म-अभिव्यक्ति द्वारा अपने से ही संवाद की मदद से अपने कार्य के संचालन की बात होती है और अपने अनुभव को सबके साथ बाँटने की भी बात होती है, पर उच्च प्राथमिक स्तर तक आते-आते इसका कक्षाओं के सन्दर्भ में अर्थ निबन्ध, पत्र आदि तक ही सीमित हो जाता है। अभिव्यक्ति को इससे व्यापक रूप में व समझने की प्रक्रिया के साथ अवाभजीय कार्य के रूप में नहीं देखा जाता। अक्सर संवेदनशील शिक्षकों से हम सुनते हैं कि बच्चे मौखिक रूप से बहुत कुछ बता देते हैं किन्तु उसे लिख नहीं सकते। यह स्वाभाविक है क्योंकि बोलने व लिखने की भाषा में व उसके लिए आवश्यक मानसिक प्रक्रिया में भी फ़र्क़ है। यह जानने के बावजूद विषयों की कक्षा में स्वयं जवाब गढ़ने, उसे बोलकर और लिखकर अपने शब्दों में व्यक्त करने के अलग-अलग अभ्यास नहीं होते। बाक़ी विषयों की कक्षा में तो यह माना जाता है कि यह काम भाषा की कक्षा का ही है पर यह भाषा कक्षा में भी नहीं होता।

भाषा की कक्षा में एक ओर तो इस सबके लिए समय नहीं होता पर दूसरी ओर भाषा पढ़ाने वाले अक्सर यह नहीं मानते कि अन्य विषयों के सन्दर्भ में पढ़ना व लिखना सीखने के लिए उनकी कक्षा में मौक़े होने चाहिए। परन्तु यह समझना मुश्किल नहीं कि हम किसी भी विषय की बात करें, उसमें यह आवश्यक है कि हर

कक्षा में और हर टेक्स्ट के साथ कार्य में इस बात के लिए जगह होनी चाहिए कि बच्चा पाठ को अपने शब्दों में समझ सके व समझ आये मसौदे को ख़ुद को और अन्य को भी व्यक्त कर सके। यानी मूल बातें पहचानना और इसी से सवाल भी हल हो पाते हैं। वह सवाल की मूल जानकारी जानकर, जहाँ उसको जाना है, उसका रास्ता क्या है तय कर सकता है। बाक़ी जानकारी का क्या लाभ है, क्या उससे कोई और निष्कर्ष निकल सकता है। यह सब समझकर उस समझ को वह व्यक्त कर पाये चाहे औरों के लिए नहीं पर कम-से-कम अपने लिए तो व्यक्त कर पाये। कुल मिलाकर जब हम समस्या हल करने की बात करते हैं, सवाल करने की बात करते हैं और उसे बच्चों को स्वयं समूह में करना है तो वह समझ व अभिव्यक्ति के विकास के लिए महत्त्वपूर्ण है। इसीलिए एनसीएफ़ 2005 के बाद व एनईपी 2020 में भी सहयोगियों के साथ कार्य करने पर बल दिया गया है। किन्तु यह सभी कक्षाओं में छूट जाता है यहाँ तक कि यदा-कदा कुछ पुस्तकों में यदि यह इंगित भी हो तब भी कक्षा में इसका मौक़ा नहीं बन पाता। इसीलिए किसी भी विषय के सन्दर्भ में उनकी रचना इन सब चीज़ों को ध्यान में रखकर की जानी चाहिए, कि पाठों में यह अपेक्षा हो व ऐसे अभ्यास हों जिनमें बच्चों को ठहरकर जो समझा उसे व्यक्त करने की, अपने लिए नोट करने की जगह हो। इसके साथ यह भी प्रयास हो कि शिक्षक इसके लाभ व महत्त्व को समझ पायें।

भाषा और अन्य विषयों की कक्षाओं के लिए ज़रूरी है कि उनमें यह प्रयास किया जाये कि बच्चे टेक्स्ट पढ़ें व यदि कुछ हल करने की माँग है तो उसके बारे में सोचकर अपनी योजना को व्यक्त कर पायें। फिर उस योजना को धीरे-धीरे सुधारकर अपना एल्गोरिदम बना पायें और अपनी इस क्षमता को वे निखार पायें। यानी समझने का और सवाल हल करने का शॉर्टकट न देते हुए बच्चे को इस बात के मौक़े दें कि वह यह सोच पाये कि उसको किस ढंग से किसी भी सवाल का, किसी भी समस्या का हल करना है और वह उसे अभिव्यक्त कर पाये व उस पर संवाद कर सके। आगे बढ़ पाने के लिए जो समझा उसे अपने ढंग से, अपने शब्दों में लिख पाना बाद में स्वयं और सीखकर आगे बढ़ पाने का रास्ता है। सामाजिक अध्ययन व विज्ञान की कक्षा की समस्याओं में पूरे टेक्स्ट को समझने के लिए अपनी समझ को सार रूप में अभिव्यक्त कर पाना उपयोगी है। इसी तरह गणित में अपने सोच व तर्क के अनुसार गणितीय कथनों को गणित की भाषा में संक्षिप्त कर पाना और फिर उन्हें गणितीय भाषा, जिसमें संकेत व चिह्न का उपयोग हो, में लिख पाना बहुत बार सवाल हल कर पाने के लिए तो आवश्यक होता ही है पर विषय में आत्मविश्वास के लिए भी ज़रूरी है। इस तरह अलग-अलग रूपों में अभिव्यक्त कर

पाने की आवश्यकता अन्य विषयों में भी आती है, किन्तु इस पर किसी भी विषय में ध्यान नहीं दिया जाता। उच्च प्राथमिक स्तर पर चूँकि अवधारणाओं का व्यापीकरण व अनुभवों का अमूर्तिकरण शुरू हो जाता है अतः इस स्तर पर यह आवश्यक है कि इस तरह की अभिव्यक्तियों के लिए पर्याप्त मौक़े हों जिनमें कि सीखने वाला अपनी समझ को अन्य से बाँटकर व उनकी समझ को जानकर संवाद कर सके। यह रेखांकित करना ज़रूरी है कि अभिव्यक्ति सिर्फ़ कलात्मक अथवा रचनात्मक नहीं होती और न ही अन्तिम उत्पाद। वह ख़ुद से भी संवाद करने का ढंग है व अन्य लोगों से भी। अभिव्यक्ति की अन्तिम उत्पाद व दूसरों के लिए होने की समझ ख़ासतौर पर लिखित सामग्री के सन्दर्भ में अभिव्यक्ति के विकास में बड़ी बाधा है।

कार्य-कारण सम्बन्ध

एक और पहलू जो इस स्तर पर भाषा के विकास के लिए बहुत महत्त्वपूर्ण है, वह है कार्य-कारण सम्बन्ध। अक्सर कार्य-कारण सम्बन्ध ज्ञात उत्तर वाले प्रश्न के रूप में दिये जाते हैं। चाहे वह विज्ञान हो चाहे सामाजिक अध्ययन हो, चाहे गणित हो उन सबमें अपने विषय की प्रकृति के अनुसार कार्य-कारण सम्बन्ध होते हैं। यह अलग-अलग प्रकार के आधारों से बनते हैं और हर विषय के लिए अलग-अलग ढंग के होते हैं। पाठ्यक्रम व पाठ्यपुस्तकों में इनकी समझ पर काम नहीं होता। पढ़ने वालों को कार्य-कारण पहचानना नहीं होता, उनको ढूँढ़ना नहीं होता, उनको गढ़ना नहीं होता, वे उन्हें दिये जाते हैं। शिक्षा की प्रक्रिया के लिए महत्त्वपूर्ण है कि कार्य-कारण सम्बन्धों को गढ़ने का प्रयास भी उच्च प्राथमिक कक्षाओं में हो। इसके अलावा कार्य-कारण सम्बन्ध की तार्किकता को विश्लेषित करने का प्रयास भी कक्षाओं में हो। ऐसे मौक़े हों जिनमें बच्चा कार्य-कारण सम्बन्ध ढूँढ़ने और कार्य-कारण सम्बन्ध बनाने के अलावा दूसरों द्वारा बनाये कार्य-कारण सम्बन्ध और अपने कार्य-कारण सम्बन्ध पर चर्चा कर तुलना कर पाये। ऐसी परिस्थितियों का विवरण उसके पास हो, जिसमें जो हो रहा है उसको समझकर, एक तरह से उसका सार बनाने के बाद उनमें वह आपसी सम्बन्ध देख पाये। कार्य-कारण सम्बन्ध की जगह हर विषय में होनी चाहिए परन्तु यह कृत्रिम ढंग से नहीं किया जा सकता। इसे करना है तो टेक्स्ट बहुत ध्यान से चुने जाने चाहिए। साहित्य के लिए चुने गये टेक्स्ट स्वाभाविक होने चाहिए व गहराई से रचे होने चाहिए। जो भी टेक्स्ट रोचक व दीर्घकाल तक जीवित रहने वाले होंगे उनके कुछ स्वाभाविक गुण होंगे। उनमें क्रमबद्धता होगी, रोचकता होगी, वे सुगठित होंगे व उनमें कार्य-कारण सम्बन्ध अन्तर्निहित होंगे ही। यह गुण नहीं होने पर टेक्स्ट अच्छा व पढ़ने की इच्छा जगाने वाला नहीं होगा। इस तरह के

टेक्स्ट में बहुत-से अभ्यास हो सकते हैं परन्तु एक प्रकार के अभ्यास कार्य-कारण सम्बन्ध पर केन्द्रित हो सकते हैं। उससे यह पूछा जाये कि यदि जो हुआ उसमें से एक हिस्सा नहीं होकर कुछ और होता तो आगे क्या होता। यह जो पूरी कल्पना है कि घटनाक्रम कैसे बदल सकता है कार्यकारी सम्बन्ध के विकास में और उसको पहचानने में पैनापन देगा। इसके साथ-साथ यह क्रमबद्ध ढंग से कल्पना को बढ़ाने के मौक़े देगा। यह कल्पना को व्यवस्थित करने के कारण नये क़िस्से गढ़ने में मदद करेगा। अत: कार्यकारी सम्बन्ध को ढूँढ़ना, पहचानना, गढ़ना ये कई चीज़ों से जुड़ा है। जैसे पहले भी बात हुई कि एक तो यह तार्किक विकास से जुड़ा है और इसके साथ-साथ यह विषय की समझ, अवधारणाओं की समझ आदि से जुड़ा है। अगर सामाजिक अध्ययन के क्षेत्र के किसी विषय के टेक्स्ट में दिये गये स्थान व घटनाक्रम के किसी तत्त्व को बदल दें तो उस विषय की अवधारणाएँ, विषय की जो समझ है उसके आधार पर आगे का चित्र गढ़ना पड़ेगा। विज्ञान के टेक्स्ट में विज्ञान की अवधारणाओं और विज्ञान के सोचने के ढंग से आगे बढ़ने की बात होगी। उसमें परिस्थिति बदलने पर क्या होता का जवाब देने के लिए विज्ञान की अवधारणाओं व सिद्धान्तों का उपयोग होगा।

यही बात गणित विषय में भी है। गणित में जब किसी टेक्स्ट में यह बात होती है कि अगर इसकी जगह यह संख्या होती या इसकी जगह इतने पैसे दिये होते अथवा देने की जगह लिए होते, तो फिर क्या परिस्थिति बनती। यह सब यदि क़िस्से/कहानी के रूप में, उसको आगे बढ़ाने के सवालों के साथ या किसी घटनाक्रम को आगे बढ़ने के रूप में बच्चे के सामने रहेगा, तो फिर बच्चे को कार्यकारी सम्बन्ध और उसके आधार तर्क सोचने और उस विषय की अवधारणाओं से जुड़ाव का अभ्यास करने का मौक़ा मिलेगा। इस तरह के अभ्यास कई बार टेक्स्ट में भी होते है पर इनका बहुत कम उपयोग होता है। यह ध्यान देने की ज़रूरत है कि यह भाषा की कक्षा में भी हो और जो अन्य विषय पढ़ा रहे हैं वे भी ध्यान रखें कि उनकी कक्षा में भी यह शामिल हो। यह एक हर विषय में आगे बढ़ाने वाली क्षमता है। प्रक्रिया ऐसी हो जो बच्चे को कुल मिलाकर ज़्यादा बेहतर निर्णय लेने और परिस्थितियों को समझने के लिए सक्षम बना सके। जिन सब मसलों पर हमने ऊपर बात की उनके निहितार्थ यही हैं कि भाषा की कक्षा हर विषय की कक्षा से जुड़ी है। बाक़ी विषयों की कक्षा भी आपस में जुड़ी हैं किन्तु भाषा की कक्षा के साथ इन सब विषयों का ज़्यादा स्पष्ट और ज़्यादा महत्त्वपूर्ण जुड़ाव है। इसे ध्यान में रखते हुए ही उच्च प्राथमिक स्तर पर भाषा की कक्षा की रचना की जानी चाहिए और विषयों की कक्षाओं में भाषा के हिस्से को शामिल करने का प्रयास करना चाहिए।

नये ज्ञान तक पहुँच

एक बात और कहना ज़रूरी है कि जहाँ भाषा का विकास अन्य विषयों को समझने में मदद करता है, वहीं वह नये ज्ञान तक पहुँचने में, नये ज्ञान को रचने में मदद करता है। वह कुछ भी नया सीखने का आधार भी है। उसी के साथ-साथ भाषा हमारे मानस को भी रचती है। यह बात हमने ऊपर भी कही है कि सांस्कृतिक, भावनात्मक, सौन्दर्यबोध और सही-ग़लत के फ़ैसले यानी मूल्यों का विकास आदि भाषा की कक्षा के महत्त्वपूर्ण पहलू हैं। इन पर उच्च प्राथमिक शाला में अधिक ध्यान देने की आवश्यकता है क्योंकि इसी उम्र में बच्चे अपने आप को जानने, अपनी आत्मछवि बनाने, और अपने मूल्यों के विकास और सही-ग़लत के फ़ैसलों के आधार बनाने की प्रक्रिया से गुज़र रहे होते हैं। इस समय वह बाहर की दुनिया और लोगों से अन्त:क्रिया करके और अपने परिवार से बाहर निकल, उन्होंने जो बचपन में सीखा, उसके बाहरी दुनिया से रिश्ते को समझने का भी प्रयास करते हैं। इस अन्त:क्रिया के दौरान कई बार उन्हें गहरे अन्तर्द्वन्द्वों का भी सामना करना पड़ता है। भाषा की कक्षा इन सबको कैसे सम्मिलित करे यह एक महत्त्वपूर्ण प्रश्न है।

स्कूली कक्षा के सन्दर्भ में हम बहुभाषिता, विविधता और समावेशीकरण की बात करते हैं। हम यह बात भी करते हैं कि सभी तरह की सांस्कृतिक धरोहरों के बारे में हमारी समझ होनी चाहिए और उनके प्रति इज़्ज़त होनी चाहिए। इसी तरह नये लोगों की जीवन शैली के बारे में एक सकारात्मक एहसास और संवेदनशीलता होनी चाहिए। इसी तरह से हम यह आग्रह भी करते हैं कि जब बच्चा एक अच्छा चित्र देखे तो वह उसमें आनन्द ले पाये, एक अच्छी कविता या अच्छी कहानी का आनन्द ले पाये। यह भी हम समझते हैं कि उसका दूसरों के प्रति, अपने प्रति एक सकारात्मक रवैया हो, वह दूसरों की इज़्ज़त करे, उनकी भावनाओं की इज़्ज़त करे। कुल मिलाकर उसको अपनी भावनाओं और दूसरों की भावनाओं पर ध्यान देने की आवश्यकता समझ में आनी चाहिए। यह सब उसकी आत्मछवि का हिस्सा होना चाहिए क्योंकि उसमें जब तक आत्मछवि का एहसास नहीं होगा और अपने बारे में उसका एक सकारात्मक दृष्टिकोण नहीं होगा तब तक वह किसी भी प्रक्रिया में अपनी बात को रखने में हिचकिचायेगा। संकोच के कारण जो हो रहा है उसमें कुछ भी परिवर्तन सुझाने में वह घबरायेगा क्योंकि उसे अपने विचारों और उनके आधारों पर विश्वास नहीं है। इसके अलावा वह दिये गये अन्य कथनों को आँकने का प्रयास भी नहीं करेगा। आत्मछवि व आत्मविश्वास सुदृढ़ होने से ही वह दुनिया के साथ अपने सम्बन्धों को व्यापक कर पायेगा और जो ज्ञान है उसमें सही-ग़लत

और कौन-सा सीखना है और कौन-सा नहीं सीखना है इसका फ़ैसला कर पायेगा। यह सब अगर हमें भाषा की कक्षा में भी करना है तो इस बारे में ध्यान से सोचना पड़ेगा कि ये किस तरह हो सकता है। एनपीई 2020 ने इस पर बहुत ज़ोर दिया है कि हमारे स्कूलों की कक्षाओं में तार्किक रूप से निर्धारित नैतिकता का विकास हो पाये और कार्य-कारण सम्बन्ध व विकल्प चुनना इसका महत्त्वपूर्ण हिस्सा है।

सांस्कृतिक विविधता सहकार व बहुवाद

एनसीएफ़ 2005 और एनपीई 2020 में पुनः यह बात दोहराई गयी है कि कक्षाओं में ऐसे सन्दर्भ हों जिनसे सांस्कृतिक विविधता व समृद्धि के प्रति आदर, सहकार और बहुवाद के साथ-साथ बन्धुत्व को बल मिले। एनसीएफ़ 2023 में तो इसे एक कम्पीटैंसी के रूप में भी रखा गया है। इस मसले पर विमर्श व कार्य की सम्भावना सामाजिक अध्ययन के अलावा भाषाओं की कक्षा में अधिक है। इस पर कार्य करने के लिए उच्च प्राथमिक कक्षाओं का समय उचित है। उस समय बच्चे काफ़ी धैर्य से सीख सकते हैं। भाषा की कक्षा में बच्चों के आस-पास की व विश्व और देश की संस्कृतियों, सन्दर्भों व भाषाओं आदि के टेक्स्ट पढ़ाई जाने वाली भाषा में अनूदित करके दिये जा सकते हैं। इसके अलावा इस तरह के पाठ दिये जा सकते हैं जिनमें भावनाओं के स्वर हों और तीसरा वे टेक्स्ट जिनमें सौन्दर्यबोध दिखे। इस पूरे प्रयास में यह ध्यान रखने की ज़रूरत होगी कि इनमें अलग-अलग लोगों के मत, अलग-अलग परिस्थितियों में टेक्स्ट के मसौदे के प्रति उनका रवैया अलग-अलग हो सकता है। हमें यह सम्भव बनाना है कि कक्षा की अन्तःक्रिया के साथ-साथ हमारे जो पाठ हैं उनमें भी एक विविधतापूर्ण, सकारात्मक और समावेशी नज़रिया सभी बच्चों को मिले। यह भी सोचना होगा कि कौन-सी भावनाओं को महत्त्व दिया जायेगा। क्या हम बहादुरी व मार-काट के विवरण चाहे वह जंगली पशुओं के हों, चाहे किन्हीं ऐसे लोगों के जो शत्रु समझे गये थे पुस्तकों में देंगे? हम किस प्रकार उन टेक्स्ट व उन पर अभ्यासों को गूँथेंगे, जिससे उनके केन्द्र में मानवीय व संवैधानिक मूल्य और तार्किक नैतिकता हो जो इन्सान की प्रकृति के साथ सम्बन्ध को भी एक दूरगामी दृष्टि से देखे। यह भी ध्यान देना होगा कि सभी बच्चे टेक्स्ट में अपने आपको ढूँढ़ पायें। यानी टेक्स्ट ऐसे हों जिनसे सभी को समावेशी और सकारात्मक नज़रिया मिले और ऐसे बच्चों के बारे में हों जो अलग-अलग परिस्थितियों से हों।

यह बात भी ध्यान में रखनी होगी कि कक्षा में चर्चा करवाते समय न सिर्फ़ बच्चों के वरन शिक्षकों के भी टेक्स्ट के बारे में मत व उसमें व्यक्त भावनाओं व विचारों के बारे में एक जैसी राय नहीं होगी। अतः यह तय करना महत्त्वपूर्ण है कि

टेक्स्ट पर तार्किक ढंग से चर्चा हो। ख़ासतौर पर जिनके बारे में मतों में विविधता होने की सम्भावना है। अगर भारत के सन्दर्भ में सोचें तो भारतीय समाज की चुनौतियों पर कैसे चर्चा हो? यह सवाल तत्काल सामने आता है। इसमें एक पहलू तो यह है कि कक्षा में ऐसा माहौल बने जिससे कि बच्चे के सामने विभिन्न मत व पहलू आ जायें। वह इनका व विभिन्न पात्रों के व्यवहार का परीक्षण करके, उसमें अपने हिसाब से कुछ सही फ़ैसले, कुछ ग़लत क़दम पहचानकर उनके लिए तर्क बना सके। यह एक चुनौतीपूर्ण कार्य है क्योंकि स्कूल पूरी व्यवस्था में स्थित है और वृहद समाज में जो सामाजिक, राजनैतिक समूह कार्य कर रहे हैं उनके असर के मद्‌देनज़र कक्षा में शिक्षक क्या करवा सकता है, पाठ्यपुस्तक में क्या रखा जा सकता है यह सब उलझे हुए प्रश्न बन सकते हैं। यह भी दिक़्क़त है कि कक्षा में बच्चों की जो पृष्ठभूमि है, उसमें भी विभिन्नता के साथ-साथ तनाव हो सकता है। इसके चलते इन सब चीज़ों पर किस तरह से कक्षा में विमर्श हो सकेगा यह जटिल समस्या है। फिर भी इस पर चर्चा होनी आवश्यक है। इस पर शिक्षकों के साथ इन मसलों पर भी बातचीत होने की आवश्यकता है कि इसमें किस तरह की गुंजाइशें बनाने की सम्भावना है और इसका तरीक़ा क्या हो सकता है। यह करना इसलिए ज़रूरी है चूँकि शिक्षक भी इसी समाज का हिस्सा हैं और वह भी यह सारे पूर्वाग्रह व अभिवृत्तियाँ लेकर ही आयेंगे। अतः इन मसलों पर समावेशन, संवैधानिक व मानवीय मूल्यों और प्रकृति के प्रति संवेदनशीलता के आलोक में खुलेपन के साथ हर स्तर पर बातचीत आवश्यक है।

नैतिकता, विविधता व समावेशन

ऊपर जिन मुद्‌दों पर चर्चा की गयी है उन सबके लिए विशिष्ट उदाहरण देना मुश्किल है। इन उदाहरणों की रचना बच्चों के सन्दर्भ में और उस परिस्थिति के सन्दर्भ में करनी होगी जिसमें बच्चा रह रहा है। उस समय की सामाजिक और राजनीतिक परिस्थिति में प्रस्तुत चुनौतियों के आधार पर ही उनका प्रकार तय किया जा सकता है। लेकिन एक बात स्पष्ट है कि सिर्फ़ पाठ्यपुस्तक में दिये कामों से भाषा शिक्षण का काम पूरा नहीं होता। उसमें शिक्षक के लिए नये पाठ चुनने की स्वतन्त्रता, उन पाठों को भाषा शिक्षण में शामिल करने की स्वतन्त्रता और बच्चों के लिए भी कक्षा में जिन पाठों में उनकी रुचि है उसको प्रस्तुत करने की स्वतन्त्रता होनी आवश्यक है। यह सम्भावना इस पूरी प्रक्रिया में मदद करेगी। इस बात का संकेत एनईपी 2020 में भी है। हम अक्सर यह सोचते हैं कि बच्चों को ऐसे पाठ दें जिनमें सही मूल्यों का विकास करने की क्षमता हो लेकिन इस नज़रिये के साथ चलें तो सबसे महत्त्वपूर्ण

बात उनमें तार्किक नैतिकता व सही-ग़लत का स्वयं फ़ैसला करने की क्षमता नहीं बन पाती। उसको विकास के मौक़े बनाने की सम्भावना छूट जाती है।

इस पर विचार करते समय कुछ और बात सोचने योग्य है। बात यह है कि उस पाठ को सीखने-सिखाने वाले शिक्षक और बच्चे किस तरह से समझेंगे, क्या वह लगभग उसी तरह से उसके निहितार्थ समझ पायेंगे और निकाल पायेंगे जैसा सोचा गया है? यह इतना सरल मसला नहीं है कि आपने अपने हिसाब से एक अच्छा टेक्स्ट, जिसमें सही तरह की भावनाएँ हैं, सही तरह के मूल्य हैं रख दिया और ये सोचा कि इससे बच्चे के साथ इन सब मसलों पर बात करने की आवश्यकता पूरी हो पायेगी। यह समझना महत्त्वपूर्ण है कि जब तक इस तरह के टेक्स्ट नहीं होंगे जिनमें विविधता हो, जो अलग-अलग सांस्कृतिक परिवेशों, अलग-अलग लोगों की भाषाओं को परिलक्षित करते हों, उन पर कक्षा में संवाद और विवाद हो, तब तक यह समझना भी मुश्किल होगा कि बच्चों ने दिये टेक्स्ट से किस तरह के निष्कर्ष निकाले हैं। क्या वह अच्छे ढंग से तर्क करना व विश्लेषण करना सीख गये हैं? क्या अब वह अपने नैतिक विकास के ढाँचे का आधार बना चुके हैं?

यह इंगित करना ज़रूरी है कि आज के समय में भाषा की और अन्य विषयों की पाठ्यपुस्तकों में अक्सर मूल्यों का जो ढाँचा प्रस्तुत किया जाता है वह उच्च वर्गीय मान्यताओं से निर्देशित है। वह इस तरह की मान्यताओं से संचालित है जिसको अभिजात्य वर्ग सही मानता है और कहीं-न-कहीं उनकी जीवन-शैली भी उसमें शामिल हो जाती है। इसमें व्यक्त बातों का आधार उन बच्चों के लिए स्वाभाविक है जो अभिजात्य वर्ग और अभिजात्य कुल से आते हैं। इससे एक तो बाक़ी बच्चे अलगाव महसूस करते हैं और दूसरे किसी भी स्तर पर तार्किक समझ नहीं बनती जो कि तार्किक ढंग से नैतिकता के विकास के लिए आवश्यक है। तो प्रश्न यह है कि हम यह व्यवस्था कैसे करें कि कुछ मिश्रित तरह के पाठ हों। उन पर इस प्रकार संवाद हो जिससे कि पारगमन की जीवन-शैली को भी बच्चे समझ पायें, उसकी भी इज़्ज़त कर पायें और एक तरह के एकांगी समाज स्वरूप की स्थापना करने के प्रयास की पूरी प्रक्रिया से हम बच पायें।

यह बात भाषायी क्षमता से इस मायने में भी जुड़ी है कि अगर हम कई तरह की भाषाओं को कक्षा में जगह देंगे तो उससे बच्चे की संस्कृति का सम्मान होगा, उसकी जगह होगी। लेकिन दूसरी ओर हम बच्चे की विभिन्न भाषाओं में अन्त:सम्बन्ध और उसकी किसी भी पाठ को समझने की क्षमता में भी विकास कर पायेंगे। यह सांस्कृतिक व वैचारिक वैविध्य को भी बच्चों के सामने तो रख ही पायेगा, किन्तु विविध ढंग से सोचने व विभिन्न नज़रियों से रूबरू होने में मदद करेगा। किसी

टेक्स्ट का एक विधा से दूसरी विधा में लिखा जाना, उसका उस भाषा में सार लिखा जाना, उसका उस संस्कृति से नये उदाहरण चुनकर प्रस्तुत किया जाना, यह सभी संस्कृति के प्रति नज़रिये को व्यापक करता है और भाषायी क्षमता में भी विकास करता है।

अनुवाद भाषाओं और विधाओं में

अक्सर अनुवाद को इस तरह का समझा जाता है कि मानो वह एक यान्त्रिक प्रक्रिया हो और शब्दार्थ ढूँढ़कर पाठ में शब्दों को लगा लेना अनुवाद है। अनुवाद ऐसी प्रक्रिया है जो अर्थ को समझने और उसको नये ढंग से लिखने का एक महत्त्वपूर्ण क़दम है। इसलिए अनुवाद का सही तरह से इस्तेमाल भाषायी क्षमता, पठन क्षमता और लेखन क्षमता के विकास में एक महत्त्वपूर्ण हिस्सा हो सकता है, बशर्ते उसको ठीक ढंग से किया जाये। उदाहरण के लिए यह तभी उपयोगी है जब इस तरह का अनुवाद सांस्कृतिक विभिन्नता को महत्त्व देकर हो। यानी अलग-अलग भाषा की कहानियों, या अलग-अलग परिस्थितियों की कहानियाँ जो बच्चे घर से लाते हैं, को लें और इन पर कक्षा में चर्चा करें। इन कहानियों को दूसरी भाषा में अनूदित करें तो उससे विचारने के, सोचने के अलग-अलग ढाँचों से भी बच्चों का परिचय कराया जा सकता है। कुल मिलाकर जो भाषायी कक्षा है उसमें पाठों की विविधता सिर्फ़ पाठ्यपुस्तक के माध्यम से पूरी नहीं हो सकती। उसमें बच्चों और शिक्षक की पृष्ठभूमि, उनके ज़ेहन से आने वाली कहानियाँ, पुस्तकालय से आने वाली कहानियाँ, कविताएँ और पाठ महत्त्वपूर्ण हैं।

एक और पहलू जो शायद महत्त्वपूर्ण है वह है भाषा विधाओं में एक विधा से दूसरी विधा में परिवर्तन के अभ्यास करने के सम्भावित ढंग का। अक्सर हम यह मान लेते हैं कि कविता, नाटक और कहानी सिर्फ़ कहानीकार, नाटककार और कवि ही लिख सकते हैं। लेकिन कवि, कहानीकार, नाटककार बहुत परिष्कृत प्रयासों के बाद ही अपनी कविता, कहानी या नाटक औरों के सामने प्रस्तुत करने के लायक बना पाते हैं। भाषा न सिर्फ़ विचारों, भावनाओं, अनुभवों, विश्लेषणों आदि व उनकी अभिव्यक्तियों को लम्बे-लम्बे और बहुत दूर तक फैलाने का माध्यम है, बल्कि एक-दूसरे से छोटी-छोटी बातों, छोटे-छोटे घटनाक्रमों, और छोटे-छोटे अनुभवों और समझाइशों और विचारों को बाँटने का भी माध्यम है। अत: हर व्यक्ति को, हर बच्चे को लिखने के और अपने को अलग-अलग विधाओं में अभिव्यक्त करने के मौक़े होने चाहिए। इन मौक़ों के सन्दर्भ में आकलन इस आधार पर होना चाहिए कि बच्चा

अपनी बात को स्पष्ट रूप से कहे, न कि सही व्याकरण, सही लय और सही क्रम में शब्दों को बोलने पर। यह सम्भव है कि उसकी अभिव्यक्तियों में दो-तीन भाषाओं के शब्द भी हों। इसी तरह जब वह लिखेगा तो उसमें कई मिश्रण होंगे पर जब वह उस लिखे को बार-बार देखेगा तो उसको वह परिष्कृत भी कर सकता है। भाषा के विकास में दूसरी भाषा के शब्द लेना हमेशा से शब्द लेने वाली भाषा के विकास का महत्त्वपूर्ण पहलू रहा है। अतः हमें यह मानकर चलना होगा कि यह उचित है। भाषा के अभ्यास बनाते समय इस बात को भी नज़र में रखना चाहिए कि हम किस चीज़ को महत्त्वपूर्ण मानेंगे। इसके अलावा यह भी सोचना आवश्यक है कि हम बच्चे के काम को किस दृष्टि से आँकेंगे और उस आकलन पर उसे फीडबैक किस तरह से देंगे। अगर हम यह ध्यान में रखेंगे तो उससे बच्चे की क्षमता का विकास बेहतर ढंग से हो पायेगा और वह उसमें अपने आप को ज़्यादा सक्षम व आत्मविश्वास से भरपूर (confident) महसूस कर पायेगा। भाषा कई तरह से आत्मछवि बनाने में मदद करती है और इस आत्मछवि में एक बड़ा हिस्सा सक्षमता का है। अगर बच्चा भाषा का उपयोग करना और पाठ को समझकर पढ़ना सीख जायेगा तो उससे उसकी हर प्रकार की भाषायी क्षमता में विकास हो सकेगा। उसकी बाक़ी विषयों में क्षमता, जीवन में बाक़ी लोगों से विमर्श की क्षमता और समाज में बने रहने की क्षमता में भी बढ़ोतरी होती है। यह बहुत महत्त्वपूर्ण है कि कक्षा में भाषा का अध्ययन-अध्यापन इस बात को सोचकर हो कि कक्षा में बच्चों को ऐसा लगे कि उनके द्वारा लिखी गयी सामग्री उनके द्वारा उपयोग हो रही भाषाओं का मिश्रण हो सकता है। वह यह देख पाये कि उसके काम में विकास हो रहा है। उसमें मूल भाव आ रहा है और उसमें उसके व्यक्त करने की क्षमता, सोचने की क्षमता में सुधार और विकास हो रहा है। इस तरह का आत्मविश्वास, इसलिए भी ज़रूरी है क्योंकि अगर बच्चा अपनी भाषा के प्रति एक सकारात्मक मत रखता है तो उसे यह लगता है कि उसके लिए समाज में, स्कूल में सब जगह पर आगे बढ़ने की गुंजाइश है और वह किसी भी तरह के मामले में किसी दूसरे से कमतर नहीं है।

सन्दर्भ सूची

1. http://scertharyana.gov.in/wp-content/uploads/2019/05/Hindi-VI-VIII.pdf
2. https://cisce.org/UploadedFiles/PDF/UpperPrimary.pdf
3. https://www.hsscweb.in/haryana-govt-school-hbse-syllabus/
4. https://teachersbadi.in/subject-wise-syllabus-for-1st-to-10/ AP syllabus also sent by Telangana as old syllabus

5. https://jnanabhumiap.in/bihar-board-10th-syllabus-pdf-download/
https://drive.google.com/file/d/139Ujr7VvtXlHFDhVFbOlukiVTN04Is7K/view Bihar class X syllabus
6. Language across curriculum, National Curriculum Framework, Pg 40, Section 3.1.4
7. Dewan, What is or is not common between language and mathematics, Language and language teaching Vol.8, No. 2, issue, July 2009, pg 13-15

उच्च शिक्षा में शिक्षा का माध्यम : विचार, अनुभव और बहस

–करन

उच्च शिक्षा में शिक्षा का माध्यम एक बहस का विषय रहा है। यह देखने को मिलता है कि कई नये विश्वविद्यालय अंग्रेज़ी माध्यम में शिक्षा की नीति अपनाते हैं। इस पर्चे में एक उच्च शैक्षिक संस्थान के अंग्रेज़ी माध्यम शिक्षा के ढाँचे की पड़ताल की गयी है। इसमें दिखाया गया है कि किस प्रकार विश्वविद्यालय में अंग्रेज़ी माध्यम के शिक्षा ढाँचे को तैयार किया गया और किस प्रकार यह संस्थागत ढाँचा सामाजिक-आर्थिक वंचित पृष्ठभूमि से आये विद्यार्थियों के रोज़मर्रा के अनुभवों को चिन्हित करता है। शिक्षा के माध्यम की राजनीति व बहस को समझने के लिए उच्च शैक्षिक संस्थान में पढ़ रहे विद्यार्थियों और वहाँ के शिक्षकों से हुई बातचीत को पर्चे में शामिल किया गया है। साथ ही इस पर्चे में इस बात का भी उल्लेख किया गया है कि उच्च शिक्षा में भाषा और सत्ता के सवाल किस प्रकार प्रतिबिम्बित होते हैं।

उच्च शिक्षा का परिदृश्य

पिछले नौ वर्षों से, उच्च शिक्षा में विद्यार्थियों के सकल नामांकन में वृद्धि होती आ रही है और इसी के साथ न केवल उच्च शिक्षा में विस्तार देखने को मिलता है बल्कि इससे सामाजिक विषमताएँ भी समझने को मिलती हैं। अखिल भारतीय उच्चतर शिक्षा सर्वेक्षण, 2019-20 के आँकड़ों से पता चलता है कि उच्च शिक्षा में विद्यार्थियों का सकल नामांकन जहाँ सन् 2011-12 में 29,184,331 था, अब वह बढ़कर सन् 2019-20 में 38,536,359 हो गया है। भारत में उच्च शिक्षा में 'मैसीफ़ीकेशन' (massification) के बारे में चर्चा करते समय समता और सामाजिक न्याय के मुद्दों पर बहस करना ज़रूरी हो जाता है, जिसमें इस बात को समझ पाना भी शामिल है कि समाज का कौन-सा समूह उच्च शिक्षा में पहुँच पाता है

और कौन-सा समूह पिछड़ जाता है, कौन-से परिवार अपने बच्चों को उच्च शैक्षिक संस्थानों में भेजने का ख़र्चा उठा सकते हैं, कौन पढ़ाई करेगा और कौन पढ़ाई किस स्तर तक करेगा। अगर उच्च शिक्षा में सामाजिक समूह द्वारा विद्यार्थियों के नामांकन की संरचना की जाँच जाये तो यह देखने को मिलता है कि अनुसूचित जनजाति (एसटी), अनुसूचित जाति (एससी), अन्य पिछड़ा वर्ग (ओबीसी) और अनारक्षित श्रेणी सहित सभी श्रेणियों में विद्यार्थियों के नामांकन में वृद्धि तो हुई है। हालाँकि, एसटी और एससी विद्यार्थियों के नामांकन में यह वृद्धि अनारक्षित और ओबीसी श्रेणियों के नामांकन की तुलना में हमेशा से ही अपेक्षाकृत बहुत कम रही है। एससी के मामले में नामांकन सन् 2011-12 में 35,72,074 से बढ़कर सन् 2019-20 में 56,57,672 हो गया है और एसटी के मामले में यह सन् 2011-12 में 13,10,261 से बढ़कर सन् 2019-20 में 21,56,109 हो गया है (अखिल भारतीय उच्चतर शिक्षा सर्वेक्षण, 2019-20)।

अनारक्षित वर्ग से आने वाले विद्यार्थियों के मामले में नामांकन सभी सामाजिक समूहों की तुलना में सबसे अधिक है, जो सन् 2011-12 में 15,529,858 से बढ़कर सन् 2019-20 में 16,473,464 हो गया है, जबकि ओबीसी दूसरा सबसे बड़ा समूह है जहाँ विद्यार्थियों का नामांकन सन् 2011-12 में 87,72,138 था और अब यह बढ़कर सन् 2019-20 में 14,249,114 हो गया है। इसलिए, उच्च शिक्षा तक पहुँचने वाले अनुसूचित जाति और अनुसूचित जनजाति के विद्यार्थियों का अनुपात तुलनात्मक रूप से बहुत कम है, स्नातकोत्तर और पीएचडी स्तर तक पहुँचते-पहुँचते तो संख्या और भी कम हो जाती है। प्रतिशत के लिहाज़ से उच्च शिक्षा में क्रमश: 14.6 फ़ीसदी और 5.5 फ़ीसदी विद्यार्थी एससी और एसटी समुदाय के हैं (अखिल भारतीय उच्चतर शिक्षा सर्वेक्षण, 2019-20)।

वर्षों से हाशिए के तबक़े से आये बहुत कम विद्यार्थी स्कूली शिक्षा में पहुँच पाते हैं और उनमें से भी कुछ उच्च शिक्षा तक पहुँच पाते हैं। वहीं दूसरी ओर अखिल भारतीय उच्चतर शिक्षा सर्वेक्षण, 2019-20 में दिये गये आँकड़े हमें यह भी समझने में मदद करते हैं कि किस प्रकार अनारक्षित श्रेणी से आये विद्यार्थी विज्ञान, इंजीनियरिंग, प्रौद्योगिकी और व्यवसाय प्रशासन जैसे विषयों में अधिक केन्द्रित हैं, जबकि दूसरी ओर एससी और एसटी समुदाय से आने वाले विद्यार्थी ज़्यादातर सामाजिक विज्ञान व मानविकी में केन्द्रित हैं। इस संरचना को ध्यान से समझा जाये तो देखने को अन्त में यही मिलेगा कि सामाजिक विज्ञान व मानविकी में भले ही एससी और एसटी समुदाय के ज़्यादातर विद्यार्थी केन्द्रित हैं परन्तु ये आज भी

अनारक्षित श्रेणी की तुलना में बहुत ही कम हैं। दोनों ही मामलों में उच्च शिक्षा में अनारक्षित श्रेणी से आये विद्यार्थियों का दबदबा देखने को मिलता है। आरक्षण नीति होने के बावजूद भी उच्च शिक्षा में बेहद ख़राब स्थिति देखने को मिलती है।

इस परिदृश्य की समीक्षा करते हुए, सभरवाल और मलीश (2017) बताते हैं कि–

> "शैक्षिक अवसरों की असमानताएँ अभिजात संस्थाओं में एवं विज्ञान और अभियान्त्रिकी की धाराओं में सामाजिक-आर्थिक दृष्टि से वंचित समूहों और पहली पीढ़ी के विद्यार्थियों के अल्प-प्रतिनिधित्व में व्यक्त होती हैं। अकादमिक सोपान में ऊपर जाने पर वंचित समूहों का प्रतिनिधित्व उत्तरोत्तर कम होता जाता है।" (पृ. 1)।

हाशिए की पृष्ठभूमि से आने वाले विद्यार्थियों के लिए स्कूली शिक्षा से उच्च शिक्षा में पारगमन का पड़ाव वास्तव में कठिन है। ऐसे विद्यार्थी बहुत संघर्षों के बाद उच्च शिक्षा में पहुँच पाते हैं। जाति, वर्ग और लिंग के कारण हाशिए पर रहने के साथ-साथ उच्च शिक्षा में सुविधाजनक शैक्षणिक संरचनाओं की कमी अक्सर ऐसे विद्यार्थियों को शिक्षा प्रणाली से बाहर कर देती है। उच्च शिक्षा में सुविधाजनक शैक्षणिक संरचनाओं की कमी न केवल वंचित तबकों से आने वाले विद्यार्थियों को शिक्षा से बाहर धकेल देती है, बल्कि ज्ञान के लोकतन्त्रीकरण और ज्ञान उत्पादन की प्रक्रिया को भी प्रभावित करती है (नाग, 2017; सुकुमार, 2008; गुरु, 2000)। ऐसे में विद्यार्थियों की पृष्ठभूमि, संस्थागत ज्ञान और शैक्षणिक संरचनाओं के बीच की खाई को समझना और पाटना ज़रूरी हो जाता है।

उच्च शिक्षा में शिक्षा का माध्यम

उच्च शिक्षा में शिक्षा का माध्यम बहस का विषय रहा है। यह देखने को मिलता है कि कई नये विश्वविद्यालय अंग्रेज़ी माध्यम में शिक्षा की नीति अपनाते हैं। इस सन्दर्भ में यह समझना ज़रूरी हो जाता है कि यह अंग्रेज़ी माध्यम शिक्षा किस प्रकार समाज के हाशिए से आने वाले विद्यार्थियों के रोज़मर्रा के अनुभवों को चिन्हित करती है। यह पर्चा उच्च शिक्षा में भाषा और सत्ता के इर्द-गिर्द की बहस को समझने की कोशिश करता है। हाशिए के तबक़े से आने वाले विद्यार्थी कई संघर्षों के बाद उच्च शिक्षा में प्रवेश कर पाते हैं। साहित्य इंगित करता है कि शैक्षिक संस्थान और उनकी पाठ्यचर्या की नीतियाँ निष्पक्ष नहीं हैं और भाषा के आधार पर सोपानात्मक ढाँचे को स्थापित कर सकती हैं (कुमार, 1951; देशपाण्डे, 2000; फ़ौस्ट व नागर, 2001; नाग, 2019)। इसलिए वर्तमान जाँच में संलग्न होने का कारण यह समझना है कि इस नीति को सामाजिक-आर्थिक वंचित सन्दर्भों से आये विद्यार्थी किस प्रकार देखते

हैं। भाषा के इर्द-गिर्द की इस बहस और अंग्रेज़ी माध्यम शिक्षा के ढाँचे को समझने के लिए यह पर्चा एक उच्च शैक्षिक संस्थान में पढ़ रहे विद्यार्थियों के अनुभवों को शामिल करता है। साथ ही यह शैक्षिक प्रशासकों और शिक्षकों से हुई बातचीत को भी शामिल करता है। किसी भी शैक्षिक संस्थान में शिक्षा के माध्यम का सवाल न केवल भाषा से जुड़ा होता है बल्कि यह विद्यार्थियों की पहचान, उनकी संस्कृति, उनके सामाजिक व आर्थिक जीवन और ज्ञान निर्माण से भी जुड़ा हुआ है (महमूद, 1974; कुमार, 1996; रामनाथन, 1999; राव, 2008)। विद्यार्थियों व शैक्षिक प्रशासकों के अनुभवों के साथ-साथ यह पर्चा साहित्य में भाषा, सत्ता और ज्ञान को लेकर उठाये गये पहलुओं को भी दिखाने का प्रयास है। इस अध्ययन में स्थापित सिद्धान्त ज्ञान-उत्पादन और भाषा के बीच सम्बन्ध, और उच्च शिक्षा के सन्दर्भ में हाशिए के अनुभवों को शामिल करता है।

यह पर्चा दिल्ली के एक उच्च शैक्षिक संस्थान में किये गये शोध पर आधारित है। इस पर्चे को चार खण्डों में बाँटा गया है। पहले खण्ड में साहित्य के माध्यम से भारतीय शिक्षा के सन्दर्भ में अंग्रेज़ी भाषा के स्वरूप और भाषा और सत्ता के बीच की आस-पास की बहस को समझने का प्रयास किया गया है। दूसरे खण्ड में शोध प्रविधि का उल्लेख किया गया है। पर्चे के तीसरे खण्ड में जिस उच्च शैक्षिक संस्थान की पड़ताल की गयी है उसकी अंग्रेज़ी माध्यम शिक्षा की संरचना का उल्लेख किया गया है। आख़िरी खण्ड में शोध से बनायी गयी समझ और निष्कर्ष पर चर्चा की गयी है।

साहित्य समीक्षा

इस खण्ड में हम साहित्य के माध्यम से अंग्रेज़ी भाषा के इर्द-गिर्द की बहस को समझेंगे। इस खण्ड में चार मुख्य बिन्दुओं पर चर्चा की गयी है—भारतीय शिक्षा के सन्दर्भ में अंग्रेज़ी; वैश्विक भाषा, कौशल और रोज़गार; सामाजिक-आर्थिक पदानुक्रम और अंग्रेज़ी तक पहुँच, और भाषा, सत्ता और प्रतिरोध।

भारतीय शिक्षा के सन्दर्भ में अंग्रेज़ी

भारत में पिछले कुछ वर्षों से अंग्रेज़ी शिक्षा का विस्तार देखने को मिलता है। अंग्रेज़ी शिक्षा का विस्तार न केवल एक भाषा विषय के रूप में हुआ है बल्कि शिक्षा के माध्यम के रूप में भी हुआ है। बरुआ और सब्बरवाल (2017) बताते हैं कि शिक्षा के माध्यम के रूप में अंग्रेज़ी ने सभी राज्यों में लोकप्रियता हासिल की है, जबकि हिन्दी और क्षेत्रीय भाषाओं के मामले में पिछले वर्षों में शिक्षा के माध्यम के रूप

में गिरावट दर्ज की गयी है। अंग्रेज़ी को राष्ट्रीय शिक्षा आयोग (1964-66) में 'पुस्तकालय भाषा' के रूप में वर्णित किया गया है। इस तथ्य को देखते हुए कि अंग्रेज़ी को एक पुस्तकालय भाषा के रूप में देखा जाता है, इस भाषा को सीखने की माँग बढ़ रही है और कई शैक्षणिक संस्थान अंग्रेज़ी को शिक्षा के माध्यम के रूप में चुनते हैं। अंग्रेज़ी को आरोही गतिशीलता के लिए एक उपकरण के रूप में देखा जाता है और अंग्रेज़ी माध्यम शैक्षिक संस्थानों से पढ़ना हर किसी की आकांक्षा बनती जा रही है, लेकिन साथ ही इस भाषा को सत्ता कायम करने के रूप में भी देखा जाता है (रामनाथन, 1999; देशपाण्डे, 2000; सुकुमार, 2008)। क्षेत्रीय भाषाओं की तुलना में आज अंग्रेज़ी भाषा ने अकादमिक जीवन में अधिक महत्त्व प्राप्त किया है। उच्च शिक्षा में क्षेत्रीय भाषा को स्वीकार करने के लिए एक प्रतिरोध देखने को मिलता है क्योंकि अन्तर्राष्ट्रीय/शैक्षणिक मानकों को पूरा करने के लिए उच्च शैक्षिक संस्थान केवल और केवल अंग्रेज़ी माध्यम शिक्षा को अपनाना चाहते हैं (महमूद, 1974)। दूसरी ओर, निरंजना (2013) का कहना है कि ग़ैर-महानगरीय भारत से लगभग छह मिलियन विद्यार्थी (सभी नामांकित विद्यार्थियों का 40 प्रतिशत) हर साल शिक्षा प्रणाली में प्रवेश करते हैं और अपने शैक्षिक लक्ष्यों को प्राप्त करने में सफ़ल नहीं हो पाते क्योंकि वे अंग्रेज़ी का सामना करने के लिए तैयार नहीं हैं (पृ. 14)। जो विद्यार्थी अंग्रेज़ी का सामना नहीं कर पाते वे विद्यार्थी कक्षा के भीतर हो रही अंग्रेज़ी की अकादमिक चर्चाओं को समझने में भी दिक़्क़त महसूस करते हैं। ऐसे में कई विद्यार्थी कक्षा में अलग-थलग महसूस करने लगते हैं, यह अक्सर सामाजिक-आर्थिक वंचित पृष्ठभूमि से आने वाले विद्यार्थियों के मामले में देखा जा सकता है जिनकी भाषा कभी भी शिक्षा की भाषा का हिस्सा नहीं बन पाती और स्कूल की भाषा कभी भी उन्हें अपनी भाषा में अपने अनुभवों को व्यक्त करने की अनुमति नहीं देती। कई अंग्रेज़ी माध्यम (निजी) स्कूल बच्चों को प्रारम्भिक कक्षाओं में ही अंग्रेज़ी में पढ़ाने-लिखाने के साथ-साथ अंग्रेज़ी में बोलने पर भी ज़ोर देना शुरू कर देते हैं। और इस दौरान अगर कोई विद्यार्थी ग़लती से भी अपनी मातृभाषा का प्रयोग कर दे तो उस पर जुर्माना लगाकर उसकी आवाज़ चुप करवा दी जाती है (कुमार, 1996)। रहमान (2012) बताते हैं कि पिछले दशक से अंग्रेज़ी मीडियम स्कूलों में वृद्धि हुई है और स्कूली शिक्षा के शुरुआती वर्षों में बच्चों को अपरिचित भाषा सिखाना कोई सही क़दम नहीं है क्योंकि यह बच्चों के संज्ञानात्मक विकास को प्रभावित करता है। स्कूल में प्रवेश करने से पहले ही बच्चे अपनी मातृभाषा के माध्यम से अर्थ बनाने की प्रक्रिया में भाग ले चुके होते हैं। अर्थात स्कूल पहुँचने से पहले ही बच्चे अपनी मातृभाषा में बहुत सारे शब्द सीख चुके होते हैं जिसका प्रयोग वे अपने दिन-प्रतिदिन

के जीवन को समझने और सरल बनाने के लिए करते हैं। लगभग पाँच से छह वर्षों तक बच्चों में सामाजिक सम्प्रेषण की क्षमता का विकास भी हो जाता है (पांडा और मोहन्ती, 2009)। कमिन्स (1981) बच्चों में सामाजिक सम्प्रेषण की इस क्षमता को 'बुनियादी पारस्परिक सम्प्रेषण कौशल' कहते हैं (नाग, 2019)। यह क्षमता बच्चों को आमतौर पर पहली कक्षा में पढ़ाई-लिखाई समझने में महत्त्वपूर्ण भूमिका निभाती है। क्योंकि पहली कक्षा में बच्चों को उन चीज़ों से परिचित करवाया जाता है जिसे वे रोज़मर्रा के जीवन में अनुभव करते हैं (पांडा और मोहन्ती, 2009)। परन्तु जैसे-जैसे पढ़ाई-लिखाई का स्तर बढ़ता जाता है वैसे-वैसे बच्चों को ऐसे शब्दों, तथ्यों, विचारों और सिद्धान्तों को समझने की ज़रूरत पड़ती है जो उनके लिए एकदम नये हैं और जिनका आभास उन्होंने पहले शायद ही किया हो। कमिन्स (1981) का मानना है कि यह सभी सीखने के लिए बच्चों को ज्ञानात्मक अकादमिक भाषिक निपुणता की आवश्यकता पड़ती है (नाग, 2019)। बच्चों में इस क्षमता को विकसित करने के लिए मातृभाषा में हुए बुनियादी पारस्परिक सम्प्रेषण कौशल को आधार बनाया जाता है। कहने का तात्पर्य यह है कि ज्ञानात्मक अकादमिक भाषिक निपुणता को विकसित करने में मातृभाषा की ज़रूरत पड़ती है। बहुत से शिक्षाविदों का मानना है कि चूँकि स्कूल नये शब्दों, तथ्यों, विचारों और सिद्धान्तों को एकदम नयी और अपरिचित भाषा के माध्यम से सिखाते हैं जिससे बच्चों के संज्ञानात्मक विकास पर बुरा प्रभाव पड़ता है (स्कूटनब्ब-कांगस, फिल्लीप्सन, पांडा और मोहन्ती, 2009; कुमार, 1996)।

वैश्विक भाषा, कौशल और रोज़गार

आज अंग्रेज़ी को वैश्विक भाषा के रूप में जाना जाता है और साथ ही इसे 'जॉब मार्केट' में प्रतिस्पर्धा करने के लिए एक आवश्यकता के रूप में भी देखा जाता है (ग्रेडोल, 2010)। अत: वैश्विक अर्थव्यवस्था में रोज़गार प्राप्त करने के लिए अंग्रेज़ी को एक महत्त्वपूर्ण कौशल के रूप में देखा जाता है। जैसा कि कुमार (1996) बताते हैं कि वैश्विक गाँव में आज अंग्रेज़ी एक युवा व्यक्ति की ऐसी योग्यता बन गयी है जिसके माध्यम से वह उन अवसर संरचनाओं को 'नेगोशिएट' कर सकता है जो आधुनिक अर्थव्यवस्था में उपलब्ध हैं। इस सन्दर्भ में वैश्वीकृत भाग से लाभ के लिए अंग्रेज़ी एक साधन का प्रतीक बन गयी है। जबकि दूसरी ओर, जिनके पास अंग्रेज़ी में अपर्याप्त दक्षता है उनके पास उच्चतर आय समूह में स्थानान्तरित होने और समाज में उच्च स्थान पाने के लिए सीमित गुंजाइश है (कुमार, 1996, पृ. 59)। वैश्विकरण की छाप उच्च शिक्षा में भी देखने को मिलती है जिसने अंग्रेज़ी माध्यम शिक्षा और

अंग्रेज़ी में ज्ञान सृजन को मज़बूत किया है। वैश्विक स्तर पर जिस भाषा में ज्ञान का निर्माण हो रहा है और जिस भाषा में विद्यार्थी अपने आसपास की सामाजिक दुनिया का अनुभव करते हैं उसमें बहुत बड़ा अन्तर है (तेजस्विनी, 2013)।

सामाजिक-आर्थिक पदानुक्रम और अंग्रेज़ी तक पहुँच

शैक्षिक संस्थानों में शिक्षण के एक माध्यम के रूप में और एक वैश्विक भाषा के रूप में अंग्रेज़ी भाषा ने महत्त्व पाया है, परन्तु कृष्ण कुमार, बरूआ और सभरवाल, फ़ौस्ट और नागर, रामनाथन, और सुकुमार जैसे विद्वानों ने अंग्रेज़ी भाषा द्वारा कायम किये गये सोपानात्मक ढाँचों की ओर भी हमारा ध्यान आकर्षित किया है। लखनऊ शहर में 20 मध्यमवर्गीय पुरुषों और महिलाओं के साथ फ़ौस्ट और नागर (2001) द्वारा किये गये एक दिलचस्प शोध से पता चलता है कि प्रत्येक मध्यमवर्गीय परिवार अपने बच्चों को अंग्रेज़ी मीडियम स्कूल में भेजना चाहते हैं। इनका शोध दर्शाता है कि एक तरफ़ जहाँ, अंग्रेज़ी शिक्षा को समाज में आरोही गतिशीलता के लिए उपकरण के रूप में देखा जाता है तो वहीं दूसरी तरफ़, अंग्रेज़ी शिक्षा ने शिक्षा प्रणाली में वर्ग-आधारित असमानताओं को व्यापक किया है। अंग्रेज़ी माध्यम शिक्षा लेने की चाह में आज हर अभिभावक अपने बच्चों को निजी स्कूल में पढ़ाना चाहता है। इस सन्दर्भ में हमारे लिए यह पूछना ज़रूरी हो जाता है कि कौन-से परिवार/समुदाय अपने बच्चों को सरकारी स्कूलों में भेजते हैं और कौन-से परिवार/समुदाय अपने बच्चों को निजी स्कूलों में भेजते हैं? अंग्रेज़ी माध्यम स्कूल का ख़र्च कौन उठा सकता है? समाज के हाशिए के तबक़े से आये अधिकतर बच्चे सरकारी स्कूलों में पढ़ने जाते हैं और सम्पन्न परिवारों और उच्च तबक़े के बच्चे निजी स्कूलों से पढ़ाई करते हैं। और अगर इसको जेंडर के आधार पर समझा जाये तो बड़े पैमाने पर यह देखने को मिलेगा कि लड़कियों को अक्सर सरकारी स्कूलों में भेजा जाता है और लड़कों को निजी स्कूलों में। यहाँ तक कि यू-डाईस (2017) के आँकड़ों से भी पता चलता है कि लड़कियों की संख्या सरकारी स्कूलों में ज़्यादा है और लड़कों की संख्या निजी स्कूल में ज़्यादा है। मांजरेकर (2003) भी यही बताती हैं कि अधिकतर अभिभावक अपनी लड़कियों की तुलना में लड़कों को निजी स्कूल भेजने में पैसे निवेश करते हैं, इस प्रकार घरों द्वारा निवेश किये जा रहे पैसे लड़कों और लड़कियों के बीच शैक्षिक अवसरों को भी प्रभावित करते हैं।

वहीं दूसरी ओर, रामनाथन (1999) द्वारा किये गये एक अध्ययन से पता चलता है कि बहुत बार शैक्षिक प्रथाएँ समाज के निम्न तबक़े से आये विद्यार्थियों को अंग्रेज़ी पढ़ने व सीखने से वंचित कर देती हैं। इनके शोध में समाज के वंचित तबक़े

(दलित व ओबीसी) से आये विद्यार्थियों को शामिल किया गया है जिन्होंने बारहवीं कक्षा तक एक गुजराती माध्यम स्कूल से पढ़ाई की है। जब वे विद्यार्थी अंग्रेज़ी माध्यम कॉलेज में प्रवेश करते हैं तो उनको अंग्रेज़ी शिक्षा से दूर रखा जाता है। इस सन्दर्भ में रामनाथन बताती हैं कि शैक्षिक संस्थान ख़ुद एक ऐसा स्थान बन जाते हैं जहाँ वंचित तबक़ों से आने वाले विद्यार्थी बेहद भेदभाव और अलगाव का अनुभव करते हैं। सुकुमार (2008) भी बताते हैं कि वंचित पृष्ठभूमि से आये विद्यार्थियों की अंग्रेज़ी में अपर्याप्त पकड़ होने के कारण उन्हें उच्च शिक्षा में दमन सहना पड़ता है। इस सामाजिक बहिष्करण को रोज़मर्रा के सन्दर्भ में देखा जा सकता है जहाँ पाठ्यचर्या प्रथाओं में सामाजिक पदानुक्रम परिलक्षित होते हैं।

भाषा, सत्ता और प्रतिरोध

भाषा को थोपना आपके मस्तिष्क पर बुरा प्रभाव छोड़ सकता है क्योंकि आपको आपकी भाषा से दूर ले जाना और आप पर प्रभुत्व वर्ग की भाषा थोप देना आपको अप्रासंगिक (acontextual) और अऐतिहासिक (ahistorical) बना देगा। अग्निहोत्री (2015) बताते हैं कि कक्षा में किसी शिक्षक द्वारा बच्चों की भाषा स्वीकार न करना, बच्चों की संस्कृति और उसकी पहचान को स्वीकार न करने के बराबर है। दूसरी ओर बर्नस्टीन (1971) इस तथ्य पर हमारा ध्यान आकर्षित करते हैं कि भाषा में प्रतीक और सामाजिक मानदण्ड छिपे हुए हैं। बर्नस्टीन दो प्रकार के 'लैंग्वेज कोड' का उल्लेख करते हैं–'रिसट्रीकटिड कोड' और 'एलोबोरटेड कोड', रिसट्रीकटिड कोड का उपयोग व समझ मध्यम वर्ग करते/ बना पाते हैं और एलोबोरटेड कोड का उपयोग व समझ श्रमिक वर्ग करते/ बना पाते हैं। अलग-अलग वर्ग के लोगों द्वारा अलग-अलग कोड का उपयोग किया जाता है। स्कूलों में एलोबोरटेड कोड का उपयोग किया जाता है जिसके कारण शैक्षिक प्राप्ति में भी अन्तर देखने को मिलता है (बर्नस्टीन, 1971)। चूँकि शैक्षिक संस्थान हमें ज्ञान प्रदान करते हैं और यह ज्ञान एलोबोरटेड कोड में पढ़ाया जाता है, इसीलिए जो भी ज्ञान दिया जायेगा उसे केवल कुछ ही समझ पायेंगे और ये 'कुछ' ही ज्ञान सृजन/ उत्पादन में भाग ले पायेंगे जिससे जो भी ज्ञान उत्पन्न होगा वह भी कुछ का ही ज्ञान होगा। यह न केवल श्रम के सामाजिक विभाजन में निहित असमान सत्ता सम्बन्धों को दर्शाता है बल्कि हमें यह भी समझने में मदद करता है कि किस प्रकार भाषा के माध्यम से सत्ता सम्बन्धों को क़ायम किया जाता है।

हुक्स[1] (1994) 'स्टैंडर्ड इंग्लिश' को उत्पीड़क की भाषा बताती हैं और उत्पीड़क इस भाषा का उपयोग उत्पीड़तों को शर्मिन्दा करने, अपमानित करने और चुप कराने के लिए करता है, परन्तु वह तर्क देती हैं कि उत्पीड़क की सत्ता को चुनौती देने के लिए उत्पीड़ितों के पास एकमात्र तरीक़ा यह है कि वे उत्पीड़क की भाषा का उपयोग करें। वह बताती हैं कि उत्पीड़ितों को उत्पीड़क की भाषा को समझना होगा, उस भाषा में अपने अर्थ गढ़कर अपनी संरचना देनी होगी और फिर उसी भाषा को उत्पीड़क के ख़िलाफ़ मोड़ना होगा। जब उत्पीड़ित उस भाषा को अपने अर्थ देकर उसका इस्तेमाल करेगा तो उत्पीड़क को वह भाषा समझने में प्रयत्न करने पड़ेंगे, यह प्रक्रिया सत्ता सम्बन्धों को तोड़ने में मदद करेगी (हुक्स, 1994)। परन्तु हमें यह भी समझना होगा कि जो ज्ञान उत्पीड़कों की भाषा में लिखा गया है, वह ज्ञान भी उत्पीड़कों का ही होगा। अगर उत्पीड़ितों को इस असमान सत्ता-सम्बन्धों को तोड़ना है और ज्ञान उत्पादन की प्रक्रिया का हिस्सा बनना है तो उन्हें सत्ता की भाषा तक पहुँच बनानी ही पड़ेगी जिससे वे ज्ञान प्रणाली में उत्पीड़न के सवालों/स्वरों को लेकर आ सकें। इलैया (2013) कहते हैं कि, "दलितों का मुख्य एजेंडा आरक्षण नहीं है। मेरे लिए समानता पाने की राह अंग्रेज़ी शिक्षा है। मेरे लिए शिक्षा ही आशा है, आरक्षण नहीं–और मैं अंग्रेज़ी शिक्षा पर ज़ोर देता हूँ।" चन्द्रभान प्रसाद, कांचा इलैया और मीना कंडासामी जैसे दलित कार्यकर्ताओं का मानना है कि अंग्रेज़ी शिक्षा दलितों के लिए सामाजिक समानता और न्याय की कुंजी है और इनको अंग्रेज़ी से वंचित रखना उन्हें दो स्तरों पर हाशिए पर ले जायेगा–पहला उनकी जातिगत पहचान के आधार पर उनका तिरस्कार करना और दूसरा इनको गुणवत्तापूर्ण शिक्षा से दूर रखना।

शोध प्रविधि

यह शोध दिल्ली के एक उच्च शैक्षिक संस्थान–कावेरी विश्वविद्यालय दिल्ली में किया गया है।[2] कावेरी विश्वविद्यालय दिल्ली में स्थित एक सरकारी विश्वविद्यालय है जहाँ बीए से लेकर पीएचडी तक सामाजिक विज्ञान और मानविकी के क्षेत्र में

---

1. बेल हुक्स (1994) की रचनाओं से मेरी मुलाकात स्नातकोत्तर में बहुभाषी शिक्षा के कोर्स को पढ़ने के दौरान हुई। बहुभाषी शिक्षा जैसे कोर्स में हुक्स जैसे स्कॉलर के काम अक्सर कम देखने को मिलते हैं। परन्तु भाषा और सत्ता के बीच के रिश्ते को समझने के लिए हुक्स की रचनाओं को पढ़ना और समझना अत्यन्त ज़रूरी हो जाता है।

2. शोध में आचारसंहिता का पालन करने के लिए इस पर्चे में संस्थान व संस्थान से जुड़े किसी भी सदस्य के नाम का उल्लेख नहीं किया गया है। अत: इस पर्चे में शामिल विश्वविद्यालय का नाम, विद्यार्थियों के नाम और शैक्षिक प्रशासकों के नाम काल्पनिक हैं।

पढ़ाई होती है। यहाँ शिक्षा का माध्यम अंग्रेज़ी है और पिछले दस वर्षो में, कावेरी विश्वविद्यालय में भाषा का मुद्दा न केवल प्रशासन के बीच बल्कि विद्यार्थियों के बीच भी एक विचार-विमर्श का विषय रहा है।

यह शोध गुणात्मक अध्ययन पर आधारित है। शोध में आँकड़ों को इकट्ठा करने के लिए अर्ध-संरचित साक्षात्कार (semi-structured interview) का उपयोग किया गया है। अर्ध-संरचित साक्षात्कार के माध्यम से प्रतिभागियों से कुछ प्रश्न पूछे गये और उन्हीं के आस-पास बातचीत की गयी। विद्यार्थियों और शैक्षिक प्रशासकों से अलग-अलग प्रश्नों पर बात की गयी। विद्यार्थियों के लिए जो अर्ध-संरचित प्रोटोकॉल तैयार किया गया था उसके पहले भाग में विद्यार्थियों की सामाजिक-आर्थिक, शैक्षणिक व भाषायी पृष्ठभूमि को समझने के लिए उनसे सामान्य जानकारी पूछी गयी जिसमें उनका जेंडर, सामाजिक श्रेणी (ऐच्छिक), प्रोग्राम/सेमेस्टर, वार्षिक पारिवारिक आय, माता-पिता की शैक्षणिक जानकारी, उनकी मातृभाषा, घर में व सामाजिक परिवेश में बोले जाने वाली भाषा, किस प्रकार के स्कूल से पढ़ाई की है (सरकारी/निजी), स्कूली स्तर पर शिक्षा का माध्यम आदि जैसे प्रश्न शामिल थे। और इसके दूसरे भाग में निम्नलिखित प्रश्नों पर बातचीत की गयी–

- विश्वविद्यालय में अंग्रेज़ी माध्यम शिक्षा को लेकर आपका क्या अनुभव रहा है?
- आपकी स्कूली शिक्षा और सामाजिक-आर्थिक परिस्थितियाँ किस प्रकार एक अंग्रेज़ी माध्यम विश्वविद्यालय में आपकी भागीदारी प्रभावित करती हैं?
- क्या आपको लगता है कि इंग्लिश लैंग्वेज प्रोफिशिएंसी जैसे कोर्स आपको अंग्रेज़ी में सहयोग प्रदान करने में सहायक रहे हैं?
- विश्वविद्यालय द्वारा अंग्रेज़ी भाषा में दिये जाने वाले सहयोग को आप कैसे देखते हैं?

वहीं दूसरी ओर शैक्षिक प्रशासकों के लिए तैयार किये गये अर्ध-संरचित प्रोटोकॉल के पहले भाग में भी सामान्य जानकारी पूछी गयी। जिसमें उनका जेंडर, उनका प्रशासनिक पद, उनके द्वारा पढ़ाये जाने वाले विषय, शैक्षणिक अनुभव आदि जैसे प्रश्न शामिल थे। इसी के दूसरे भाग में निम्नलिखित प्रश्नों पर चर्चा की गयी–

- अंग्रेज़ी को शिक्षा का माध्यम बनाने के पीछे क्या कारण रहे हैं?
- शिक्षा के माध्यम के रूप में अंग्रेज़ी का चयन करते समय विद्यार्थियों के स्कूली परिवेश और उनकी सामाजिक-आर्थिक परिस्थितियों पर कैसे विचार किया गया?

- अंग्रेज़ी माध्यम निर्देश से सम्बन्धित मुद्दों के आस-पास एक शिक्षक/प्रशासनिक निकाय के रूप में आपका क्या अनुभव/सुझाव रहे हैं या चिन्ताएँ रही हैं?
- भाषा का प्रश्न कक्षा में कैसे परिलक्षित होता है?

अर्ध-संरचित प्रोटोकॉल का इस्तेमाल करने का मुख्य कारण यह सुनिश्चित करना था कि प्रतिभागियों की सभी प्रासंगिक पृष्ठभूमि से सम्बन्धित जानकारी एकत्र की जा सके। इन साक्षात्कारों को ऑडियो रूप में रिकॉर्ड किया गया और साथ ही साक्षात्कार लेते समय कुछ मुख्य बिन्दुओं को पर्चे में लिखा गया।

अध्ययन के प्रतिभागी

इस अध्ययन में कावेरी विश्वविद्यालय के आठ प्रतिभागियों को शामिल किया गया है जिनमें बीए से लेकर पीएचडी तक के पाँच स्टूडेंट्स हैं और तीन शैक्षिक प्रशासक (शिक्षक) हैं।

विद्यार्थियों का चयन : मैंने कावेरी विश्वविद्यालय के पाँच विद्यार्थियों के साथ साक्षात्कार लिया है जिनमें से एक छात्र बीए का है, एक छात्र बीवॉक का है, दो विद्यार्थी एमए के हैं और एक छात्रा पीएचडी की है। इन विद्यार्थी-प्रतिभागियों का संक्षिप्त परिचय निम्नलिखित है–

- अध्ययन में पहले प्रतिभागी का उल्लेख **संदीप** नाम से किया गया है। संदीप बीवॉक (टूरिज़्म एंड होस्पिटलिटी) के विद्यार्थी हैं जिन्होंने हिन्दी माध्यम में सरकारी स्कूल से अपनी पढ़ाई पूरी की है। इनकी वार्षिक पारिवारिक आय एक से दो लाख के बीच है। उनकी मातृभाषा भोजपुरी है, हालाँकि, वे अपने सामाजिक सन्दर्भ और परिवार में हिन्दी का इस्तेमाल करते हैं।
- दूसरे प्रतिभागी का उल्लेख **मोहित** नाम से किया गया है। मोहित बीए इतिहास के विद्यार्थी हैं। इन्होंने अपनी प्राथमिक शिक्षा एक निजी स्कूल से ली है। घर की आर्थिक स्थिति कमज़ोर होने के कारण मोहित को सरकारी स्कूल में स्थानान्तरित होना पड़ा। इनके परिवार की वार्षिक आय एक लाख से कम है। वे अपने सामाजिक सन्दर्भ और परिवार में हिन्दी का इस्तेमाल करते हैं।
- तीसरे प्रतिभागी का उल्लेख **विकास** नाम से किया गया है। इन्होंने बीए समाजशास्त्र की पढ़ाई कावेरी विश्वविद्यालय से ही की है और अब वहीं से एमए समाजशास्त्र की पढ़ाई कर रहे हैं। विकास ने माध्यमिक शिक्षा

एक मराठी माध्यम स्कूल से की है और उच्च माध्यमिक शिक्षा में इनकी पढ़ाई हिन्दी माध्यम में हुई है। इनकी मातृभाषा मराठी है और यह अपने सामाजिक सन्दर्भ में मराठी और हिन्दी दोनों का ही इस्तेमाल करते हैं। इनके परिवार की वार्षिक आय एक लाख से कम है।

- चौथे प्रतिभागी का उल्लेख **नेहा** नाम से किया गया है। इन्होंने बीए इतिहास की पढ़ाई कावेरी विश्वविद्यालय से ही की है और अब वहीं से एमए इतिहास की पढ़ाई कर रही हैं। नेहा ने अपनी पढ़ाई हिन्दी माध्यम में सरकारी स्कूल से की है और इनके परिवार की वार्षिक आय एक लाख से कम है। ये अपने सामाजिक सन्दर्भ में अपनी मातृभाषा हिन्दी का इस्तेमाल करती हैं।
- पाँचवें प्रतिभागी का उल्लेख **ऋतु** नाम से किया गया है। इन्होंने कावेरी विश्वविद्यालय से एमए और एमफिल दोनों की पढ़ाई की है और अब ये वहीं से वुमैन एंड जेंडर स्टडीज़ में पीएचडी की पढ़ाई कर रही हैं। ऋतु ने अपनी स्कूली शिक्षा एक निजी स्कूल से पूरी की है और इनके अनुसार जिस निजी स्कूल से वे पढ़ी हैं वहाँ अधिकतर पढ़ाई हिन्दी में ही हुआ करती थी। इनके परिवार की वार्षिक आय एक से दो लाख के बीच है। ये अपने सामाजिक सन्दर्भ में अपनी मातृभाषा हिन्दी का इस्तेमाल करती हैं।

शैक्षिक प्रशासकों का चयन : अध्ययन में तीन शैक्षिक प्रशासकों के साथ साक्षात्कार लिया गया। अध्ययन में पहले शैक्षिक प्रशासक का उल्लेख **डॉ. जूही** नाम से किया गया है। डॉ. जूही पिछले आठ वर्षों से विश्वविद्यालय में इंग्लिश लैंग्वेज प्रोफिशिएंसी कोर्स पढ़ा रही हैं और साथ ही सेंटर फॉर इंग्लिश लैंग्वेज़ में असिस्टेंट प्रोफ़ेसर हैं। अध्ययन में दूसरे शैक्षिक प्रशासक का उल्लेख **डॉ. अंशुमन** नाम से किया गया है। डॉ. अंशुमन स्कूल ऑफ़ वोकेशनल स्टडीज़ में प्रोफ़ेसर हैं। अध्ययन में तीसरे शैक्षिक प्रशासक का उल्लेख **डॉ. माधव** नाम से किया गया है। डॉ. माधव कावेरी विश्वविद्यालय में पिछले आठ वर्षों से पढ़ा रहे हैं और स्कूल ऑफ़ एजुकेशन स्टडीज़ में प्रोफ़ेसर हैं और साथ ही विश्वविद्यालय स्तर पर लिए जाने वाले अकादमिक निर्णयों में इनकी महत्त्वपूर्ण भूमिका रही है।

जाँच-परिणाम

इस खण्ड में कावेरी विश्वविद्यालय में किये गये शोध की जाँच शामिल है। इस खण्ड में छह बिन्दुओं पर बात की गयी है। पहले और दूसरे बिन्दुओं में कावेरी विश्वविद्यालय के अंग्रेज़ी माध्यम शिक्षा के ढाँचे और अंग्रेज़ी माध्यम नीति अपनाने

के पीछे बताये गये कारणों पर चर्चा की गयी है। तीसरे और चौथे बिन्दुओं में यह बताया गया है कि किस प्रकार अंग्रेज़ी माध्यम शिक्षा वंचित तबक़े से आये विद्यार्थियों के अनुभवों को चिन्हित करती है। पाँचवें बिन्दु में विश्वविद्यालय द्वारा अंग्रेज़ी भाषा के सन्दर्भ में दी जाने वाली सहायता पर चर्चा की गयी है। आख़िरी बिन्दु में भाषा और सत्ता के इर्द-गिर्द की बहस को समझने का प्रयास किया गया है।

अंग्रेज़ी माध्यम शिक्षा का ढाँचा

कावेरी विश्वविद्यालय की एक रिपोर्ट जिसमें 'सामाजिक विज्ञान के शिक्षण में भाषा' पर चर्चा की गयी है उसमें विश्वविद्यालय की अंग्रेज़ी माध्यम शिक्षा के ढाँचे पर भी चर्चा की गयी है। इस रिपोर्ट में लिखा हुआ है कि भाषाओं के बीच मौजूद असमानताओं को देखते हुए यह महसूस किया गया कि विश्वविद्यालय की अंग्रेज़ी माध्यम शिक्षा नीति विद्यार्थियों के लिए पहुँच के मामले में एक बाधा नहीं बननी चाहिए। इस खण्ड में हम यह समझने की कोशिश करेंगे कि पाठ्यचर्या सम्बन्धी प्रथाएँ, संस्थागत तन्त्र (इंस्टीट्यूशनल मैकनिज़्म) और शिक्षकों के नियुक्तिकरण का अंग्रेज़ी माध्यम शिक्षा के ढाँचे से क्या सम्बन्ध है।

चूँकि शिक्षा का माध्यम अंग्रेज़ी है, विद्यार्थियों को दी जाने वाली अधिकांश पाठ्यसामग्री (रीडिंग मटिरियल) अंग्रेज़ी में ही होती है (हिन्दी प्रोग्राम को छोड़कर) और इसी पाठ्यसामग्री का उपयोग विद्यार्थियों के मूल्यांकन के लिए भी किया जाता है। कौन-सी पाठ्यसामग्री दी जायेगी और वह कौन-सी भाषा में होगी इसका चयन शिक्षकों द्वारा किया जाता है परन्तु बहुत-से शिक्षक ऐसे भी हैं जो अंग्रेज़ी के अलावा हिन्दी में पाठ्यसामग्री देते हैं और बहुत बार स्वयं विद्यार्थियों को पाठ्यसामग्री 'एक्सप्लोर' करने को कहते हैं। मोहित शिक्षकों द्वारा दिये गये असाइनमेंट के ढाँचे पर टिप्पणी करते हुए बताता है कि–

> ऐसा नहीं है कि हमें एक विषय के लिए ही असाइनमेंट मिलते हैं, बल्कि सभी चार विषयों में असाइनमेंट दिये जाते हैं जिसमें प्रश्न भी अंग्रेज़ी में पूछे जाते हैं और हमें उनका उत्तर भी अंग्रेज़ी में ही लिखकर देना होता है। इसके अलावा, हमें रीडिंग भी अंग्रेज़ी में ही दी जाती है और असाइनमेंट करने के लिए हमें रीडिंग को पढ़ना होता है।

इसके अलावा एमए, एमफिल/ पीएचडी के एंट्रैन्स पेपर में प्रश्न भी अंग्रेज़ी में आते हैं और बहुत-से प्रश्नों का जवाब लिखने के लिए विद्यार्थियों को रीडिंग परीक्षा से कुछ दिन पहले ही उपलब्ध करवा दी जाती है जो कि अंग्रेज़ी में होती है। परन्तु जहाँ तक विद्यार्थियों द्वारा लिखे उत्तरों के मूल्यांकन का सवाल है,

विकास बताता है कि शिक्षक यहाँ विद्यार्थियों द्वारा किसी भी विषय पर बनायी गयी समझ के अनुसार ग्रेड देते हैं न कि विद्यार्थियों द्वारा लिखी गयी भाषा के आधार पर। विकास बताता है कि–

> जहाँ तक असाइनमेंट का सवाल है, भाषा बाधा नहीं है क्योंकि शिक्षक हमारी भाषा की स्पष्टता की बजाय हमारे दृष्टिकोण को देखते हैं और उसी के आधार पर ग्रेड देते हैं।

विश्वविद्यालय की भाषा नीति (लैंग्वेज पॉलिसी) में लिखा हुआ है कि, "हिन्दी पृष्ठभूमि से आये विद्यार्थियों को विश्वविद्यालय में दाख़िला दिया जायेगा। विद्यार्थियों को प्रवेश देने (या प्रवेश न देने) के लिए किसी भी आधार पर भाषा को मापदण्ड नहीं बनाया जायेगा। लेकिन एक बार जब वे विश्वविद्यालय में प्रवेश कर लेंगे तो धीरे-धीरे उन्हें पारगमन (ट्रैनजिशन) करने के लिए प्रोत्साहित किया जायेगा।" विश्वविद्यालय की भाषा नीति इस विचार पर आधारित है कि हिन्दी पृष्ठभूमि से आये विद्यार्थियों को अंग्रेज़ी की ओर पारगमन करने के लिए प्रोत्साहित किया जायेगा और इस पारगमन को सफल बनाने की ज़िम्मेदारी विश्वविद्यालय की होगी। इस भाषा नीति में केवल और केवल हिन्दी पृष्ठभूमि से आये विद्यार्थियों का ही उल्लेख देखने को मिलता है और विभिन्न भाषायी पृष्ठभूमि से आने वाले विद्यार्थियों का कोई उल्लेख नहीं है। विश्वविद्यालय की रिव्यू रिपोर्ट में इस बात पर भी प्रकाश डाला गया है कि, "यह बेहतर रहेगा कि हिन्दी पृष्ठभूमि से आये विद्यार्थियों की मुलाकात अंग्रेज़ी पाठ्यसामग्री/ 'अंग्रेज़ी के ब्रिज कोर्स' के साथ करवाई जाये ताकि विद्यार्थी अंग्रेज़ी में दक्षता हासिल कर सकें।" चूँकि शिक्षा नीति का मुख्य उद्देश्य विद्यार्थियों को हिन्दी से अंग्रेज़ी की ओर ले जाना है इसलिए विद्यार्थियों को अंग्रेज़ी में सहायता दी जायेगी। विद्यार्थियों तक अंग्रेज़ी में सहायता किस तन्त्र के माध्यम से दी जायेगी यह आगे आने वाले खण्ड में बताया गया है। बहुत से शिक्षक ऐसे भी हैं जो सीखने-सिखाने की प्रक्रिया में अंग्रेज़ी के साथ-साथ हिन्दी और 'ट्रांस-लैंग्वेजिंग' का भी उपयोग करते हैं।

डॉ. अंशुमन बताते हैं कि–

> अगर विद्यार्थियों को कुछ भी समझने में मुश्किल होती है तो हमें सुनिश्चित करना होगा कि कक्षा में पढ़ाया जाने वाला विषय विद्यार्थियों की ज़रूरतों के अनुसार समय-समय पर हिन्दी में भी समझाया जाये। मैं अक्सर विद्यार्थियों को अंग्रेज़ी के साथ-साथ हिन्दी में भी समझाने का प्रयास करता हूँ।

परन्तु बहुत से ऐसे शिक्षक भी हैं जो समाजशास्त्र, मनोविज्ञान, जेंडर स्टडीज़, डेवलपमेंट स्टडीज़, इतिहास जैसे विषयों को हिन्दी में पढ़ाने में सक्षम ही नहीं हैं। डॉ. माधव इस बात का सम्बन्ध शिक्षकों की नियुक्ति से जोड़ते हुए कहते हैं कि–

> जो शिक्षक नियुक्त किये गये थे वे हिन्दी में पढ़ाने में सहज नहीं थे। उनमें से बहुत की न तो मातृभाषा हिन्दी थी और न ही शिक्षा का माध्यम हिन्दी रहा था और अगर कुछ रोज़मर्रा की बातचीत में हिन्दी का इस्तेमाल कर भी लेते थे तो वे इतने सक्षम नहीं थे कि हिन्दी में पढ़ा सकें।

वह इसके बाद कहते हैं कि–

> यह बाद में चलकर एक दोष सिद्ध हो गया कि शिक्षक हिन्दी में नहीं पढ़ा सकते। विश्वविद्यालय में शिक्षकों को एक विशेष नज़रिए के साथ नियुक्त किया गया था और जब वह नियुक्त कर लिए गये तो वह हिन्दी में पढ़ाने में असक्षम थे। इसीलिए हिन्दी के वर्चस्व और आधिपत्य बनाम अंग्रेज़ी के वर्चस्व और आधिपत्य के बीच एक बाइनरी बन गयी।

डॉ. माधव के साथ हुई बातचीत से स्पष्ट होता है कि शिक्षकों की नियुक्ति इस बात को ध्यान में रखते हुए की गयी कि शिक्षक अंग्रेज़ी में पढ़ाने के लिए पर्याप्त रूप से सक्षम होने चाहिए। कक्षा की चर्चाओं के दौरान अंग्रेज़ी का प्रभुत्व अक्सर देखने को मिलता है। जैसा कि संदीप ने इस बात की ओर इशारा किया है कि कुछ विद्यार्थी कक्षा की चर्चाओं में हिन्दी में भाग लेते हैं लेकिन शैक्षिक प्रवाह (पेडागोज़िक फ़्लो) पर शिक्षक का ही नियन्त्रण देखने को मिलता है जो कि अक्सर अंग्रेज़ी में ही चलता है। संदीप बताता है कि–

> मेरे जैसे विद्यार्थी जो सरकारी स्कूलों से पढ़कर आते हैं वे कक्षा में जवाब नहीं देते। ऐसा नहीं है कि वे जवाब देना नहीं चाहते या कक्षा की चर्चाओं में भाग नहीं लेना चाहते। ऐसे विद्यार्थियों को स्कूल के दौरान अंग्रेज़ी शब्दावली तक पहुँच नहीं मिल पाती। हालाँकि कुछ विद्यार्थी हिन्दी में जवाब देते हैं और शिक्षक उनकी बात सुनते भी हैं लेकिन शिक्षक उन्हें अंग्रेज़ी में ही जवाब देते हैं।

विद्यार्थियों से हुई बातचीत में यह बात उभरकर आयी कि विश्वविद्यालय की संस्थागत संरचना विद्यार्थियों से माँग करती है कि वे अंग्रेज़ी में भाग लें। हिन्दी के विषय को छोड़कर एक तरफ़ जहाँ सभी विषयों में लगभग शिक्षकों द्वारा दी जाने वाली पाठ्यसामग्री अंग्रेज़ी में होती है और अक्सर इसी पाठ्यसामग्री को शिक्षक मूल्यांकन का आधार भी बनाते हैं, असाइनमेंट/ टर्म-पेपर में पूछे जाने वाले प्रश्न

अंग्रेज़ी में दिये जाते हैं, प्रवेश-पत्र अंग्रेज़ी में छपते हैं, कक्षा में होने वाली चर्चाएँ अक्सर अंग्रेज़ी में होती हैं। वहीं दूसरी तरफ़ विश्वविद्यालय विद्यार्थियों से वादा करता है कि विद्यार्थियों को अंग्रेज़ी की ओर ले जाने में मदद की जायेगी। विद्यार्थियों व शिक्षकों से हुई बातचीत में यह भी पता चला कि कुछ शिक्षक कक्षा में हिन्दी का उपयोग भी करते हैं और हिन्दी में रीडिंग ढूँढ़ने का प्रयास करते हैं ताकि वे उन विद्यार्थियों की मदद कर पायें जिनको अंग्रेज़ी समझने में दिक़्क़तें आती हैं। मैंने अभी तक इस बात को समझाने का प्रयास किया है कि कावेरी विश्वविद्यालय में अंग्रेज़ी माध्यम शिक्षा का ढाँचा कैसा है। परन्तु अगले बिन्दु में हम यह समझेंगे कि अंग्रेज़ी को शिक्षा का माध्यम बनाने के पीछे कौन-से मुख्य कारण रहे हैं।

अंग्रेज़ी माध्यम शिक्षा नीति ही क्यों?

यह जानने के लिए कि कावेरी विश्वविद्यालय ने आख़िर अंग्रेज़ी माध्यम शिक्षा की ही नीति क्यों अपनाई, मैंने विश्वविद्यालय के प्रशासकों से बात की। प्रशासकों द्वारा अंग्रेज़ी को शिक्षा का माध्यम बनाने का पहला कारण यह बताया गया कि सामाजिक विज्ञान और मानविकी के क्षेत्र में लगभग अंग्रेज़ी में ही संसाधन/ साहित्य उपलब्ध हैं और अगर कुछ रचनाएँ हिन्दी में भी उपलब्ध हैं तो वह अंग्रेज़ी भाषा में लिखे साहित्य का हिन्दी अनुवाद हैं। विश्वविद्यालय की एक रिपोर्ट बताती है कि–

> "यह समझना ज़रूरी है कि सामाजिक विज्ञान और आधुनिक ज्ञान की भाषा अंग्रेज़ी है। हमारे अधिकांश सामाजिक वैज्ञानिक न केवल अंग्रेज़ी में लिखते हैं, वे (और सबसे ऊपर) सोचते भी अंग्रेज़ी में ही हैं। सामाजिक विज्ञान में कई नयी अवधारणाएँ हैं जिनके हिन्दी में समान्तर शब्द नहीं हैं। हिन्दी में मौजूद सामाजिक विज्ञान मुख्य रूप से अंग्रेज़ी का अनुवाद हैं। इन अनुवादों की गुणवत्ता असमान है और यह अच्छे दर्जे से तीसरे दर्जे के बीच कहीं भी हो सकते हैं।" (रिव्यू रिपोर्ट, 2018)।

यह महसूस किया गया कि चूँकि सामाजिक विज्ञान के क्षेत्र में ज्ञान मुख्य तौर पर अंग्रेज़ी में ही उपलब्ध है, इसीलिए विद्यार्थियों का सामाजिक विज्ञान के तत्त्व, उसकी प्रकृति को समझने के लिए अंग्रेज़ी तक पहुँच बना पाना ज़रूरी है। यह समझा गया कि विद्यार्थियों की अंग्रेज़ी तक पहुँच बनाने के लिए विश्वविद्यालय इस दिशा में महत्त्वपूर्ण क़दम उठायेगा। चूँकि विश्वविद्यालय विद्यार्थियों से वादा करता है कि उन्हें हिन्दी से अंग्रेज़ी में पारगमन करने में सहायता दी जायेगी, बहुत से शिक्षक इस वादे को पूरा करने में जुटे भी हुए हैं। अंग्रेज़ी में दी गयी पाठ्यसामग्री

कुछ विद्यार्थियों को समझने में मुश्किल होती है इसीलिए विद्यार्थियों की मदद करने के लिए कुछ शिक्षक हिन्दी में पाठ्यसामग्री भी उपलब्ध करवाते हैं। डॉ. अंशुमन बताते हैं कि–

> विद्यार्थियों की भाषायी ज़रूरतों को पूरा करने के लिए हममें से कुछ शिक्षक दूसरे शैक्षिक संस्थानों में भी गये, उदाहरण के लिए–हमने स्वयं दिल्ली विश्वविद्यालय में जाकर ऐसी किताबें, पत्रिकाएँ ढूँढ़ीं जो हिन्दी में उपलब्ध हैं।

अंग्रेज़ी को शिक्षा का माध्यम बनाने का दूसरा कारण यह था कि जिन विद्यार्थियों को स्कूली स्तर पर गुणवत्तापूर्ण अंग्रेज़ी शिक्षा नहीं मिल पायी उनको उच्च शिक्षा में गुणवत्तापूर्ण अंग्रेज़ी शिक्षा से वंचित नहीं किया जायेगा। डॉ. जूही से हुई बातचीत में वे बताती हैं कि–

> यह महसूस किया गया कि कावेरी विश्वविद्यालय समता और सामाजिक न्याय के लक्ष्य को तभी पूरा कर पायेगा जब संस्था यह स्वीकार करेगी कि सामाजिक गतिशीलता के लिए विद्यार्थियों को अंग्रेज़ी में शिक्षा दी जानी चाहिए। जिन विद्यार्थियों को स्कूली स्तर पर गुणवत्तापूर्ण अंग्रेज़ी शिक्षा नहीं मिल पायी उनको उच्च शिक्षा में भी गुणवत्तापूर्ण अंग्रेज़ी शिक्षा से वंचित रखना विद्यार्थियों को दो स्तरों पर वंचित करने की बात होगी–पहला उन्हें स्कूली स्तर पर अंग्रेज़ी से वंचित रखे जाना और दूसरा उच्च शिक्षा के स्तर पर वंचित रखना।

इस प्रकार अंग्रेज़ी को शिक्षा का माध्यम बनाकर वंचित विद्यार्थियों तक गुणवत्तापूर्ण अंग्रेज़ी शिक्षा पहुँचाना समता और सामाजिक न्याय प्राप्त करने के साधन के रूप में काम करेगा। तीसरा कारण यह बताया गया कि चूँकि अंग्रेज़ी को आज वैश्विक भाषा माना जाता है इसीलिए विद्यार्थियों की अंग्रेज़ी तक पहुँच बनाना उन्हें रोज़गार पाने में और उच्चतर शिक्षा में प्रवेश लेने में सहायता करेगा। डॉ. अंशुमन का कहना है कि–

> हम आज ख़ुद को एक वैश्विक गाँव कहते हैं जिसमें अंग्रेज़ी अब संचार के लिए एक वैश्विक भाषा बन गयी है और अगर हम विद्यार्थियों को अंग्रेज़ी से दूर रखेंगे तो कहीं-न-कहीं हम उनको ऐसी वास्तविकता से दूर रख रहे हैं जिसमें वे वैश्विक स्तर पर प्रतिस्पर्धा कर सकें। इक्कीसवीं सदी में कौशल को ध्यान में रखते हुए हमें अपने विद्यार्थियों में ऐसे कौशल विकसित करने की ज़रूरत है जिनकी आज बाज़ार में माँग है। अंग्रेज़ी में संवाद करने की क्षमता भी इक्कीसवीं सदी में रोज़गार पाने के लिए एक महत्त्वपूर्ण कौशल बन गयी है।...भले ही विद्यार्थी उच्च अध्ययन के लिए जाना चाहते हों, तो भी अंग्रेज़ी को हमेशा प्राथमिकता दी जायेगी।

इन मुख्य तीन कारणों को ध्यान में रखकर कावेरी विश्वविद्यालय ने अंग्रेज़ी माध्यम शिक्षा नीति अपनाई जो हमें आज के वैश्विक परिवेश की सच्चाइयों से भी रूबरू कराती है।

सामाजिक-आर्थिक रूप से वंचित पृष्ठभूमि से आये विद्यार्थियों के अनुभव

कावेरी विश्वविद्यालय की अंग्रेज़ी माध्यम शिक्षा ने किस प्रकार हाशिए के तबक़े से आये विद्यार्थियों के जीवन को प्रभावित किया है यह समझने के लिए हमें विद्यार्थियों के रोज़मर्रा के अनुभवों को समझना होगा। पीडीएससी[3] सर्वेक्षण (2017) दर्शाता है कि सामाजिक-आर्थिक रूप से वंचित पृष्ठभूमि से आये विद्यार्थी अपनी शिक्षा पूरी करने और अपने परिवारों को आर्थिक सहायता में हाथ बँटाने के लिए पढ़ाई के साथ नौकरी भी करते हैं, "ये बरसों से दबाये गये मेहनतकश विद्यार्थी दिन भर की भारी-भरकम कक्षाओं के बाद सीधे घर या अपने हॉस्टल या घूमने-फिरने नहीं जाते, हममें से कइयों को अपने लिए, अपनी शिक्षा, और कई बार परिवार के ख़र्चे के लिए पार्ट-टाइम जॉब करनी पड़ती है।" (पृ. 6)। मेरे शोध के प्रतिभागी भी हाशिए के तबक़े से आये ऐसे विद्यार्थी हैं जो अपने परिवार/समुदाय से निकली पहली पीढ़ी के लोग हैं जो उच्च शिक्षा में पहुँच पाये हैं जिनको अंग्रेज़ी में 'फ़र्स्ट-जेनरेशन लरर्नेर्स' कहा जाता है। विश्वविद्यालय में अंग्रेज़ी बोलने, लिखने व पढ़ने के माहौल के कारण विद्यार्थी दमन, अलगाव व 'वॉइसलेस' महसूस करते हैं। ऋतु बताती हैं कि किस प्रकार पहले ही दिन कक्षा में सबके सामने अंग्रेज़ी में अपना परिचय दे पाना उनके लिए एक चुनौतीपूर्ण कार्य था। वह बताती हैं कि–

> मेरे एमए ओरिएंटेशन के दौरान, सभी विद्यार्थी अपना परिचय अंग्रेज़ी में दे रहे थे, लेकिन मेरे लिए अंग्रेज़ी में अपना नाम और अपने कोर्स का नाम बता पाना चुनौतीपूर्ण था और मुझे इन दो लाइनों को कहने में बहुत डर लग रहा था, *"माई नेम इज़ ऋतु। आई एम फ्रोम एमए सोशियोलॉजी"।* ("My name is Ritu. I am from M.A Sociology") एडमिशन लेने के पहले ही दिन मुझे विश्वविद्यालय से भाग जाने का मन किया। यहाँ [विश्वविद्यालय में] अंग्रेज़ी बोलने का माहौल इतना ज़्यादा है कि सारे समय लोग अंग्रेज़ी में ही बात करते दिखेंगे। वे अंग्रेज़ी में इतने माहिर हैं

3. कावेरी विश्वविद्यालय में पीडीएससी विद्यार्थियों का संगठन है जो भाषा-सम्बन्धित मुद्दों पर काम करता है। सन् 2017 में इस संगठन ने विद्यार्थियों के बीच भाषायी समस्या के मुद्दे पर एक सर्वेक्षण किया था।

कि यदि आप उनसे बात भी करते हैं तो आप महसूस करेंगे कि आपके लिए उनको अंग्रेज़ी में ही जवाब देना एक प्रतिबन्ध बन जाता है।

बहुत-से विद्यार्थी विश्वविद्यालय के इस माहौल में अलग-थलग महसूस करते हैं, इनमें से कुछ बिना पूरी पढ़ाई किये बीच में ही विश्वविद्यालय छोड़ने पर मजबूर हो जाते हैं तो वहीं दूसरी ओर कुछ विद्यार्थियों की 'सेमेस्टर-बैक' आ जाती है। मोहित बताते हैं कि–

पहले सेमेस्टर के बीच में एक ऐसा समय आया जब मैं विश्वविद्यालय छोड़ना चाहता था। मैं लगातार दो हफ़्तों तक क्लास लेने के लिए विश्वविद्यालय तक नहीं आया था। मैं अक्सर शर्मन्दिगी महसूस करता हूँ क्योंकि आपके आस-पास सब अंग्रेज़ी में बातचीत कर रहे हैं और आप अंग्रेज़ी में नहीं बोल पा रहे।

वहीं दूसरी ओर नेहा यह साझा करती हैं कि–

मैंने जैसे-तैसे अपना पहला सेमेस्टर 'सी प्लस' ग्रेड के साथ बहुत मुश्किल से पास किया था। मैंने अपनी परीक्षा लिखी तो अंग्रेज़ी में ही थी परन्तु मैं जो कुछ लिखकर आती हूँ उसे शिक्षक कभी समझ ही नहीं पाते।

हालाँकि, अंग्रेज़ी के इस माहौल में कुछ विद्यार्थी यह बताते हैं कि कुछ शिक्षक ऐसे भी हैं जो हिन्दी में भी समझाते हैं और पाठ्यसामग्री अगर अंग्रेज़ी में समझने में दिक़्क़त आती है तो कुछ शिक्षक हिन्दी में पाठ्यसामग्री उपलब्ध कराते हैं। परन्तु ऋतु बताती हैं कि–

हमें अक्सर ऐसा महसूस होता है कि जैसे किसी ने हम पर कोई एहसान किया है और हम इस स्थान के लायक नहीं हैं। क्योंकि बहुत बार शिक्षक हमें यह महसूस करा देते हैं कि उन्होंने हमें विश्वविद्यालय में चुनकर एहसान का काम किया है। जब हम [विद्यार्थी] विरोध प्रदर्शन में भाग लेते हैं तो हमें ऐसे व्यक्ति के रूप में देखा जाता है जो विश्वविद्यालय में हिंसा कर रहे हैं, लेकिन जब कक्षा में बैठा एक विद्यार्थी भाषा नहीं समझ पा रहा तो उस पर भी एक प्रकार की हिंसा [भाषा के द्वारा] की जा रही है और उसके अधिकारों का उल्लंघन किया जा रहा है। हालाँकि, विश्वविद्यालय इसे हिंसा नहीं समझेगा, बल्कि अंग्रेज़ी को शिक्षा का माध्यम बताकर बात टाल दी जायेगी।

परन्तु बहुत से विद्यार्थियों ने अंग्रेज़ी सीखने की चाह में स्वयं ही मेहनत करने की नींव रखी है। जैसे कि नेहा बताती हैं–

हालाँकि मुझे शुरुआत में अंग्रेज़ी समझ में नहीं आती थी, मैंने अंग्रेज़ी में पाठ्यसामग्री पढ़ना शुरू कर दिया, अंग्रेज़ी में लिखना शुरू कर दिया, अंग्रेज़ी में यूट्यूब विडियो देखना शुरू कर दिया, इत्यादि-इत्यादि।

ऐसा ही मिलता-जुलता वाकया मोहित भी साझा करता है। वह कहता है कि–

उस समय मैंने अतिरिक्त अध्ययन करना शुरू कर दिया था, उदाहरण के लिए, मैं वाक्य संरचना, शब्दावली इत्यादि को समझने के लिए यूट्यूब देखता था। मैंने पहले सेमेस्टर में बहुत संघर्ष किया लेकिन 'ज़्यादा मेहनत' करने के विचार ने मेरा साथ दिया।

विद्यार्थियों के साथ हुई बातचीत के आधार पर यह तो समझ में आता है कि विश्वविद्यालय में जो अंग्रेज़ी बोलने, लिखने व पढ़ने का माहौल है उसमें कुछ विद्यार्थी अलगाव महसूस करते हैं। अंग्रेज़ी से जूझ रहे विकास जैसे विद्यार्थियों को 'सेमेस्टर बैक' का सामना करना पड़ता है तो वहीं दूसरी ओर कुछ विद्यार्थी 'ड्रॉप-आउट'/पुश-आउट कर जाते हैं। इससे यह अनुमान लगाया जा सकता है कि विश्वविद्यालय में अंग्रेज़ी भाषा का दबदबा विद्यार्थियों के लिए पुश-आउट का एक मुख्य कारण हो सकता है। हालाँकि कुछ विद्यार्थी ऐसे भी हैं जो अंग्रेज़ी से जूझ तो रहे हैं परन्तु वे अपनी तरफ़ से अंग्रेज़ी सीखने के तरीक़ों को अपना रहे हैं। कुछ विद्यार्थियों का मानना है कि शिक्षक उनकी मदद काफ़ी हद तक करते हैं परन्तु कुछ का मानना यह भी है कि शिक्षक ऐसा जताते हैं कि जैसे उन्होंने विद्यार्थियों को उच्च शिक्षा में चुनकर कोई एहसान का काम किया है।

स्कूली शिक्षा और सामाजिक-आर्थिक पृष्ठभूमि : उच्च शिक्षा में विद्यार्थियों की भागीदारी पर प्रभाव

कावेरी विश्वविद्यालय में सामाजिक-आर्थिक रूप से वंचित पृष्ठभूमि से आये विद्यार्थियों के लिए फ़ीस में आंशिक/पूर्ण छूट की नीति है जिसे 'फी-वेवर पॉलिसी' भी कहा जाता है। यह नीति फ़ीस के सन्दर्भ में वंचित पृष्ठभूमि से आने वाले विद्यार्थियों के लिए विश्वविद्यालय में प्रवेश को सुविधाजनक बनाने का अच्छा क़दम है, लेकिन विद्यार्थियों की सामाजिक-आर्थिक और स्कूली पृष्ठभूमि भी उच्च शिक्षा में उनकी भागीदारी पर असर डालती है। वंचित पृष्ठभूमि से आये विद्यार्थी अक्सर अपनी स्कूली पढ़ाई सरकारी स्कूलों से करके आते हैं और जब वे उच्च शिक्षा में पहुँचते हैं तो अंग्रेज़ी भाषा कई कारणों से जैसे कि स्कूली स्तर पर गुणवत्तापूर्ण अंग्रेज़ी शिक्षा तक पहुँच न होना, घर में अंग्रेज़ी साहित्य की ग़ैर-उपलब्धता, अभिभावकों की शैक्षिक योग्यता आदि ऐसे विद्यार्थियों के लिए चुनौती खड़ी कर देती है। मैंने जिन विद्यार्थियों की बातचीत इस अध्ययन में शामिल की है वे ऐसे परिवारों से आते हैं जिनकी वार्षिक पारिवारिक आय या तो एक लाख से कम है या एक से दो लाख के बीच में है। इनके माता-पिता इतने पढ़े-लिखे नहीं हैं और

इनमें से भी केवल पिता ही हैं जो प्राथमिक और उच्चतर माध्यमिक शिक्षा तक पहुँच पाये हैं। इन विद्यार्थियों की मातृभाषा हिन्दी, भोजपुरी, मराठी है जिसे ये अपने घरों में और सामाजिक सन्दर्भ में बातचीत करने के लिए इस्तेमाल करते हैं। इस सन्दर्भ में विद्यार्थियों के लिए अंग्रेज़ी ऐसी भाषा है जिसका इस्तेमाल विद्यार्थियों को 'अकैडमिक एंगेजमेंट' के लिए करना पड़ता है न कि ऐसी भाषा जिसमें वे अपनी सामाजिक वास्तविकता का अनुभव करते हैं, हालाँकि विद्यार्थियों के साथ हुई बातचीत से पता चलता है कि वे अंग्रेज़ी सीखने की आकांक्षा रखते हैं।

मोहित बताता है कि विद्यार्थियों की अंग्रेज़ी में अच्छी पकड़ न होने के कारण वे अकादमिक क्षेत्र में पीछे छूट जाते हैं। वह बताता है कि–

> हम अकादमिक प्रतिस्पर्धा की दौड़ (रेस) में पीछे रह जाते हैं। हम सरकार द्वारा मिलने वाली छात्रवृत्ति को पाने की दौड़ में पीछे रह जाते हैं। हम क्लास पार्टिसिपेशन के लिए मिलने वाले ग्रेड की दौड़ में पीछे रह जाते हैं। मैं हमेशा अपने अससेस्समेंट अंग्रेज़ी में ही लिखकर देता हूँ क्योंकि हमें बहुत-सी फ़ब्तियों जैसे 'आप कमज़ोर हो', 'आप में क्षमता नहीं है' इत्यादि के बोझ का सामना करना पड़ता है। ऐसी फ़ब्तियाँ न सुननी पड़ें इसीलिए मैं अपना काम अंग्रेज़ी में ही करके देता हूँ फिर चाहे मुझे कम अंक ही क्यों न मिलें। यही कारण है कि हमें अक्सर छात्रवृत्ति नहीं मिल पाती। अगर मैं अंग्रेज़ी मीडियम स्कूल से पढ़कर आया होता और तब मैंने असाइनमेंट अंग्रेजी में लिखा होता तो मुझे भी आज 'ए' ग्रेड मिलता।

निजी स्कूल से पढ़ी ऋतु बताती हैं कि किस प्रकार निजी स्कूलों में भी हिन्दी मीडियम और अंग्रेज़ी मीडियम की बाईनरी बनी होती है। बहुत-से कम शुल्क लेने वाले निजी स्कूल नाम के लिए अंग्रेज़ी मीडियम होते हैं लेकिन बहुत कम चीज़ें ही अंग्रेज़ी में होती हैं। ऋतु इस बारे में बताती हैं कि–

> मैंने अपनी पढ़ाई एक अंग्रेज़ी मीडियम-निजी स्कूल से की है परन्तु वहाँ भी अंग्रेज़ी और हिन्दी माध्यम की श्रेणी हुआ करती थीं। हालाँकि मैं पढ़ी 'अंग्रेज़ी मीडियम स्कूल' से हूँ पर वहाँ होता सब कुछ हिन्दी में ही था। यह सिर्फ़ कहने के लिए अंग्रेज़ी मीडियम स्कूल था। अगर मैंने अपनी पढ़ाई एक अच्छे अंग्रेज़ी मीडियम स्कूल से की होती तो मुझे यूनिवर्सिटी के दौरान लोगों को अंग्रेज़ी में बोलते देख सांस्कृतिक झटका न लगा होता।

विद्यार्थियों के बीच शैक्षिक अवसरों का असमान वितरण उच्च शिक्षा में भी परिलक्षित होता है जहाँ हिन्दी या किसी स्थानीय भाषा माध्यम की पृष्ठभूमि से आये विद्यार्थियों को ग़ैर-बरबरी की नज़रों से देखा जाता है (सभरवाल और मालिश; 2019)। इसके परिणामस्वरूप वंचित पृष्ठभूमि से आये विद्यार्थियों में अक्सर ऐसी

भावना उत्पन्न हो जाती है जिसमें वे अपने आपको कक्षा में कहीं दूर पीछे खड़े हुए महसूस करते हैं। अंग्रेज़ी में हिचक के कारण, विद्यार्थियों के लिए कक्षा में चुप रहना एक मजबूरी बन जाता है और कक्षा में केवल उन्हीं विद्यार्थियों की आवाज़ें सुनने को मिलती हैं जो प्रभुत्व वर्ग या प्रीविलेज्ड तबक़े से आते हैं (महापात्रा और मिश्रा; 2019; नाग, 2019)। नेहा बताती है कि किस प्रकार अंग्रेज़ी में विचारों को व्यक्त कर पाना एक चुनौतीपूर्ण कार्य है। वह बताती है कि–

> मुझे लगभग हर सवाल का जवाब पता होता है और मैं शिक्षकों की उम्मीदों से ज़्यादा भी जवाब दे सकती हूँ लेकिन मुझे अंग्रेज़ी में अपने तर्क रखना चुनौतीपूर्ण लगता है। मुझे स्कूल में अंग्रेज़ी सीखने का मंच कभी नहीं मिला क्योंकि शिक्षक ही स्कूल में बहुत कम बार आते थे...आज भी मैं कक्षा के दौरान कुछ भी अंग्रेज़ी में बोलती हूँ तो पूरी कक्षा मुझे ऐसे देखने लगती है जैसे मैंने कुछ ग़लत कर दिया हो। विद्यार्थियों के सामने मेरी एक ऐसे व्यक्ति की पहचान बनकर सीमित रह गयी है जो कि कक्षा में हिन्दी में बोलती है। मुझे कक्षा में अंग्रेज़ी माध्यम और हिन्दी माध्यम से आने वाले विद्यार्थियों के बीच स्पष्ट अन्तर दिखाई देता है और अक्सर अंग्रेज़ी माध्यम पृष्ठभूमि से आये विद्यार्थी हिन्दी माध्यम पृष्ठभूमि से आये विद्यार्थियों के बारे में ज़्यादा ध्यान नहीं देते।

वहीं दूसरी ओर विकास का मानना है कि अगर वह कान्वेंट स्कूल से पढ़ा होता तो आज उसको अंग्रेज़ी में भाग लेने में इतनी मुश्किल का सामना न करना पड़ता। वह बताता है कि–

> सबसे पहले, हमें खड़े होकर अपने विचारों को कक्षा के सामने रखने में संकोच महसूस होता है। लेकिन यह केवल आपके विचारों को रखने से सम्बन्धित नहीं है, बल्कि उन विचारों को अंग्रेज़ी में रख पाना और कक्षा में स्वीकृति प्राप्त करना भी मायने रखता है। मैंने क्लास पार्टिसिपेशन के दौरान यह महसूस किया कि आपको कक्षा में स्वीकृति तभी मिलेगी जब आप अंग्रेज़ी में अपने तर्क रखेंगे। मुझे यह भी लगता है कि अगर मैंने शुरू से ही एक अंग्रेज़ी मीडियम स्कूल/कॉन्वेंट स्कूल से पढ़ाई की होती, तो मुझे अंग्रेज़ी में भाग लेने में ज़्यादा कठिनाई नहीं होती।

पाठ्यसामग्री को समझने में मुश्किल का सामना करना और सबसे बड़ी बात उन पाठ्यसामग्री तक पहुँच बना पाना वंचित तबक़े से आये विद्यार्थियों के लिए एक महत्त्वपूर्ण मुद्दा है (पीडीएससी सर्वेक्षण, 2017)। क्योंकि पाठ्यसामग्री को पढ़ने के लिए या तो उसका प्रिंटआउट निकलवाकर पढ़ना पड़ेगा या फिर कम्प्यूटर/ लैपटाप/ स्मार्टफोन पर पढ़ना पड़ेगा। इस मुद्दे को ऋतु के कथन के माध्यम से समझा जा सकता है जहाँ वह बताती है कि–

पाठ्यसामग्री की संख्या भी समय के साथ बढ़ जाती है। कभी-कभी यह 20 पृष्ठों की होती है तो कभी-कभी यह 90 पृष्ठों या इससे भी अधिक की होती है। आप इसका प्रिंटआउट निकाल नहीं सकते क्योंकि प्रिंटआउट लेने में ही इतना ख़र्चा हो जाता है कि हर कोई इतना ख़र्च उठा नहीं सकता। मेरे घर पर न ही इंटरनेट की सुविधा है और न ही कम्प्यूटर जिससे कि घर में ही पढ़ लिया जाये। इसीलिए मुझे रविवार को भी कम्प्यूटर का उपयोग करने के लिए विश्वविद्यालय में आना पड़ता था और कम्प्यूटर पर ही पढ़ना पड़ता था। यह ऐसा होता था कि मुझे पढ़ने के लिए सुबह जल्दी आना पड़ता था और देर रात तक विश्वविद्यालय से जाना पड़ता था। एक निश्चित सिद्धान्त को समझने के लिए कक्षाओं में भाग लेना महत्त्वपूर्ण हो जाता है और क्योंकि आप 90 पृष्ठों का प्रिंटआउट नहीं ले सकते हैं, इसलिए आपको कम्प्यूटर लैब में बैठ कर पढ़ना होगा। और भले ही आप किसी सिद्धान्त को अच्छी तरह से समझ लें, आप यह भी समझ नहीं सकते कि आपने वास्तव में इसे समझा है या नहीं। आप इसे दूसरों के साथ कैसे साझा करेंगे?

विद्यार्थियों के साथ हुई बातचीत से पता चलता है कि किस प्रकार उनकी स्कूली और सामाजिक-आर्थिक पृष्ठभूमि उच्च शिक्षा में उनकी भागीदारी पर प्रभाव डालती है। विद्यार्थियों द्वारा बताया गया एक मुद्दा तो उनके स्कूली अनुभवों पर आधारित है जहाँ वे बताते हैं कि स्कूली स्तर पर अंग्रेज़ी ठीक से न सिखाये जाने के कारण उन्हें उच्च शिक्षा में अंग्रेज़ी के सन्दर्भ में मुश्किलों का सामना करना पड़ रहा है। विद्यार्थियों का मानना है कि अगर उन्होंने अपनी स्कूली शिक्षा किसी अंग्रेज़ी मीडियम निजी स्कूल से की होती तो उनके लिए आज अंग्रेज़ी में भाग ले पाना आसान होता। चूँकि विद्यार्थियों को अपने विचारों को अंग्रेज़ी में रखने में कठिनाई होती है इसीलिए उन्हें कक्षा की चर्चाओं के दौरान भाग लेने में, छात्रवृत्ति ले पाने में भी मुश्किल होती है। हालाँकि कक्षाओं में चर्चा के दौरान विद्यार्थी अपने विचार हिन्दी में रख तो देते हैं पर अपने आस-पास सबको अंग्रेज़ी में बोलते हुए और ख़ुद को हिन्दी में बोलते हुए देख एक अकेलापन-सा महसूस करते हैं। यह मुद्दा उनकी सामाजिक-आर्थिक पृष्ठभूमि से भी जुड़ा हुआ है जिसमें विद्यार्थी बताते हैं कि किस प्रकार उनके अभिभावकों की शैक्षिक पृष्ठभूमि, पाठ्यसामग्री को ख़रीदने के लिए पैसे जुटा पाना, उनके घरों में अंग्रेज़ी के संसाधनों की ग़ैर-उपलब्धता, घर में अंग्रेज़ी वातावरण का न होना आदि भी विद्यार्थियों की उच्च शिक्षा में भागीदारी पर प्रभाव डालते हैं (सभरवाल और मालिश, 2019)। ऐसे में अंग्रेज़ी में दी जाने वाली पाठ्यसामग्री की समझ बना पाना भी एक अत्यन्त चुनौती भरा काम है। इस

प्रकार, विद्यार्थी इसे अपनी सामाजिक-आर्थिक स्थितियों के कारण पहुँच के प्रश्न के रूप में देखते हैं।

अंग्रेज़ी में मदद

विद्यार्थियों को अंग्रेज़ी में मदद करने के लिए कावेरी विश्वविद्यालय ने बीए पाठ्यचर्या में इंग्लिश लैंग्वेज प्रोफिशिएंसी कोर्स (ईएलपीसी) शामिल किये। पहले सेमेस्टर के शुरुआत में विद्यार्थियों को इंग्लिश लैंग्वेज प्रोफिशिएंसी टेस्ट (एलपीटी) देना होता है। इसके माध्यम से विद्यार्थियों की भाषायी ज़रूरतों को समझा जाता है और यह तय किया जाता है कि किस विद्यार्थी के साथ बुनियादी अंग्रेज़ी भाषा पर काम करने की ज़रूरत है और किस विद्यार्थी के साथ अंग्रेज़ी में उन्नत स्तर पर काम करने की ज़रूरत है (ससमल और पाण्डे, 2020)। कावेरी विश्वविद्यालय में दो तरह के इंग्लिश लैंग्वेज प्रोफिशिएंसी कोर्स शामिल किये गये हैं। जिन विद्यार्थियों के साथ बुनियादी अंग्रेज़ी भाषा पर काम करने की ज़रूरत है उन्हें पहले सेमेस्टर में 'सामाजिक प्रयोजनों के लिए अंग्रेज़ी' (English for Social Purposes) का कोर्स पढ़ाया जाता है और फिर इन्हीं विद्यार्थियों को दूसरे सेमेस्टर में 'अकादमिक प्रयोजनों के लिए अंग्रेज़ी' (English for Academic Purposes) का कोर्स पढ़ाया जाता है। जबकि दूसरी ओर जिन विद्यार्थियों की अंग्रेज़ी उन्नत स्तर की होती है उन्हें पहले ही सेमेस्टर में 'अकादमिक प्रयोजनों के लिए अंग्रेज़ी' (English for Academic Purposes) का कोर्स पढ़ाया जाता है। इसी के साथ 'अकादमिक प्रयोजनों के लिए अंग्रेज़ी' कोर्स कर रहे विद्यार्थियों को अकादमिक *रीडिंग, राइटिंग व स्पीकिंग* में मदद करने के लिए वरिष्ठ विद्यार्थियों का सहयोग भी मिलता है। इन वरिष्ठ विद्यार्थियों को *'लैंग्वेज मैंटर'* (Language Mentor) कहा जाता है। इन वरिष्ठ विद्यार्थियों को साक्षात्कार के माध्यम से चुना जाता है और इनको विश्वविद्यालय के *'सेंटर फॉर इंग्लिश लैंग्वैज़'* (CEL) के द्वारा प्रशिक्षण दिया जाता है जिससे ये अपने *जूनियर* साथियों की मदद कर सकें।

नेहा अपने अनुभवों को व्यक्त करते हुए बताती है कि किस प्रकार उन्हें अंग्रेज़ी के कोर्स और लैंग्वेज मैंटर से सहायता मिलती थी। वह बताती है कि–

> दोनों-के-दोनों ही विषयों (ESP और EAP) से मुझे सहायता मिली है। इनसे न केवल मुझे बल्कि मेरे साथियों को भी मदद मिली है। ये कोर्स करते समय मुझे महसूस हुआ कि अगर मुझे कुछ हासिल करना है तो मुझे भाषा को एक बाधा के रूप में देखना बन्द करना होगा। एक तरफ़ जहाँ मुझे ईएसपी कोर्स से यह सीखने को मिला कि अंग्रेज़ी में वाक्य कैसे लिखते हैं, तो वहीं दूसरी ओर मुझे ईएपी से यह सीखने

को मिला कि कैसे प्रेजेंटेशन दी जाती है, कैसे ग्रुप-डिस्कशन में भाग लिया जाता है, अकादमिक तरीक़े से कैसे लिखा जाता है इत्यादि-इत्यादि। मैंने जो भी कुछ इनके माध्यम से सीखा, मैं आज भी उसे लागू करती हूँ। इसके अलावा मुझे CELE से भी बहुत मदद मिली। मुझे एक लैंग्वेज मैंटर भी मिले थे जो मुझे पाठ्यसामग्री को समझने में, असाइनमेंट प्रश्नों को समझने में, वाक्य संरचना समझने आदि में मदद करते थे। हम अपने असाइनमेंट का पहला ड्राफ्ट अपने मैंटर को दिखाते थे और फीडबैक दिये जाने के बाद मैं अपने असाइनमेंट में सुधार करके शिक्षकों को जमा कर देती थी और फिर उसके बाद शिक्षक भी सहायता करते थे। इस तरह से यह एक अच्छी प्रक्रिया थी जिसमें हमें शिक्षक और अपने लैंग्वेज मैंटर दोनों से ही सहायता मिलती थी।

विकास भी अपने अनुभव को साझा करते हुए बताता है कि--

ईएसपी जैसे कोर्स से मैं अंग्रेज़ी में वाक्य बनाना सीख गया हूँ। मैं अपने दोस्तों से बातचीत करते वक़्त कुछ सवाल भी पूछता था जैसे कि–Which major have you opted for? Which school have you passed out from? Where do you live? Have you filled the registration form? ईएसपी कोर्स ने मुझे ऐसे ही वाक्यों को बनाने में मदद की जिसका उपयोग मैं आमतौर पर दोस्तों से बातचीत शुरू करने के लिए करता हूँ।...चूँकि ये कोर्स केवल बीए के पहले ही वर्ष में करने को मिलते हैं, इसीलिए में बीए के 'फ़र्स्ट-ईयर' में पास हो पाया परन्तु जैसे ही मैं सेकंड ईयर में आया वैसे-वैसे समय के साथ-साथ असाइनमेंट/रीडिंग की संख्या बढ़ती चली गयी। मैं इसका सामना नहीं कर पाया जिसके कारण मैं सेकंड-ईयर में फ़ेल हो गया।

संदीप बताता है कि–

हमें केवल पहले ही सेमेस्टर में ईएलपी (ELP) कोर्स पढ़ने को मिला था परन्तु मुझे इस कोर्स की ज़रूरत बाक़ी सेमेस्टर में भी महसूस होती है। यूनिवर्सिटी हमें 'लैंग्वेज सपोर्ट' तो देती है परन्तु यह लैंग्वेज सपोर्ट अधूरा है। मैं जब तक ईएलपी कोर्स कर रहा था तब तक मैं अंग्रेज़ी में अपने असाइनमेंट लिख पा रहा था और हमें पहले सेमेस्टर के बाद अंग्रेज़ी की कोई सहायता नहीं मिली और हमें हमारे हाल पर ही छोड़ दिया जाता है।

विद्यार्थियों से हुई बातचीत से पता चलता है कि कावेरी विश्वविद्यालय के इंग्लिश लैंग्वेज प्रोफिशिएंसी कोर्स से विद्यार्थियों को मदद तो मिलती है परन्तु विद्यार्थी यह भी चाहते हैं कि ऐसे ही कोर्स बाक़ी सेमेस्टर में भी दिये जाने चाहिए। इंग्लिश लैंग्वेज प्रोफिशिएंसी जैसे कोर्स न केवल विद्यार्थियों को अंग्रेज़ी के कौशल सीखने में मदद करते हैं बल्कि यह कौशल उनको भिन्न-भिन्न विषयों/पाठ्यक्रमों

में भाषायी चुनौतियों का सामना करने में भी मदद करते हैं (ससमल और पाण्डे, 2020)। कावेरी विश्वविद्यालय के विद्यार्थियों का भी मानना है कि इंग्लिश लैंग्वेज प्रोफिशिएंसी जैसे कोर्स उनको भाषायी रूप से सशक्त तो करते हैं परन्तु इन विषयों की समय-अवधि बहुत कम है और पढ़ाई के दूसरे व तीसरे साल में जब विद्यार्थियों को सबसे ज़्यादा इंग्लिश लैंग्वेज सपोर्ट की ज़रूरत होती है तो उनको कुछ सहायता नहीं मिल पाती। हमें यह भी समझना होगा कि इंग्लिश लैंग्वेज सपोर्ट केवल और केवल बीए स्तर पर ही है और एमए, एमफिल व पीएचडी स्तर पर विद्यार्थियों को अंग्रेज़ी में सहायता नहीं मिलती जबकि इन स्तरों पर विद्यार्थियों को अंग्रेज़ी में अधिकतर मदद चाहिए होती है।

भाषा और सत्ता

भाषा केवल संचार करने का ही उपकरण नहीं है बल्कि इसके माध्यम से सत्ता भी कायम की जा सकती है (हुक्स, 1994)। इसी सन्दर्भ में यह समझना ज़रूरी है कि किसकी भाषा कक्षा के भीतर प्रवेश कर पाती है और किसकी भाषा को कभी कक्षा के भीतर आने ही नहीं दिया जाता। ऋतु बताती है कि–

> मुझे ऐसा महसूस होता है कि इस विश्वविद्यालय में कुछ ख़ास लोगों का दबदबा (प्रभुत्व) है जो अंग्रेज़ी में अच्छे से बोल और लिख-पढ़ पाते हैं। यहाँ तक कि शिक्षक एडमिशन के दौरान होने वाले इंटरव्यू में विद्यार्थियों से पूछ लेते हैं कि इस विश्वविद्यालय में सब कुछ अंग्रेज़ी में है, क्या आप कर पाओगे? और अगर आप उन्हें इस बात की सहमति दे देते हैं कि हाँ, आप अंग्रेज़ी में पढ़ाई कर लेंगे तो वे [शिक्षक] अपने आप ही कुछ भी करते रहेंगे। वे हमें ऐसा महसूस करवाते हैं कि अंग्रेज़ी में लिख, बोल और पढ़ पाना केवल और केवल हमारी ज़िम्मेदारी है।

ऋतु इसके बाद बोलती है कि–

> मेरे एमए और एमफिल की पढ़ाई के बीच एक साल का अन्तर है और इस समय भी मैंने बहुत भेदभाव महसूस किया है। जो शिक्षक मुझे एमए के दौरान पढ़ाते थे, वह बाक़ी विद्यार्थियों के साथ अच्छे से पेश आते थे और मेरे साथ एक अलग ही ढंग से पेश आने लगे थे। मैं मानती हूँ कि इस एक वर्ष के दौरान मैं विश्वविद्यालय की छात्रा नहीं थी परन्तु मैं अक्सर विश्वविद्यालय में सेमिनार, वर्कशॉप (कार्यशाला) आदि में भाग लेने के लिए विश्वविद्यालय आ जाती थी। मेरे शिक्षक को यह लगता था कि मैं बिना किसी कारण के विश्वविद्यालय आ रही हूँ, उनको ऐसा लगता था कि जैसे मैं कोई आतंकवादी हूँ। यह ऐसा था कि मानो मेरी मौजूदगी से उनको परेशानी हो रही

हो। लेकिन मेरे पूर्व-सहपाठी जो अंग्रेज़ी में अच्छे हैं और नौकरी में लगे हुए हैं, जब वे विश्वविद्यालय परिसर में आते हैं तो मेरे शिक्षक उनसे अच्छे से बात करेंगे और उनकी सराहना करेंगे। जब मैं परिसर आती थी तब मेरे शिक्षक को मैं एक बाहरी व्यक्ति के रूप में नज़र आ रही थी और वहीं दूसरी ओर जब 'प्रीवलेज़्ड बैकग्राउंड' से विद्यार्थी आते हैं तो उनके साथ शिक्षक मैत्रीपूर्ण सम्बन्ध साझा करते हैं।

पाठ्यक्रम प्रथाएँ ऐसी हैं कि यह उन विद्यार्थियों की आवाज़ें चुप करा देती हैं जो अंग्रेज़ी में कुशल नहीं हैं। भाषा के साथ-साथ विद्यार्थियों की सामाजिक व आर्थिक पृष्ठभूमि के माध्यम से भी सत्ता सम्बन्धों को समझा जा सकता है। उच्च शिक्षा में आज अंग्रेज़ी विद्यार्थियों के लिए अभिव्यक्ति, कक्षा में भागीदारी और सीखने-सिखाने की प्रक्रिया की भाषा भी बन गयी है। जो विद्यार्थी अंग्रेज़ी में अपने आपको अभिव्यक्त नहीं कर पाते वे कक्षा के दौरान हो रही चर्चा में बहिष्करण महसूस करते हैं (महापात्रा और मिश्रा, 2019)। यह संदीप की बातों से भी स्पष्ट होता है जहाँ वह बताता है कि–

> हमारी कक्षा में नियम है कि विद्यार्थियों को अंग्रेज़ी में ही बोलना और भाग लेना है। कभी-कभी शिक्षक भी बोल देते हैं कि चूँकि हम अंग्रेज़ी में ही पढ़ व अभ्यास कर रहे हैं इसीलिए हमें अंग्रेज़ी में ही भाग लेना चाहिए। ऐसा नहीं है कि मुझे अंग्रेज़ी समझ में नहीं आती, लेकिन मुझे अपने विचारों को अंग्रेज़ी में रख पाने में मुश्किल महसूस होती है। अगर शिक्षक मुझसे कुछ भी हिन्दी में पूछें तो मैं निश्चित तौर पर कक्षा में भाग लूँगा परन्तु वे केवल अंग्रेज़ी में ही सवाल पूछते हैं।

शैक्षिक संस्थानों जैसे कि स्कूल, उच्च शैक्षिक संस्थान आदि ने समय के साथ-साथ भाषाओं को कक्षा के भीतर न लाकर बहुत-सी भाषाओं को तो मारा ही है परन्तु विद्यार्थियों के सामाजिक-सांस्कृतिक सन्दर्भ को भी नज़रअन्दाज़ करने का प्रयास किया है (मोहन्ती, 2009)। कक्षा में केवल शक्तिशाली तबक़े की भाषा लाकर शैक्षिक संस्थान उन तमाम विद्यार्थियों पर हिंसा करते हैं जिनकी भाषा कभी स्कूल/विश्वविद्यालय में आ ही नहीं पाती। विद्यार्थियों को कक्षा में भाग न लेने देना इस स्पष्टीकरण के साथ कि वह अपनी मातृभाषा का इस्तेमाल कर रहे हैं या उस भाषा का इस्तेमाल कर रहे हैं जिसमें वे सहजता महसूस करते हैं अपने आप में विद्यार्थियों का तो अनादर है ही बल्कि उनकी संस्कृति का भी अनादर है (अग्निहोत्री, 2015)। चूँकि भाषा और ज्ञान के बीच एक गहरा सम्बन्ध है इसीलिए भाषा से की जाने वाली हिंसा को ज्ञान से की जाने वाली हिंसा से हटकर नहीं देखा जा सकता। कक्षा में इस्तेमाल की जाने वाली भाषा अक्सर प्रभुत्व और सम्पन्न वर्ग की भाषा होती जिसे वे विद्यार्थी ही समझने में सक्षम हो पाते हैं जो प्रभुत्व वर्ग से आते हैं और जिनके

पास सांस्कृतिक पूँजी होती है (नाग, 2019), जो विद्यार्थी इस भाषा को नहीं जानते उनको कक्षा में चुप होकर बैठना पड़ता है। कक्षा में भाषा और ज्ञान दोनों ही स्तर पर असमानता देखने को मिलती है। विद्यार्थियों के साथ हुई बातचीत के दौरान यह समझने को मिला कि वे अपने विचारों को हिन्दी या उस भाषा में व्यक्त करना चाहते हैं जिसमें वे सहजता महसूस करते हैं और साथ ही वे अंग्रेज़ी को भी सीखना चाहते हैं लेकिन विश्वविद्यालय की अंग्रेज़ी माध्यम संरचना विद्यार्थियों के बीच ग़ैर-बराबरी की भावना पैदा कर देती है। इसके परिणामस्वरूप, ऐसे विद्यार्थी जो अंग्रेज़ी में भाग नहीं ले पाते उनको व्यवस्था से बाहर धकेल दिया जाता है। विकास बताता है कि–

> मैं अंग्रेज़ी के कारण एक सेमेस्टर में फ़ेल हो गया था। मैं समझता हूँ कि असफलता भी महत्त्वपूर्ण है लेकिन अकेडेमिक्स में असफलता विद्यार्थियों को गम्भीर नुक़सान पहुँचा सकती है। मुझे एक सेमेस्टर में फ़ेल होने का नुक़सान दो वर्षों के लिए झेलना पड़ा जो कि मेरे लिए बहुत ही दुखद था।

विद्यार्थियों को अंग्रेज़ी में न लिखने या ग़लत अंग्रेज़ी लिखने के आधार पर उन्हें 'फ़ेल' या 'पास' घोषित करना एक ग़लत क़दम होगा। यह ग़लत क़दम इसीलिए होगा क्योंकि ऐसे में शिक्षा के दायरे में उन्हीं विद्यार्थियों को रखा जायेगा जो अंग्रेज़ी जानते हैं और ऐसे विद्यार्थियों को हाशिए पर धकेल दिया जायेगा जिनको अंग्रेज़ी में कठिनाई होती है। जब तक विद्यार्थियों को अंग्रेज़ी में उचित सहयोग नहीं दिया जायेगा और सीखने-सिखाने की प्रक्रिया में विभिन्न भाषाओं का उपयोग नहीं किया जायेगा तब तक भाषा की सत्ता को तोड़ा नहीं जा सकता। डॉ. जूही इस बात की ओर इशारा करती हैं कि कक्षा में लेन-देन की प्रक्रिया में अंग्रेज़ी भाषा का इस्तेमाल किया जाता है जो कि केवल कुछ विद्यार्थी ही समझ पाते हैं, ऐसे विद्यार्थी जो आभिजात्य वर्ग से आते हैं। वह बताती हैं कि–

> सामाजिक विज्ञान और मानविकी विश्वविद्यालयों में शिक्षक सामाजिक समता, न्याय, सामाजिक बहिष्करण जैसे विषयों के बारे में पढ़ाते हैं और साथ ही गांधी, अम्बेडकर, दरीदा जैसे विद्वानों द्वारा दिये गये सिद्धान्तों पर कक्षा में चर्चा करते हैं परन्तु दुर्भाग्यवश यह चर्चाएँ उस भाषा में की जाती हैं जो केवल 'ईलीट' (अभिजात वर्ग) लोगों द्वारा ही समझी जाती हैं। [ऐसे में] कक्षा का स्थान बहुत दूर है क्योंकि जिस विद्यार्थी ने हाशिए का अनुभव किया है उसकी उस कक्षा में कभी आवाज़ ही नहीं होगी जहाँ हाशिए पर चर्चा की जा रही है।

भाषा से की जाने वाली हिंसा और सत्ता सम्बन्धों को तब तक ख़त्म नहीं किया जा सकता जब तक शैक्षिक संस्थान विभिन्न भाषाओं और विविध अनुभवों को कक्षा के भीतर नहीं लेकर आते।

निष्कर्ष

गुणवत्तापूर्ण उच्च शिक्षा देने के लिए कावेरी विश्वविद्यालय ने समता और सामाजिक न्याय सुनिश्चित करने का मार्ग अपनाया। इस मार्ग की प्राप्ति के लिए, विश्वविद्यालय ने अंग्रेज़ी माध्यम शिक्षा को अपनाया ताकि जिन विद्यार्थियों को स्कूली स्तर पर गुणवत्तापूर्ण अंग्रेज़ी शिक्षा से वंचित रखा गया उन विद्यार्थियों के लिए उच्च शिक्षा में गुणवत्तापूर्ण अंग्रेज़ी शिक्षा एक तरह से सामाजिक गतिशीलता के रूप में काम करेगी। इसी के साथ यह भी स्वीकार किया गया कि विश्वविद्यालय में विभिन्न व्यवस्थाओं के माध्यम से विद्यार्थियों को अंग्रेज़ी की ओर ले जाने के लिए जागरूक प्रयास किये जायेंगे, विशेष रूप से सामाजिक-आर्थिक वंचित पृष्ठभूमि से आये विद्यार्थियों के संघर्ष कम करने में जो अक्सर 'काम की दुनिया में सामाजिक और आर्थिक अवसरों' को खो बैठते हैं। पिछले दस वर्षों में, इस दिशा में विभिन्न प्रयास किये गये ताकि विद्यार्थियों को अंग्रेज़ी भाषा में सहयोग देकर उन्हें भाषायी रूप से सशक्त किया जा सके। हालाँकि, विश्वविद्यालय के समता और सामाजिक न्याय के मार्ग को सुनिश्चित करने में और जिस तरह भाषा नीति को लागू किया गया उसके बीच काफ़ी अन्तर देखने को मिलता है।

विद्यार्थियों की मदद करने और उनकी अंग्रेज़ी माध्यम शिक्षा की ओर यात्रा शुरू करने के लिए, विश्वविद्यालय द्वारा इंग्लिश लैंग्वेज प्रोफिशिएंसी जैसे कोर्स बीए पाठ्यचर्या में शामिल किये गये। हालाँकि स्नातक स्तर पर विद्यार्थियों को इंग्लिश लैंग्वेज प्रोफिशिएंसी कोर्स करने को मिलते हैं, विद्यार्थियों का मानना है कि इस कोर्स की समय-अवधि अंग्रेज़ी की ओर पारगमन (transition) करने के लिए पर्याप्त नहीं है। चूँकि इंग्लिश लैंग्वेज प्रोफिशिएंसी जैसे कोर्स भी केवल स्नातक स्तर पर ही हैं, शिक्षा का माध्यम उन विद्यार्थियों के लिए भी चुनौती खड़ी करता है जो मास्टर्स और रिसर्च स्तर पर हैं क्योंकि इन स्तरों पर अंग्रेज़ी के सन्दर्भ में अभी तक सहायता नहीं पहुँच पायी है। बीए से लेकर पीएचडी तक 'इंग्लिश लैंग्वेज सपोर्ट' पहुँचाने की दिशा में सेंटर फॉर इंग्लिश लैंग्वेज को बनाया गया, परन्तु हमेशा से यही विचार था कि विद्यार्थियों को अंग्रेज़ी की ओर पारगमन करने में सहायता दी जायेगी लेकिन पिछले दस वर्षों में विश्वविद्यालय ऐसा करने के लिए स्थायी तरीक़े पर पहुँच नहीं पाया। जिस प्रकार विश्वविद्यालय में अंग्रेज़ी माध्यम शिक्षा का ढाँचा बना हुआ है और जिस भाषा में विद्यार्थी अपनी सामाजिक दुनिया गढ़ते व अनुभव करते हैं उसमें बहुत फ़ासला है। हिन्दी के विषय को छोड़कर समाजशास्त्र, मनोविज्ञान, इतिहास, वुमेन एंड जेंडर स्टडीज़, डेवलपमेंट स्टडीज़ जैसे विषयों में

दी जाने वाली पाठ्यसामग्री अंग्रेज़ी में होती है जिनकी समझ बना पाना कोई आसान काम नहीं है और फिर उनकी समझ बनाकर असाइनमेंट/पेपर आदि लिख पाना उससे भी कहीं ज़्यादा चुनौतीपूर्ण काम है, ख़ासकर उन विद्यार्थियों के लिए जिनको अंग्रेज़ी समझने में दिक़्क़त होती है। विद्यार्थियों के सामने अंग्रेज़ी तब तक चुनौती खड़ी करती रहेगी जब तक ऐसे तरीक़े नहीं निकाल लिए जाते जिससे विद्यार्थियों को अंग्रेज़ी में सहायता दी जाये। कावेरी विश्वविद्यालय में ऐसे भी विभाग हैं (उदाहरण के तौर पर–डिपार्टमेंट ऑफ़ वोकेशनल स्टडीज़ और डिपार्टमेंट ऑफ़ एजुकेशन स्टडीज़) जिनमें अपेक्षाकृत लचीली अपेक्षा रखी जाती है जहाँ अंग्रेज़ी में दिक़्क़त के कारण कुछ विद्यार्थी अपने असाइनमेंट/पेपर हिन्दी में लिखते हैं और साथ ही शिक्षक हिन्दी में लिखे गये असाइनमेंट/पेपर स्वीकार भी करते हैं। विश्वविद्यालय विद्यार्थियों को अंग्रेज़ी में मदद करने का वादा करता है परन्तु असल में विद्यार्थियों को पर्याप्त मदद नहीं मिल पा रही जिसके कारण वे अलगाव व बहिष्कृत महसूस कर रहे हैं।

ऐसा नहीं है कि विद्यार्थी अंग्रेज़ी में लिखना, पढ़ना व बोलना नहीं चाहते परन्तु बाक़ी भाषाओं में सोच पाने और लिख पाने के अवसरों को गँवाकर केवल और केवल अंग्रेज़ी से जुड़ना भी एक चिन्ता का विषय है। जब उच्च शैक्षिक संस्थान अंग्रेज़ी माध्यम शिक्षा को एक नीति के रूप में अपनाते हैं और अंग्रेज़ी को ही ज्ञान-उत्पादन की भाषा बना देते हैं, तो ऐसे में ज्ञान-उत्पादन की प्रक्रिया में हमेशा वे लोग ही भाग ले पायेंगे जो अंग्रेज़ी के सबसे क़रीब हैं (नाग, 2019)। अंग्रेज़ी को शिक्षा का माध्यम बनाने का एक कारण यह भी दिया गया था कि अंग्रेज़ी वह भाषा है जिसमें सामाजिक विज्ञान के संसाधन उपलब्ध हैं और सामाजिक विज्ञान के क्षेत्र में ज्ञान-उत्पादन भी अंग्रेज़ी में ही होता हुआ आ रहा है। परन्तु स्थानीय भाषाओं में संसाधनों/अकादमिक साहित्य की कमी होने का मतलब यह कतई नहीं है कि ज्ञान का उत्पादन अंग्रेज़ी को छोड़कर किसी और भाषा में किया ही नहीं जा सकता। चूँकि इस पर्चे के माध्यम से उच्च शिक्षा में अंग्रेज़ी माध्यम शिक्षा के ढाँचे की पड़ताल की गयी है, भाषा के सामाजिक-राजनीतिक-सत्तात्मक स्वरूप को समझना भी ज़रूरी है। ग़रीब, दलित, शोषित-सामाजिक तबकों से आये विद्यार्थी उच्च शिक्षा में काफ़ी संघर्षों के बाद पहुँच पाते हैं, ऐसे में किसी विशेष भाषा को शिक्षा का माध्यम बनाकर उसका वर्चस्व कायम करना ऐसे विद्यार्थियों को शिक्षा-व्यवस्था से बहिष्कृत करने का एक उपकरण है। जहाँ एक ओर उच्च वर्ग और जाति से आने वाले विद्यार्थी उच्च शैक्षिक संस्थानों के ढाँचों में आसानी से 'फिट' हो जाते हैं जिसको महापात्रा और मिश्रा (2019) अंग्रेज़ी में "फिट इंटू द रिक्वाइरमेंट" कहते हैं, तो वहीं दूसरी ओर हाशिए के तबक़े से आने वाले विद्यार्थी

लगातार "शिक्षितों के बीच एक निम्न श्रेणी के रूप में बर्ताव किये जाने के डर" में रहते हैं (जयराम, 1993, पृ. 103)। हाशिए के तबक़े से आने वाले विद्यार्थियों को विभिन्न प्रकार की हिंसा का सामना करना पड़ता है। इनमें से एक भाषा के माध्यम से की जाने वाली हिंसा है जिसको अंग्रेज़ी में 'एपीस्टेमिक वायलेन्स' कहा जाता है (अलवारेज़, 2010)। भाषा का सम्बन्ध न केवल संचार की प्रक्रिया में भाग लेकर किसी से बात करना है बल्कि इसका सम्बन्ध सोचने की प्रक्रिया से भी जुड़ा हुआ है (नाग, 2019)। उच्च शैक्षिक संस्थानों द्वारा बग़ैर विद्यार्थियों की सामाजिक-आर्थिक पृष्ठभूमि को ध्यान में रखते हुए एक ऐसी भाषा को शिक्षा का माध्यम बनाकर विद्यार्थियों पर थोप देना जिसमें न केवल उस भाषा में लिखना, पढ़ना व बोलना शामिल है बल्कि उस भाषा में सहजता से सोच पाना भी शामिल है। चूँकि उच्च शैक्षिक संस्थानों को ज्ञान-उत्पादन/सृजन के संस्थान माना जाता है और ऐसे में एक ऐसी भाषा को थोप देना जो बहुत से विद्यार्थियों की रोज़मर्रा की भाषा तक नहीं है ज्ञान-उत्पादन के लोकतन्त्रीकरण पर गहरा प्रभाव डालती है। आज बहुत से शिक्षक ऐसे शोधार्थियों का शोध सुपरवाइज़ करना चाहते हैं जिनकी अंग्रेज़ी में अच्छी पकड़ है (नाग, 2019) और ऐसे शोधार्थी जिनकी अंग्रेज़ी पर कम पकड़ होती है या जो निम्न तबक़ों से आते हैं अगर वे ग़लती से किसी सुपरवाइज़र (ख़ासतौर पर सवर्ण जाति वाले) के अन्तर्गत आ भी जाते हैं तो उन्हें तमाम तरीक़ों से प्रताड़ित किया जाता है (सुकुमार, 2008)। इसी बात की ओर इशारा करते हुए गुरु (2000) बताते हैं किस प्रकार उच्च शैक्षिक संस्थानों में दलित विद्यार्थियों को दलित निर्देशकों को सौंप दिया जाता है जिससे दलित विद्यार्थी और दलित शिक्षक दोनों को आपस में एक-दूसरे के साथ बाँध दिया जाता है। इसका असर दो स्तरों पर समझा जा सकता है–पहला यह कि दलित विद्यार्थियों को शिक्षकों के एक बड़े समुदाय की पहुँच से दूर रखा जाता है और दूसरा यह है कि उच्च जाति से आने वाले विद्यार्थियों को दलित शिक्षकों की विशेषज्ञता से सीखने से दूर रखा जाता है (गुरु, 2000)। ऐसे में भाषा और जाति दोनों ही विद्यार्थियों के लिए केवल और केवल एक बहिष्करण का उपकरण ही बनकर रह जाते हैं जिसका प्रभाव ख़ासतौर पर उन विद्यार्थियों पर पड़ता है जो समाज के वंचित तबक़ों से आते हैं। हालाँकि ज्ञान का निर्माण अपने आप में ब्राह्मणवादी ढाँचे पर आधारित है। इसीलिए शोध का प्रश्न सत्ता के प्रश्न से जुड़ा हुआ है जिसमें शोध एक तटस्थ अभ्यास नहीं है। अनुशासनात्मक ज्ञान, ज्ञान उत्पादन और ज्ञान उत्पादन के उपकरण तटस्थ नहीं हैं और इसलिए अनुसन्धान अप्रासंगिक, अऐतिहासिक, अराजनीतिक रूप से नहीं किया जा सकता। उच्च शैक्षिक संस्थानों को ऐसे स्थान के रूप में देखा जाता है जहाँ ज्ञान का निर्माण किया

जाता है और उसको साझा किया जाता है। लेकिन दुर्भाग्य से यह ज्ञान एक विशेष भाषा में साझा किया जाता है जिसकी समझ केवल ऐसे विद्यार्थी ही बना पाते हैं जो समाज के उच्च तबक़े से आते हैं और जो विद्यार्थी इस भाषा को नहीं जानते उन्हें हिंसा का शिकार होना पड़ता है, वह हिंसा जो शायद वे कभी नहीं जानते। यहाँ मैं किसी शारीरिक हिंसा की बात नहीं कर रहा बल्कि एक ऐसी हिंसा जो सामाजिक, मनोवैज्ञानिक और सांस्कृतिक है। किस भाषा में उच्च शिक्षा में ज्ञान का आदान-प्रदान और निर्माण होगा और कौन-सा तबक़ा इस ज्ञान का निर्माण करेगा, यह हमें बताता है कि उच्च शैक्षिक संस्थान समाज के किस वर्ग को 'शिक्षित' करना चाहते हैं, और किसके प्रश्नों, चिन्ताओं, अनुभवों और आवाज़ों को वे ज्ञान उत्पादन की प्रक्रिया का हिस्सा बनाना चाहते हैं।

भाषाओं के बीच सत्ता-सम्बन्धों को तोड़ने के लिए यह ज़रूरी है कि कक्षा में ज़्यादा-से-ज़्यादा भाषाओं को लाया जाये और साथ ही उच्च शैक्षिक संस्थानों को विद्यार्थियों की सामाजिक-आर्थिक पृष्ठभूमि को ध्यान में रखते हुए शैक्षणिक समर्थन देने में जुटना होगा। हालाँकि, कावेरी विश्वविद्यालय में भाषा से जुड़े मुद्दे से एक बात यह समझ में आती है कि विद्यार्थी अंग्रेज़ी सीखना तो चाहते हैं, तात्पर्य यह हुआ कि भाषा को सीखने का विरोध नहीं है बल्कि विद्यार्थियों की पृष्ठभूमि, संस्थागत ज्ञान और सुविधाजनक संरचनाओं की कमी के बीच एक अन्तर/फ़ासला नज़र आता है। विद्यार्थियों की आकांक्षाओं में एक राजनीतिक आकार देखने को मिलता है जो समकालीन समय और नव-उदारवाद का ही हिस्सा है। अत: विश्वविद्यालय में भाषा और सत्ता के प्रश्नों के साथ लगातार जुड़ने की आवश्यकता है।

विद्यार्थियों को अंग्रेज़ी में मदद करने के लिए बहुत-से क़दम उठाये जा सकते हैं। उदाहरण के तौर पर—सभी स्तरों पर पाठ्यचर्या में अकैडमिक रीडिंग व राइटिंग कोर्स को शामिल करना, अनुवाद करने के लिए 'ट्रांसलेशन सेल' को स्थापित करना, पुस्तकालय में बहुभाषिक संसाधन सामग्री लाना, मूल्यांकन के तौर-तरीक़ों में बदलाव करना, इंग्लिश लैंग्वेज प्रोफिशिएंसी जैसे कोर्स की समय-अवधि को बढ़ाना आदि जैसे कुछ तत्काल क़दम उठाये जाने ज़रूरी हैं। विद्यार्थियों के साथ-साथ शिक्षकों को किस तरह अपनी कक्षा में भाषा के मुद्दे पर काम करना है उसके लिए शिक्षक विकास कार्यक्रमों का संचालन किया जा सकता है जिसके माध्यम से शिक्षकों को ट्रांस-लैंग्वेजिंग जैसी विभिन्न शैक्षिक रणनीतियों से प्रशिक्षित करवाया जा सकता है।

आभार : इस शोध की प्रक्रिया में अपार समर्थन और मार्गदर्शन प्रदान करने के लिए मैं अपने रिसर्च सुपरवाइज़र, डॉ. गुंजन शर्मा, असिस्टेंट प्रोफ़ेसर, अम्बेडकर

विश्वविद्यालय दिल्ली का आभार व्यक्त करता हूँ। उनकी सहायता और प्रोत्साहन के बिना इस शोध कार्य का सफल हो पाना सम्भव नहीं था। पर्चे पर उपयोगी टिप्पणियाँ देने के लिए मैं डॉ. शिवानी नाग, असिस्टेंट प्रोफ़ेसर, अम्बेडकर विश्वविद्यालय दिल्ली का आभार प्रकट करना चाहूँगा। साथ ही इस पर्चे को प्रस्तुत करने का अवसर देने के लिए मैं अज़ीम प्रेमजी विश्वविद्यालय और जामिया मिल्लिया इस्लामिया की टीम का भी आभार प्रकट करता हूँ।

सन्दर्भ-सूची

1. उच्च शिक्षा नीति अनुसन्धान केन्द्र (2017). उच्च शिक्षा में विविधता और समावेशन. नयी दिल्ली : राष्ट्रीय शैक्षिक योजना एवं प्रशासन संस्थान।
2. नाग, शिवानी (2019). तालीम की लड़ाई : उच्च शिक्षा में सामाजिक बहिष्करण के विविध रूप. *पाठशाला भीतर और बाहर, 2* (1), 66-69.
3. Ambedkar University Delhi (2018). *Report of the Decennial Review Committee.* Retrieved from AUD website http://aud.ac.in
4. Agnihotri, R. (2015). Multilingual Education. [YouTube]. Retrieved from https://www.youtube.com/watch?v=SzLXlphoFis&t=2s
5. Bernstein, B. (1971). On the Classification and Framing of Educational Knowledge. In M. F.D. Young (Ed.), *Knowledge and Control : New Directions for the Sociology of Education* (pp. 47-69). London : Collier-Macmillan.
6. Borooah, V. K. & Sabharwal, N. S. (2017). *English as a Medium of Instruction in Indian Education : Inequality of Access to Educational Opportunities.* CPRHE Report. New Delhi : CPRHE, NIEPA.
7. Deshpande, A. (2000). Hindustani in India. *Economic and Political Weekly*, 35 (15), 1240-1242.
8. Faust, D., & Nagar, R. (2001). Politics of Development in Postcolonial India : English-Medium Education and Social Fracturing. *Economic and Political Weekly*, 36 (30), 2878-2883.
9. Galvan-Alvarez, E. (2010). Epistemic Violence and Retaliation : The Issue of Knowledges in Mother India. *Atlantis*, 32 (12), 11-26.
10. Guru, G. (2000). Dalits from Margins to Margins. *India International Centre Quarterly*, 27 (2), 111-116.
11. Graddol, D. (2000). *The Future of English? : A guide to forecasting the popularity of the English language in the 21st century*. London : British Council.

12. Hooks, B. (1994). Language. *Teaching to Transgress : Education as the Practice of Freedom* (pp. 167-177). New York : Routledge.
13. Sasmal, I. H., & Pande, M. H. (2020). Transferability of academic skills to discipline courses : A survey based study in the Indian context. *Sanglap* 7(1), 122.
14. Jayaram, N. (1993). The language question in higher education : trends and issues. *Higher Education,* 26(1), 93-114.
15. Kumar, K. (1996). "Two Worlds." *Learning from Conflict* (pp. 59-74). New Delhi : Orient Longman Limited.
16. Mahapatra, S., & Mishra, S. (2019). Articulating identities– the role of English language education in Indian universities. *Teaching in Higher Education*, 24 (3), 346-360.
17. Mahmood, M. (1974). Language politics and higher education in India. *Indian Political Science Association*, 35 (3), 277-286.
18. Manjrekar, N. (2003). Contemporary Challenges to Women's Education : Towards an Elusive Goal? *Economic & Political Weekly*, 38 (43), 4577-4582.
19. Mathur, S. (2013, February 15). Kancha Ilaiah : Even if 10% dalit children got English education, India would change. *Times of India*. Retrieved from https://timesofindia.indiatimes.com/interviews/Kancha-Ilaiah-Even-if-10-dalit-children-got-Englisheducation-India-would-change/articleshow/18503625.cms?
20. Ministry of Education (2020). *All India Survey on Higher Education*. New Delhi : Government of India.
21. Mohanty, A. K.; Panda, M.; & Skutnabb-Kangas, T. (2009). *Why Mother Tongue Based MLE?* New Delhi : National Multilingual Education Resource Consortium. pp. 1-2.
22. Mohanty, A.K. (2009). Multilingual Education : A Bridge Too Far. In Tove Skutnabb-Kangas, Robert Phillipson, Ajit K. Mohanty & Minty Panda (Eds.), *Social Justice through Multilingual Education* (pp. 3-15). Great Britain : Cromwell Press Group.
23. Nag, S. (2019). Role of Linguistic Inclusion in Children's Reading Comprehension in Classrooms. In Shailaja Menon, Akhila Pydah, Shuchi Sinha, Harshita V. Das (Eds.), *Reading Comprehension : Early Literacy Initiative Resource Book 5* (pp. 24-35). Hyderabad : Early Literacy Initiative, Tata Institute of Social Sciences.
24. Niranjana, T. (2013). Indian Languages in Higher Education. *Economic and Political Weekly*, 48 (12), 14-17.

25. Progressive and Democratic Student Community. (2017). *Haashiye Se Uthti Aawazen : The question of Language is a question of social justice.* New Delhi : Progressive Printers.

26. Rahman, M. (2012). Language exodus reshapes India's schools. *The Guardian.* Retrieved from http://www.theguardian.com/education/2012/may/15/india-schools-english

27. Ramanathan, V. (1999). "English Is Here to Stay": A Critical Look at Institutional and Educational Practices in India. *Teachers of English to Speakers of Other Languages, 33* (2), 211-231.

28. Rao, S. S. (2008). India's Language Debate and Education of Linguistic Minorities. *Economic and Political Weekly, 43* (36), 63-69.

29. Sabharwal, N. S., & Malish, C. M. (2017). *Equalising Access to Higher Education in India.* CPRHE Policy Brief 1. New Delhi : CPRHE, NIEPA.

30. Sukumar, N. (2008). Living a Concept : Semiotics of Everyday Exclusion. *Economic and Political Weekly, 43* (46), 14-17.

उच्च शिक्षा में अनुवाद और भाषा की भूमिका

–मधु बी. जोशी

आज ज्ञान के क्षेत्रों का लगातार विस्तार हो रहा है, साथ ही ज्ञान के नये क्षेत्र भी उभर रहे हैं। ऐसे में शिक्षा में अनुवाद का महत्त्व और भी बढ़ा है। लेकिन उच्च शिक्षा के विषयों में एक भाषा से दूसरी भाषा में अनुवाद करने में किस तरह की चुनौतियाँ हैं, यह पर्चा उन्हें रेखांकित करने की कोशिश करता है।

किसी-न-किसी स्तर पर अनुवाद के बिना संवाद सम्भव नहीं हो सकता। दो सभ्यताओं/संस्कृतियों के मिलन बिन्दु पर अनुवाद सदा एक अपरिहार्य उपस्थिति होता है। यह 'अन्य' को समझने और शान्ति बनाये रखने या स्थापित करने का जाँचा-परखा उपकरण है। इसका शुरुआती उदाहरण रोमन उपनिवेशवादियों द्वारा अपनी एशियाई प्रजा के बढ़ते विद्रोह को थामने के प्रयास के रूप में हिब्रू और आरमीक भाषा से करवाया गया बाइबल का लैटिन अनुवाद है। कुछ पीछे जाने पर मिस्री और सुमेर संस्कृतियों में दुभाषियों का सम्मानजनक राजकीय पद देखने को मिलता है। दोनों ही संस्कृतियों के बहुत व्यापक क्षेत्रों से महत्त्वपूर्ण व्यापारिक और राजनीतिक सम्बन्ध थे।

आज ज्ञान के क्षेत्रों का लगातार विस्तार हो रहा है, साथ ही ज्ञान के नये क्षेत्र भी उभर रहे हैं। ऐसे में शिक्षा में अनुवाद का महत्त्व और भी बढ़ा है।

अनुवाद की पहली शर्त है स्रोत भाषा और लक्ष्य भाषा की मज़बूत जानकारी के अलावा इन दोनों भाषाओं की स्रोत/सन्दर्भ संस्कृतियों से भी गहन परिचय। ज्ञान के व्यापक आधार के बिना अनुवाद सम्भव नहीं हो पाता। साहित्यिक कृतियों और तकनीकी विषयों से सम्बन्धित अनुवाद भाषा के अलावा ग्रहणशीलता यानी सेंसिबिलिटी की माँग करता है। ग्रहणशीलता न रहने पर बड़े अनर्थ होने की सम्भावना बनी रहती है। उदाहरण के लिए, बलात्कार की प्रचलित अवधारणा इसे ऐसा कृत्य मानती है जो केवल एक पुरुष एक स्त्री के साथ कर सकता है। इस

अवधारणा की व्यापक स्वीकृति का परिणाम यह है कि पुरुष द्वारा पुरुष से बलात्कार अक्सर ही दण्डनीय नहीं पाया जाता; स्त्रियों का स्पष्ट यौन उत्पीड़न जिसमें पुरुष जननांग की भूमिका न हो तो वह भी बलात्कार के रूप में दण्डनीय नहीं पाया जाता। क़ानून, स्त्रियों और बच्चों के अधिकार, स्त्री-अध्ययन और स्वास्थ्य के क्षेत्र में काम करने वाले लोगों को अक्सर ऐसे शाब्दिक अर्थान्वयों से उपजी जटिल समस्याओं से दो-चार होना पड़ता है। इसी तरह, मुस्लिम महिलाओं की शिक्षा के आधुनिक इतिहास के बारे में अंग्रेज़ी में लिखे गये एक लेख के अनुवाद को सम्पादित करते हुए मैंने पाया कि जिसे अनुवादक ने 'सेवक वर्ग' माना वह असल में 'पारम्परिक प्रशासनिक सेवा प्रदाता वर्ग' है। यूरोपियन मूल की लेखिका के मन्तव्य को स्पष्ट करना आवश्यक था क्योंकि 'प्रशासनिक सेवा प्रदाता वर्ग' 'सेवक वर्ग' से बिल्कुल ही अलग, समाज का उच्च वर्ग हुआ करता था। अनुवाद की यह चूक विद्यार्थियों को भ्रमित कर सकती थी। आज के परिप्रेक्ष्य में, राजनीतिक-ऐतिहासिक-कूटनीतिक और सामरिक महत्त्व के पाठों के अनुवाद में चूक के परिणामों की कल्पना ही की जा सकती है।

अनुवादक मूल पाठ के लेखक और उसके मन्तव्य के प्रवक्ता होते हैं। अपनी इस भूमिका में, सम्प्रेषणीयता और अनुवाद के उद्देश्य को ध्यान में रखते हुए वह कुछ विवेकपूर्ण छूटें ले सकते हैं–अनावश्यक सूचनाओं को छोड़ सकते हैं और कुछ स्पष्टीकरण दे सकते हैं (जैसे विदेशी पाठकों के लिए किये गये लेखन में साड़ी, गंगास्नान, रोटी, दीवाली आदि के विवरण भारतीय भाषा में हो रहे अनुवाद में बिल्कुल ज़रूरी नहीं है लेकिन communion-bar mitzvah-contralto-affianced जैसे सांस्कृतिक तत्त्वों को भारतीय पाठक के लिए स्पष्ट करने के उद्देश्य से फुटनोट के रूप में जानकारी डालनी ज़रूरी है)। किसी भी स्थिति में, अनुवाद में अनुवादक अपने दृष्टिकोण को प्रतिबिम्बित/प्रक्षेपित नहीं कर सकता। अनुवाद की प्रक्रिया में अनुवादक को आत्मानुशासित अकिंचनता (self noughting) का अभ्यास करना होता है। लेकिन अक्सर देखने में आता है कि अपने राजनीतिक-सामाजिक-सांस्कृतिक पूर्वाग्रहों से प्रेरित होकर या शायद अनुवाद के कर्म में अन्तर्निहित अदृश्यता से विद्रोह करते हुए अनुवादक मूल पाठ के मन्तव्य को अपनी तरह से विकृत कर देते हैं। कभी-कभी देश-काल की सीमाओं के कारण भी अनुवाद में चूकें होती हैं। एक लोक महाकाव्य का हिन्दी पाठ के आधार पर अंग्रेज़ी अनुवाद करते हुए मैंने पाया कि उसमें बलात्कार की शिकार स्त्री को दुश्चरित्र कहा गया है। हिन्दी पाठ उपलब्ध करवाने वाले सज्जन से सम्पर्क के मेरे प्रयास निष्फल रहे। मैं जान नहीं पायी कि यह उनका अपना विचार था या मूल पाठ में ही निहित था

(पूरी जानकारी न मिलने के कारण मैंने यह अनुवाद अधूरा छोड़ दिया), वैसे जिस क्षेत्र और समाज का यह लोक महाकाव्य है उसके इतिहास को देखते हुए दोनों ही बातें सम्भव हैं।

अनुवाद से जुड़ा एक महत्त्वपूर्ण समस्यात्मक बिन्दु यह भी है कि कुछ स्थितियाँ अपनी पूरी अर्थपूर्णता के साथ दूसरी भाषा और संस्कृति में नहीं ले जाई जा सकतीं। हाल ही में स्टोरीवीवर के लिए प्रेमचन्द की कहानियों के अनुवादों की समीक्षा करते हुए मैंने देखा कि अच्छे अनुवाद में भी प्रेमचन्द की भाषा की सहज अन्तर्ध्वनियाँ छूट गयीं। एक उदाहरण प्रस्तुत है :

नवयुवक युवावस्था में कितना उद्दण्ड रहता है। माता-पिता उसकी ओर से कितने चिन्तित रहते हैं! वे उसे कुल-कलंक समझते हैं परन्तु थोड़े ही समय में परिवार का बोझ सिर पर पड़ते ही वह अव्यवस्थित-चित्त उन्मत्त युवक कितना धैर्यशील, कैसा शान्तचित्त हो जाता है, यह भी उत्तरदायित्व के ज्ञान का फल है।

A youth is so haughty. How his parents worry for him! They consider him a blot on the fair name of their family. But with the coming of the sense of responsibility, the same crazy, bumptious youth becomes calm and patient.

अंग्रेज़ी अनुवाद प्रवाहमान और अपने लक्ष्य पाठक समुदाय (13 से 20 वर्ष तक की आयु के बच्चे जो स्कूली व्यवस्था का हिस्सा हो सकते हैं और नहीं भी हो सकते, यह भी निश्चित नहीं कि वे आगे कभी प्रेमचन्द की कहानियाँ पढ़ेंगे भी या नहीं) के लिए स्पष्ट है लेकिन उसमें वाक्यांश 'परिवार का बोझ सिर पर पड़ते ही' का विशिष्ट करुण भारतीय सन्दर्भ सिरे से ग़ायब है जिसमें परिवार की संरचना और उससे जुड़ी अपेक्षाओं के मारक दबाव का संकेत है और जिसे हिन्दी जन 'भूल गये रागरंग, भूल गयी चकड़ी; तीन चीज़ें याद रहीं, नून-तेल-लकड़ी' के रूप में बताता है। यहाँ अनुवाद का धर्मसंकट रेखांकित होता है–अगर अनुवाद मौखिक और अव्यक्त दोनों ही तरह के संकेतों का हस्तान्तरण है तो यहाँ पाठ को लक्ष्य पाठक समुदाय के लिए स्पष्ट और पठनीय बनाने के लिए पाठ के अन्तर्निहित सामाजिक-सांस्कृतिक तत्त्व को गौण बनाना पड़ा है।

जर्मन विदुषी जस्टा होल्ज़-मांतारी अनुवाद को 'सन्देश प्रसारक' कहती हैं और उसे 'किसी विशेष उद्देश्य की प्राप्ति के लिए विन्यस्त जटिल कृत्य' मानती हैं। सभी मानवीय कृत्यों की तरह अनुवाद भी सुविचारित और सोद्देश्य होता है। ऊपर हमने देखा कि एक उद्देश्य (पठनीयता/स्पष्टता) की प्राप्ति के लिए एक अन्य लक्ष्य (सम्पूर्ण सन्देश का प्रसारण) को छोड़ दिया गया। यहाँ सहज प्रश्न यह

उठता है कि क्या अंग्रेज़ी या जर्मन की साहित्यिक कृति के हिन्दी अनुवाद के सन्दर्भ में भी ऐसा फ़ैसला लिया जाता? ज़्यादा सम्भावना यही है कि ऐसा न हो पाता। हमें सोचना होगा कि देशी भाषाओं को अधिकारहीन मानते चले जाने के पीछे कौन-से दबाव काम करते हैं।

1993 में साहित्य अकादमी के निमन्त्रण पर आये एक फ्रांसीसी अनुवादक ने मेरे प्रश्न का उत्तर देते हुए माना था कि अरब और उत्तरी अफ्रीका में अपनी लम्बी उपस्थिति के दौरान फ्रांसीसी उपनिवेशकारियों ने फ्रेंच से अरबी में बहुत अनुवाद करवाया, लेकिन गणित, चिकित्सा, नौवहन, खगोल का यूरोपीय ज्ञान अधिकांशत: अरबों के करवाये अरबी ग्रन्थों के ग्रीक और लैटिन अनुवाद पर आधारित होने के बावजूद, अरबी से फ्रेंच में कम ही अनुवाद करवाये। अधिक सम्भावना यही है कि इसके पीछे उपनिवेशित जन के ज्ञान और संस्कृति को हीन मानने की औपनिवेशिक सोच काम कर रही थी।

अनुवाद के आयोजक और इसका उद्‌देश्य बहुत महत्त्वपूर्ण कारक हैं। यह अनुवाद के स्वरूप और अनुवाद के लिए अपनाई जाने वाली प्रक्रिया को प्रभावित और यहाँ तक कि नियत भी करते हैं। अनुवाद के व्यापक और दूरगामी प्रभावों को देखते हुए शिक्षा के क्षेत्र में अनुवाद की गतिविधि के राजनीतिक-सामाजिक-आर्थिक पक्षों और उनके विविध और सूक्ष्म संयोजनों पर ख़ास ध्यान देने की ज़रूरत है।

शिक्षा में व्याप्त भाषायी असमानता का सबसे बड़ा कारण हमारी औपनिवेशिक विरासत है। भाषायी पदक्रम में अंग्रेज़ी पहले नम्बर पर है। भारतीय भाषाएँ शासकवर्ग द्वारा स्वीकृति के आधार पर अपने सांस्कृतिक और जनसाधारण द्वारा स्वीकृति के आधार पर आर्थिक महत्त्व के चलते निचले पायदानों पर अटकी हैं। बोलियाँ किसी गिनती में नहीं हैं। रोज़गार पाने की आशा आज भी हमारे यहाँ अध्ययन का सबसे महत्त्वपूर्ण प्रेरक है। देशी भाषाएँ उद्यमिता-आधारित जीविकोर्जन में तो सहायक हैं लेकिन भारी वेतन और सुविधाओं वाली नौकरियों तक पहुँच के लिए अंग्रेज़ी आज भी अनिवार्य बनी हुई है। देशी भाषाओं के मामले में यह स्थिति एक ऐसे दुष्चक्र की रचना करती है जिसे तोड़ना असम्भव तो नहीं लेकिन बहुत कठिन ज़रूर है। कुछ बरस पहले बहुत ज़बरदस्त रणनीति बनाकर मदरसे में पढ़े एक लड़के द्वारा बाद में विश्वविद्यालयी डिग्रियों के समकक्ष पढ़ाई करके आईएएस बनना इस दुष्चक्र को तोड़ने का सम्भवत: एकमात्र उदाहरण हो। शिक्षा व्यवस्था द्वारा गढ़वाली, जौनसारी, सुरजापुरी या तुळू जैसी भाषाएँ बोलने वाले विद्यार्थियों पर मुख्यधारा भाषा या अंग्रेज़ी के माध्यम से पढ़ने का दबाव बहुत से प्रतिभाशाली विद्यार्थियों से स्कूली स्तर पर ही पढ़ाई छुड़वा देता है। जो किसी तरह डटे रहते हैं वे बहुत ही

साधारण स्तर की, कतई कामचलाऊ अंग्रेज़ी के बूते किसी तरह परीक्षाएँ पास कर पाते हैं। इसके उदाहरण सभी भारतीय शहरों में 'क्यूट', 'कूल', 'वाउ', 'अमेज़िंग' आदि शब्दों का प्रयोग करके अंग्रेज़ीदां होने का सिक्का जमाने लेकिन अंग्रेज़ी में अख़बार न पढ़ पाने वाला, एक साधारण फॉर्म न भर पाने वाला हमारा युवा और किशोर वर्ग है जिसे व्यावसायिक नियोक्ता unemployable यानी नौकरी के लिए नाक़ाबिल घोषित कर चुका है। आगे के स्तर पर अंग्रेज़ी माध्यम से उनके पढ़ाई जारी रखने के परिणाम कभी-कभी बहुत दुखद होते हैं। हमारे प्रमुख उच्च शिक्षा संस्थानों में विद्यार्थियों के आत्महत्या करने और पढ़ाई अधूरी छोड़ देने के आँकड़े इसका प्रमाण हैं।

उच्च शिक्षा में भाषायी असमानता के कारण उपजी समस्याओं को दूर करने में अनुवाद बहुत सहायक सिद्ध होगा। विद्यार्थी देशी सलीके से भाषाओं में अनूदित, स्तरीय शैक्षिक सामग्री पढ़कर अवधारणाओं को बेहतर ढंग से समझ पायेंगे, उसके बाद उनके लिए अंग्रेज़ी में उत्तर लिखना शायद उतनी बड़ी समस्या सिद्ध न हो। इसका एक बढ़िया उदाहरण अनेक विषयों में गति रखने वाले मेरे एक विद्वान मित्र ने प्रस्तुत किया। विज्ञान में स्नातक की पढ़ाई के बाद साहित्य पढ़ रहे प्रभु जोशी मेडिकल कॉलेज में पढ़ रहे अपने सहपाठियों को उनकी पाठ्यपुस्तकें हिन्दी में पढ़ा-समझा दिया करते थे और उनके साथी परीक्षाएँ पास कर लिया करते थे। मैंने ख़ुद भी पाया कि अंग्रेज़ी माध्यम से पढ़ाने वाले पब्लिक स्कूलों के विद्यार्थियों को हिन्दी में उनकी किताबें पढ़ा-समझा देने पर परीक्षा में उनके परिणाम बहुत अच्छे रहे। और अगर शिक्षक देशी भाषाओं में शिक्षण करने में समर्थ हों तो और भी बेहतर हो। इसके लिए सभी देशी भाषाओं में अनुवादक तैयार करने को नीतिगत प्राथमिकता बनाना ज़रूरी है। जब तक देशी भाषाओं में मौलिक शैक्षिक सामग्री के सृजन की संस्कृति जड़ें नहीं जमा लेती, तब तक हमें अपरिहार्य रूप से अनुवाद पर निर्भर होना होगा।

अनुवाद का सेतु देशी भाषाओं और अंग्रेज़ी के अलावा देशी भाषाओं के बीच भी तैयार करना होगा। फ़िलहाल तो देशी भाषाओं के बीच अधिकतर अनुवाद अंग्रेज़ी के माध्यम से होते हैं। समस्या यह है कि व्यवस्था द्वारा पोषित भाषायी असमानता के चलते देशी भाषाओं और अंग्रेज़ी के बीच विश्वसनीय संवाद सेतु नहीं है। देशी भाषाओं के बीच सांस्कृतिक साम्य के कारण एक सहज प्रिय मेल यानी एफ़िनिटी है जो अनुवाद को काफ़ी आसान काम बना देती है। लेकिन देशी भाषाओं में शिक्षा की, विशेष रूप से भाषा शिक्षण की स्थिति की दयनीयता को देखते यह भी नहीं हो पाता। एक विदेशी एजेंसी के साथ काम करते हुए मेरा निजी अनुभव रहा कि सामग्री का अनुवाद हिन्दी में उपलब्ध होने पर बहुत जल्दी उसके

पंजाबी, गुजराती, मराठी और ओड़िया में अच्छे अनुवाद हो जाते थे। स्टोरीवीवर और नेशनल बुक ट्रस्ट में भी ऐसा ही कुछ होता दिखता है। अनुवाद की प्रक्रिया की गुणवत्ता सुनिश्चित कर ली जाये तो यह मॉडल औपचारिक शिक्षा के क्षेत्र में भी बहुत अच्छे परिणाम दे पायेगा।

औपचारिक शिक्षा संस्थानों में अनुवाद अध्ययन के प्रक्रम आयोजित करने के अलावा नीतिनिर्माताओं को स्वतन्त्र रूप से महत्त्वपूर्ण योगदान कर रहे अनुवादकों को इन आयोजनों से जोड़ने के प्रभावी और सम्मानपूर्ण उपाय ढूँढ़ने होंगे। हमारे देश में अनुवाद आज भी दोयम दर्जे की गतिविधि माना जाता है और उसी के अनुरूप अनुवादकों से व्यवहार रखा जाता है—उन्हें न अपने श्रम का उचित मूल्य मिल पाता है, न ही मूल लेखकों जैसा सम्मान और प्रतिष्ठा। अपने कर्म के प्रति अनुवादकों की उदासीनता का यह एक बड़ा कारण है। कम-से-कम देशी भाषाओं में तो अच्छे अनुवाद समर्पित/सम्पन्न अनुवादकों के ही बूते हो पा रहे हैं जो किसी भी तरह अच्छी स्थिति नहीं मानी जा सकती।

पिछले छह दशकों में हमने भारत में हरित क्रान्ति और श्वेत क्रान्ति की सफलता देखी है जिनके कारण पोषण और आहार सुरक्षा में अकल्पनीय सुधार और सामाजिक-आर्थिक लाभ देश में दिखे हैं। इसी तर्ज़ पर भाषायी सेतु रचने के लिए एक अनुवाद क्रान्ति समय की माँग है। ऐसा न हुआ तो पिछले कुछ बरसों में स्कूलों में नामांकन के आँकड़ों में आये भारी उछाल का लाभ देश को नहीं मिल पायेगा। भारत जैसे भाषायी वैविध्य वाले देश में अनुवाद शिक्षा की प्रक्रिया का आधार, और उसकी सतता को बनाये रखने में सहायक कड़ी है। इसमें निवेश दूरगामी और स्थायी लाभ देगा। यह काम जितनी जल्दी शुरू किया जाये उतना ही बेहतर है। सभी आन्दोलनों की तरह यह प्रकल्प भी समानधर्मा प्रयोगवादियों, कतई अराजक विचारकों और अनुशासित कार्यकर्ताओं के बीच गतिशील, सहज तालमेल से ही सम्भव हो पायेगा।

(लेखकीय टिप्पणी : अपने कार्यक्षेत्र की विशिष्ट शर्तों के कारण मैं अपने अवलोकनों के अधिकांश आधारों के स्रोतों का उल्लेख नहीं कर सकी। इसके लिए क्षमाप्रार्थी हूँ। इसी सन्दर्भ में अज़ीम प्रेमजी विश्वविद्यालय और स्टोरीवीवर की बहुत आभारी हूँ कि उन्होंने उदारतापूर्वक उनके लिए किये काम का उल्लेख कर लेने की अनुमति दी।)

हिन्दी भाषा के अध्यापन की चुनौतियाँ

–मनोहर लाल पटैल

हर कक्षा में कई भाषाएँ होती हैं। बच्चों के द्वारा उपयोग की जाने वाली शब्दावली अलग-अलग हो सकती है और उसके अलावा उनके उच्चारण में भी फ़र्क़ हो सकता है। बच्चों की भाषा को कक्षा में जगह मिले व बच्चे अपने ढंग से सोचें इसके बारे में बहुत बात होती है। हालाँकि उसका ध्यान अक्सर कक्षा में नहीं रखा जाता। यह पर्चा विज्ञान की कक्षा के सन्दर्भ में इसकी सम्भावना व चुनौतियों के कुछ पहलुओं को टटोलता है।

बच्चों की भाषा व उच्चारण भेद

स्कूल में आने से पहले बच्चे अपनी भाषा को बोलना जानते हैं। प्राथमिक कक्षाओं के अन्त तक वे स्कूल की भाषा (यहाँ हिन्दी) का भी मौखिक उपयोग करने लगते हैं। हालाँकि ऐसा हो सकता है कि उनके द्वारा बोली जाने वाली हिन्दी पर उनकी मातृभाषा का प्रभाव हो और इस वजह से कई शब्दों के उच्चारण में फ़र्क़ हो। वैसे उच्चारण का यह फ़र्क़ भाषा का प्रयोग करते-करते ठीक भी हो जाता है। लेकिन कहीं-कहीं उच्च प्राथमिक स्तर तक आते-आते इस पर काम करने की ज़रूरत हो सकती है, ख़ासकर वहाँ, जहाँ इससे शब्द के अर्थ में ही बदलाव आ जाता है। पर इससे भी ज़्यादा ज़रूरी है कि बच्चे शब्दों के अर्थ को समझें, ख़ासकर विज्ञान के सन्दर्भ में। क्योंकि यहाँ अधिकांश शब्द जटिल अवधारणाओं को भी प्रस्तुत करते हैं। शब्दों को न समझने से पूरे टेक्स्ट के अर्थ को समझने में कठिनाई हो सकती है। जैसे : रा सड़क, श–शक्कर, ब–बकरी एवं व–वन आदि हैं, जिनका सही उच्चारण करना व लिखना बहुत आवश्यक है। कुछ उदाहरण : स–इस अक्षर का उच्चारण सौभाग्य में करने पर अर्थ अलग शौभाग्य बोलने पर अलग अर्थ देता है। श–आजकल 'ख़ुशी' नाम प्रचलित है, इसका उच्चारण खुसी में अक्सर किया जाता

है। ख़ुशी जो प्रसन्नता को दर्शाती है वही 'खुंसी' कोई वस्तु कहीं फँस गयी है ऐसी समझ बनाती है। ब–किताब कई बच्चे ब का उच्चारण व में करते हैं किताव। व का उच्चारण ब करने से 'बन' (गोल रोटी) शब्द बनता है, जबकि 'वन' जंगल को दर्शाता है। इस तरह अक्षरों का सटीक उच्चारण न सीखने पर अर्थ बदल जाता है। तकनीकी स्तर पर शब्द उच्चारण महत्त्वपूर्ण है। अत: शब्दों के उच्चारण व अर्थ को समझना ज़रूरी है। जैसे वज़न/द्रव्यमान, चलना/ गति/ बल/ ऊर्जा आदि।

विज्ञान और भाषा का सम्बन्ध

मैं विज्ञान का शिक्षक हूँ। विज्ञान सीखने के लिए हिन्दी भाषा की समझ आवश्यक है। वैज्ञानिक शब्दावलियों का विज्ञान विषय को सीखने के लिए मालूम होना बहुत आवश्यक है। इन शब्दावलियों का उपयोग विज्ञान की परिभाषा, प्रयोग, निष्कर्ष आदि में किया जाता है। छोटी कक्षा (5, 6, 7) में इन शब्दों को समझने में कुछ कठिनाई होती है पर आगे की कक्षाओं में इन्हें समझना सरल होता है।

कक्षा छठवीं में विज्ञान विषय में प्रयोग किये कुछ शब्दों को देखते हैं, जैसे समूहीकरण, गुणधर्म, प्रकाश-संश्लेषण, सन्तुलित-आहार, समानान्तर शिरा विन्यास, गुरुत्वाकर्षण नियम, ऊष्मा का स्थानान्तरण आदि। यह सभी वैज्ञानिक शब्दावली के शब्द हैं, किन्तु छोटी कक्षाओं से ही इन शब्दों पर बातचीत कर उनके सरल अर्थ बताकर विज्ञान की कक्षा को सहज बनाया जा सकता है।

6 वीं कक्षा में बच्चे विज्ञान को अलग विषय के रूप में पढ़ते हैं, यहाँ से उनकी विज्ञान के प्रति रुचि-समझ व वैज्ञानिक कौशल की शुरुआत होती है। वैज्ञानिक शब्दावली के साथ विज्ञान सिखाना काफ़ी रोमांचक एवं चुनौतीपूर्ण था। विज्ञान की अवधारणा जैसे समूहीकरण, तालिका बनाना, गुणधर्म के लिए सटीक शब्द चुनना, आँकड़ों को एकत्र करके तालिकाबद्ध करना, प्रयोग के पश्चात निष्कर्ष को स्वयं की भाषा में लिखना आदि महत्त्वपूर्ण कार्य था। किसी वस्तु की समानता व अन्तर, प्रायोगिक परिकल्पना एवं विज्ञान की भाषा में स्वयं के विचार अपने शब्दों में लिखना बच्चों के लिए अक्सर मुश्किल होता था।

कक्षा 6 : अध्याय-पत्तियों से जान-पहचान (मेरा अनुभव)

इस अध्याय को पढ़ाने की शुरुआत परिभ्रमण से होती थी। रानी पिपरिया गाँव की शाला में आसपास अनेक पेड़-पौधे और जीव-जन्तुओं का बाहुल्य था। बच्चों के साथ पेड़-पौधों की जानकारी एकत्र करने के लिए पत्तियों का अवलोकन जैसे पत्ती पेड़ से कैसे जुड़ी, रंग, बनावट, पेड़/पौधे का नाम आदि की चर्चा की जाती थी।

बच्चों द्वारा पेड़ के नाम जैसे लीम (नीम), बंबूरा (बबूल), पीपर (पीपल), देवी फूल (जासौन), जामुन, बिही (अमरूद), बरगद आदि बोलचाल की भाषा में बताये जाते थे। जीव-जन्तु जैसे मूसा (चूहा), ढेड़ा (कौआ), बन्दरा (बन्दर) आदि रोज़मर्रा की ज़िन्दगी से जुड़े शब्द ही प्रमुखता से उभरते थे। कक्षा में समूहीकरण की क्रिया के दौरान तालिका भरते समय सही शब्द का उल्लेख श्यामपट पर किया जाता था।

तालिका बनाते समय शब्दों का सही चुनाव करना आसान कार्य नहीं था। कुछ गुणधर्म जैसे गोल, लम्बी, चिकनी, खुरदुरी बच्चे बताते थे पर अन्य शब्द पानाकार, गुच्छेदार, अकेली (एकल) पत्ती, हृदय आकार आदि अनेक शब्दों को बच्चों के साथ ढूँढ़ पाना कठिन होता था। समानान्तर शिरा विन्यास (समान अन्तर पर नसों की बनावट), जालिकावत शिरा विन्यास (जाली जैसी रचना) आदि शब्दों की व्याख्या करना धैर्यपूर्ण कार्य था। समानता (एक जैसे गुण) व अन्तर (अलग गुण) को समझने के लिए चित्र का सहारा लेना, बार-बार पत्तियों का अवलोकन करने के लिए प्रोत्साहित करना चुनौतीपूर्ण था। तालिका के बाद पत्तियों के अन्तर समानता आदि निष्कर्ष बच्चे स्वयं की भाषा में लिख पाते थे। शब्दावली, वाक्य संरचना करना कठिन होता था, बच्चे गाँव की भाषा में बोलते थे, स्वयं किताबें पढ़कर समझने की कोशिश करके लिखने की कोशिश करते थे। इसलिए निष्कर्षों को सटीक भाषा में श्यामपट पर लिखना मेरी जवाबदारी थी।

समस्या समाधान के अवसर

दैनिक जीवन से जुड़ा ज्ञान, भाषा व विज्ञान दोनों को सीखने में सहायक है। बच्चे ने जो कुछ सीखा है उसे अपने शब्दों में व्यक्त करने की पूरी छूट होना चाहिए, किताबी भाषा पर पूरी तरह आश्रित होना ठीक नहीं है। यही वह अवसर होगा जब शिक्षक बच्चे की समस्या उठाये, प्रश्न के उत्तर की भाषा को स्वयं समझे और सही-ग़लत का निर्णय भी ले।

भाषा को किसी भी विषय के साथ सीखने का अर्थ है अध्याय सम्बन्धी अवधारणा को समझना, सम्बन्धित शब्दावलियों को सीखना, तर्क-वितर्क करके सटीक उत्तर खोजना और स्वयं की भाषा में पूरी घटना या उत्तर को लिखना। यहाँ एक प्रश्न और उठता है कि क्या शिक्षक बच्चे की भावना एवं उत्तर में लिखे वाक्य संरचना को ठीक-ठाक समझ सके? तब यह और भी चुनौतीपूर्ण है कि पाठ्यक्रम निर्धारण की परिकल्पना शिक्षा में कुछ अलग व अनूठे अवसर उपलब्ध कराती है जिसको शिक्षक ही पहचान सकता है। इसी तरह बच्चों के अनुभव, उनके द्वारा अध्याय की समझ व अवधारणा को प्रस्तुत करना आवश्यक है। पाठ्यक्रम निर्धारण

की चुनौतियों को समझकर विषयवस्तु को सरल बनाना शिक्षक पर ही निर्भर करता है। विषयवस्तु की सरल भाषा और रुचि पूर्ण अभिव्यक्ति पाठ्यक्रम को आकर्षक बनाते हैं जिससे अध्याय की समझ सुदृढ़ हो।

सुझाव :

1. बच्चों के अनुभवों को विषयवस्तु के साथ जोड़कर अध्यापन कार्य करना कक्षा में हर स्तर के बच्चों को सीखने एवं समझने में सहायक होता है। इसलिए बच्चों के अनुभवों को पढ़ाते समय अवश्य ध्यान में रखें।
2. अन्य विषय सम्बन्धी लेख, खेल व पुस्तकों की उपयोगिता के बारे में चर्चा करें और कक्षा में इस्तेमाल करें।

'कुछ शिक्षा शास्त्रीय प्रस्ताव' में क्राषेन ने बताया कि, "बच्चे कैसे अपने कार्य में सुधार ला सकते हैं जब उन्हें पर्याप्त स्वतन्त्रता दी जाती है और वे क्या लिखते हैं इसे सम्पादित करने के लिए समय दिया जाता है।" होशंगाबाद विज्ञान शिक्षण कार्यक्रम कक्षा 6 से 8 के दरमियान प्रयोग, चर्चा व सामूहिक कार्य आधारित विज्ञान सिखाने का कार्यक्रम था। जिसमें यह अपेक्षा थी कि बच्चे स्वयं समझकर प्रयोग करेंगे व अवलोकन लिपिबद्ध कर उनके आधार पर निष्कर्ष तक जायेंगे। इसमें वे तर्क करके सामान्यीकृत अवधारणाओं तक पहुँचेंगे। इस कार्यक्रम में बच्चों को कार्य करने व स्वयं के कार्य में सुधार लाने की पर्याप्त स्वतन्त्रता दी जाती थी, उनके अवलोकन आधारित निष्कर्ष, समूह क्रिया-कलाप के साथ कक्षा के बाहर के अनुभवों को स्वयं की भाषा में लिखने की छूट दी जाती थी। सीखने की सामग्री पाठ्यपुस्तकों के अलावा हमारे आसपास भी मौजूद है, जिसके द्वारा बच्चे अपनी समझ व बुद्धि द्वारा परिवेश से विषयवस्तु की अवधारणा को सीखकर स्वयं के साधनों द्वारा निष्कर्ष तक पहुँच पाते थे।

भाषा के आधार पत्र की सिफ़ारिशों के अनुसार, "प्राथमिक स्तर की शिक्षा मुख्यतः भाषा-शिक्षा है। आरम्भिक स्तर के गणित, समाज एवं परिवेश का ज्ञान भी मातृभाषा के माध्यम से सबसे अच्छे ढंग से व आसानी से प्राप्त किया जाता है। प्राथमिक स्कूल में शिक्षण का माध्यम सीखने वाले की भाषा मातृभाषा ही होनी चाहिए।" इस सिफ़ारिश को मैं स्वीकार करके अनुशंसा करता हूँ कि प्राथमिक स्कूल में मातृभाषा में शिक्षा दी जाये।

डॉ.एच.के. दीवान के परचे के अनुसार, "बच्चे अलग पृष्ठभूमि से शाला में आते हैं इसलिए मातृभाषा में पढ़ाई होनी चाहिए। घर व अन्य स्थानों पर बोली जाने वाली भाषा ज़्यादा लचीली है, जीवन्त है जबकि दूसरी तरफ़ पाठ्यपुस्तक व

व्याकरण जुड़ जाते हैं। स्कूल में भाषा की इस शुद्धता को बनाये रखने का प्रयास किया जाता है, भले ही ऐसे में बच्चे की रचनात्मकता व आत्मविश्वास को दबाना पड़े। स्कूलों के मामले में इस तथ्य को स्वीकार करना होगा और बच्चे की भाषा को सम्मान देना होगा भले ही यह भाषा ग़लतियों व अशुद्धता से भरी हुई हो।"

होशंगाबाद विज्ञान शिक्षा कार्यक्रम में बच्चों की भाषा को सम्मान देकर भाषा की ग़लतियों को अनदेखा करके उनके निष्कर्षों को उन्हीं की भाषा में स्वीकार किया जाता था। बच्चों को पाठ्यपुस्तकों को पढ़ने के लिए प्रेरित करना एक चुनौती है। किन्तु विषयवस्तु को सीखने के लिए पाठ्यपुस्तक पढ़ना और भाषा की दक्षता को प्राप्त करना आवश्यक है।

निष्कर्ष

भाषा और विज्ञान का जुड़ाव महत्त्वपूर्ण है, भाषा की कमी विज्ञान को सीखने में कठिनाई उत्पन्न करती है। दैनिक जीवन से जुड़ा विज्ञान और प्रतिदिन बोली जाने वाली भाषा किसी भी समस्या को सुलझाने में कारगर साबित होगी। 'बच्चे स्वयं समस्या का चिन्तन करें, चुनौतियों का विश्लेषण कर उत्तर के समाधान तक पहुँचें' इस बिन्दु को ध्यान में रखकर पाठ्यक्रम निर्धारण किया जाना आवश्यक है।

हिन्दी भाषा में विज्ञान शिक्षण

–जयमाला देवलाल

शिक्षिका ने विज्ञान को हिन्दी माध्यम एवं भाषा के तरीक़ों से समेकित करते हुए विज्ञान शिक्षण की योजना बनायी। छोटी-छोटी परिभाषाओं को दोनों माध्यम (हिन्दी एवं अंग्रेज़ी) से पढ़ाना प्रारम्भ किया। बच्चों द्वारा दैनिक जीवन में आमतौर पर प्रयोग किये जाने वाले अंग्रेज़ी शब्दों का प्रयोग कक्षा शिक्षण में भी किया। इसके अतिरिक्त विज्ञान की विविध अवधारणाओं को छोटी-छोटी कहानी/कविता/नाटक जैसी विधाओं के माध्यम से पढ़ाने का प्रयास किया ताकि बच्चे सहज होकर विज्ञान सीखने और समझने की ओर अग्रसर हो सकें। यह पर्चा शिक्षिका द्वारा अपने विद्यालय में किये गये इस अभिनव प्रयोग के बारे में बताता है।

मनुष्य के विकासक्रम में सीखने-सिखाने की प्रक्रिया में भाषा का विशेष स्थान रहा है। किसी भी समाज/ मनुष्य के लिए भाषा मात्र संवाद का माध्यम ही नहीं होती वरन उसकी सामुदायिक और सांस्कृतिक निरन्तरता को बनाये रखने में भी महत्त्वपूर्ण भूमिका निभाती है। विभिन्न समाजों/ व्यक्तियों ने अपनी भाषाओं के माध्यम से ही विभिन्न प्रकार के ज्ञान निर्माण, उपलब्धियों और सामाजिक गतिविधियों को आने वाली पीढ़ियों तक सम्प्रेषित किया। जो समाज ऐसा करने में विफल रहे उनके बारे में हम आज बहुत कम जानते हैं।

शिक्षा में भाषा से जुड़े मुद्दे बहुत अधिक महत्त्व रखते हैं। बाल मनोविज्ञान और भाषा विज्ञान से जुड़े विभिन्न शोध बताते हैं कि बच्चे अपनी मातृभाषा में ही बेहतर सीखते हैं (DNEP-2019 पेज 106)। जैसा कि राष्ट्रीय पाठ्यचर्या की रूपरेखा-2005 भी सुझाती है कि *प्राथमिक स्तर पर बच्चों का शिक्षण उनके परिवेश की स्थानीय भाषा में ही होना चाहिए ताकि उन्हें अभिव्यक्ति के ज़्यादा-से-ज़्यादा मौक़े मिल सकें।* यह बात सभी जानते ही हैं कि विद्यालय आने तक बच्चा अपने परिवेश की भाषा को आत्मसात कर चुका होता है, इसीलिए प्राथमिक स्तर पर मातृभाषा के माध्यम से शिक्षण करना ज़्यादा प्रभावी होता है।

ड्राफ्ट राष्ट्रीय शिक्षा नीति 2019 भी इस बात को मानती है कि बड़ी भारी संख्या में बच्चे ऐसे स्कूलों में जा रहे हैं जहाँ ऐसी भाषा में शिक्षा दी जाती है जो उन्हें समझ में नहीं आती है। इसके चलते वे सीखना शुरू करने से पहले ही पिछड़ने लगते हैं और अन्ततः शिक्षा की प्रक्रिया से बाहर हो जाते हैं। (ड्राफ्ट राष्ट्रीय शिक्षा नीति 2019 मातृ भाषा/ घर की भाषा में शिक्षा : पृष्ठ 106)

अगर बच्चों को भाषा ही समझ में न आये तो उन्हें विभिन्न विषयों की अवधारणाओं को सीखने और उन पर समझ विकसित करने में कठिनाई होती है। इसीलिए नयी शिक्षा नीति बच्चों को प्राथमिक स्तर पर मातृभाषा में पढ़ाने की सिफ़ारिश करती है। विचारों की अभिव्यक्ति, रचनात्मकता और अवधारणाओं की समझ विकसित करने के लिए मातृभाषा आवश्यक है।

भारतीय भाषाओं का शिक्षण राष्ट्रीय फोकस समूह के आधार-पत्र 2005 के अनुसार, *"भाषा और सोच परस्पर एक-दूसरे को परिपोषित करते हैं। एक तरफ़ यदि भाषा हमारी विचार प्रक्रिया को व्यवस्थित करती है तो दूसरी तरफ़ यह हमें मुक्त भी करती है और हमें ज्ञान और कल्पना की अनखोजी दुनिया में ले जाती है।" (1.10, पेज 7)*

किसी भी विषय को सीखने का अर्थ है उसकी अवधारणाओं को समझना। विद्यालयी पाठ्यक्रम में यह बात और भी गहराई से लागू होती है जिसमें सम्बन्धित विषय की शब्दावली को सीखना/समझना, उनके बारे में आलोचनात्मक ढंग से चर्चा करना, उसको अपने सन्दर्भों से जोड़ सकना और उनके बारे में लिख सकना शामिल है। यही बात विज्ञान विषय में भी लागू होती है। जैसा कि पाठ्यचर्या, पाठ्यक्रम और पाठ्यपुस्तकें राष्ट्रीय फोकस समूह का आधार-पत्र 2006 भी सुझाता है : *"बच्चे की भाषा क्षमताएँ, ज्ञान एवं कौशल आधार, उसके मूल्य एवं अभिवृत्तियाँ सब उसके प्राकृतिक एवं सामाजिक परिवेश में रहने की प्रक्रिया के दौरान विकसित होते हैं। नये विचार या सोचने के तरीक़े से अन्तःक्रिया की सम्भावना बच्चे के मौजूद अनुभवों एवं ज्ञान का उपयोग करते हुए होनी चाहिए।"* (4.2.3, पेज 31)

माध्यम एवं समझ

अन्य विषयों की भाँति विज्ञान सीखने के लिए भी भाषा में दक्षता ज़रूरी है। बहुत सारे मनोवैज्ञानिकों ने भाषा और विचारशीलता के बीच गहरा सम्बन्ध बताया है। विज्ञान पढ़ाते हुए भाषा का उपयोग मात्र आस-पास की चीज़ों के नाम लेना या उनको नाम देने हेतु ही नहीं होता वरन यह सिद्धान्त निर्माण या किसी धारणा को

गढ़ने में एक औज़ार का काम भी करती है। साथ ही अपने अनुभवों को सहजता और निर्भीकता के साथ अभिव्यक्त करने में भी सहायक है (विज्ञान शिक्षण राष्ट्रीय फोकस समूह का आधार-पत्र)। हिन्दी भाषा में विज्ञान शिक्षण इसलिए भी ज़रूरी है कि बच्चे विज्ञान के विभिन्न सिद्धान्तों और संकल्पनाओं के बारे में स्वतन्त्र और निर्भय होकर चिन्तन कर सकें।

विज्ञान शिक्षण का राष्ट्रीय फोकस समूह का आधार-पत्र 2005 विज्ञान शिक्षण की 6 वैधताओं की बात करता है। जिनमें पहली और प्रमुख वैधता है–**संज्ञानात्मक वैधता** *जो यह माँग करती है कि पाठ्यचर्या की विषयवस्तु, प्रक्रिया, भाषा और शिक्षण कार्यकलाप बच्चे की उम्र/दर्जे के उपयुक्त हो और उसकी समझ से बाहर की चीज़ न हो।* यदि कक्षा शिक्षण की भाषा बच्चों के स्तर और परिवेश के अनुरूप नहीं होती है तो उनकी अभिव्यक्ति और संवाद करने की क्षमता में कमी देखी गयी है। इसका सीधा असर उनकी सीखने की प्रक्रिया में दिखाई देता है।

यदि प्राथमिक स्तर से ही बच्चे की भाषा में पकड़ मज़बूत हो जाती है तो उसका अभिव्यक्ति स्तर भी उच्च होता है। किन्तु वर्तमान में अंग्रेज़ी के महत्त्व को देखते हुए अंग्रेज़ी भाषा को भी प्राथमिक स्तर से ही पढ़ाया जाने लगा है, जबकि सामान्य रूप से विद्यालयों में पढ़ाई के लिए हिन्दी एक महत्त्वपूर्ण माध्यम रहा है। चूँकि हमारे ज़्यादातर बच्चे ऐसे परिवेश से आते हैं जहाँ अंग्रेज़ी तो दूर की बात है, हिन्दी भी ठीक से नहीं जानते हैं। अतः ऐसे माहौल में बच्चे हिन्दी और अंग्रेज़ी दोनों ही भाषाओं से जूझ रहे होते हैं। विद्यालयी पाठ्यक्रम में यदि बच्चा अपने सीखे हुए को लिखित रूप में अभिव्यक्त नहीं कर पाता है तो शिक्षक के लिए उसका सही आकलन करना कठिन हो सकता है। किसी भी विषय के शिक्षण के साथ यदि बच्चों के भाषा शिक्षण पर भी ध्यान दिया जाये तो उसे सीखने और समझने में आसानी होगी और बच्चा सीखे हुए का अपने जीवन में अनुप्रयोग कर सकेगा।

उत्तराखण्ड राज्य में 2019 से कक्षा 6 से विज्ञान शिक्षण का माध्यम अंग्रेज़ी कर दिया गया। चूँकि स्थानीय स्तर पर अंग्रेज़ी, बच्चों की परिवेशीय भाषा नहीं है अतः उसका असर यह देखने को मिला कि उन्हें (बच्चों) को विज्ञान की विभिन्न अवधारणाओं/ शब्दावली आदि को सीखने-समझने में परेशानी हो रही थी। मैंने अपनी कक्षाओं में विज्ञान शिक्षण करते हुए अनुभव किया है कि बच्चे मौखिक रूप से तो सीख रहे हैं परन्तु उसे लिखित रूप में अभिव्यक्त करने में उनको परेशानी हो रही है। वह कक्षा में प्रश्नों के उत्तर तो दे रहे हैं परन्तु लिखित रूप में उनकी अभिव्यक्ति न्यून रहती है। इसके कारण मुझे भी उनके साथ संवाद करने और उनका आकलन करना कठिन हो रहा था।

विज्ञान शिक्षण और भाषा संवर्धन के लिए मेरे प्रयास

मेरा विद्यालय (राजकीय जूनियर हाईस्कूल डाबरी) उत्तराखण्ड राज्य के सीमान्त जनपद पिथौरागढ़ मूनाकोट विकासखण्ड में अवस्थित है। इस क्षेत्र के अधिकांश विद्यार्थी निजी विद्यालयों में अध्ययन करते हैं। इसलिए विद्यालय की विद्यार्थी संख्या मात्र 19 है। विद्यालय कक्षा 6 से 8 में 11 छात्राएँ और 8 छात्र अध्ययनरत हैं।

मैं मार्च 2019 में इस विद्यालय में स्थानान्तरित होकर आयी। मुझे तीनों कक्षाओं में गणित और विज्ञान का शिक्षण करने की ज़िम्मेदारी दी गयी। कक्षा 6 में शिक्षण करते हुए मैंने अनुभव किया कि बच्चे मौखिक रूप से तो प्रश्नों के उत्तर दे रहे हैं किन्तु लिखित रूप में अभिव्यक्ति का स्तर न्यून था। उनके लेखन में काफी त्रुटियाँ भी थीं। वे जो सीख रहे थे वह महसूस तो कर रहे थे परन्तु उसे अभिव्यक्ति करने में उन्हें कठिनाई हो रही थी। चूँकि विज्ञान का माध्यम अंग्रेज़ी था इस कारण बच्चे घबरा भी रहे थे। उनकी इस परेशानी को देखते हुए मुझे लगा कि विज्ञान के सम्बोधों को पढ़ाने से पहले उनकी भाषा पर काम करना होगा। विज्ञान शिक्षण में हिन्दी और अंग्रेज़ी को साथ मिलाते हुए कैसे काम किया जाये, इस पर अपने साथी अध्यापकों से विचार विमर्श किया। हालाँकि जल्द ही समझ आ गया कि यह उतना आसान है नहीं जितना मैंने समझा था। क्योंकि विज्ञान विषय की पाठ्यपुस्तक अंग्रेज़ी में आ गयी थी और बच्चे अंग्रेज़ी के छोटे-छोटे शब्द भी पढ़ नहीं पा रहे थे, इसलिए उन्हें हिन्दी के साथ-साथ अंग्रेज़ी पढ़ने का भी अभ्यास कराया जाना था। इसके लिए उन्हें अधिक-से-अधिक अभिव्यक्ति के अवसर दिये गये जो कि मातृभाषा में ही सम्भव था। एनसीएफ़ 2005 और नयी शिक्षा नीति 2019 के कथन को याद करते हुए कि प्राथमिक स्तर पर विषय शिक्षण का माध्यम वह भाषा होनी चाहिए जिसमें बच्चे सहज हों, काम शुरू कर दिया।

मैंने विज्ञान को हिन्दी माध्यम एवं भाषा के तरीक़ों से समेकित करते हुए विज्ञान शिक्षण की योजना बनायी। छोटी-छोटी परिभाषाओं को दोनों माध्यम (हिन्दी एवं अंग्रेज़ी) से पढ़ाना प्रारम्भ किया। बच्चों द्वारा दैनिक जीवन में आमतौर पर प्रयोग किये जाने वाले अंग्रेज़ी शब्दों का प्रयोग कक्षा शिक्षण में भी किया तो वह बच्चों को सहज लगा। इसके अतिरिक्त विज्ञान की विविध अवधारणाओं को छोटी-छोटी कहानी/कविता/नाटक जैसी विधाओं के माध्यम से पढ़ाने का प्रयास किया ताकि बच्चे सहज होकर विज्ञान सीखने और समझने की ओर अग्रसर हो सकें।

यह सब प्रयास इसलिए किये गये क्योंकि विज्ञान मात्र कुछ सूत्रों, नियमों या प्रयोगों को रटने भर का विषय नहीं है। उसकी प्रकृति तो अपने आस-पास को ग़ौर से

देखना, तदनुसार उनमें कुछ अर्थपूर्ण पैटर्न खोजना, घटनाओं के अन्त:सम्बन्धों को देख पाना, और प्रकृति को देखते-समझते हुए किसी सैद्धान्तिक ढाँचे को विकसित करने की ओर अग्रसर होना है। जैसा कि *विज्ञान शिक्षण का राष्ट्रीय फोकस समूह का आधार-पत्र भी सुझाता है–आस-पास के जीव-जगत व भौतिक जगत को ग़ौर से देखना और उसी के अनुसार पैटर्न एवं सम्बन्धों को खोजने का प्रयास, प्रकृति से जूझने के लिए नये-नये औज़ारों का निर्माण और इसे समझने के लिए सैद्धान्तिक ढाँचे को विकसित करने की ओर अग्रसर होना। यही मानव प्रयास विज्ञान है। (विज्ञान शिक्षण का राष्ट्रीय फोकस समूह का आधार-पत्र 1.1 2006 विज्ञान की प्रकृति, पेज 1)*

बच्चों की दैनिक गतिविधियों को लिखवाना

मैंने बच्चों को रोज़ डायरी लिखने को कहा। प्रारम्भ में उनके मन की बातें और दैनिक गतिविधियों के बारे में लिखने को कहा गया। अगले दिन विद्यालय आने पर उसका वाचन करवाया गया। प्रारम्भ में भाषागत तथा व्याकरणगत त्रुटियों पर ध्यान न देकर केवल इस पर ध्यान दिया कि वे किस बारे में बता रहे हैं। क्योंकि अशुद्धियाँ काफ़ी थीं। अपने ही लिखे को पढ़ने में बच्चे कठिनाई महसूस कर रहे थे। धीरे-धीरे सुने हुए को लिखना और लिखे हुए को पढ़ना, बच्चों की रोज़ की आदत में शुमार किया गया। धीरे-धीरे कक्षा-कक्ष के अनुभवों को भी लिखवाया। इस प्रक्रिया से यह समझ में आने लगा कि बच्चे किन बातों को आसानी से समझ पाते हैं और कहाँ पर उनको कठिनाई महसूस हो रही है। इससे एक और फ़ायदा यह हुआ कि मुझे बच्चों की रुचियों का भी पता चलने लगा। उनके प्रिय विषयों की जानकारी हुई। बच्चे विस्तार से अपनी बात को लिखने लगे थे। इससे उनके घरेलू परिवेश एवं परिस्थितियों को समझना भी आसान हो रहा था।

अप्रैल माह में 'मिशन कोशिश' के अन्तर्गत बच्चों की पूर्व कक्षाओं की क्षमताओं को जाँचने के साथ-साथ उनका शैक्षिक स्तर पता करने एवं उसमें सुधार करने का प्रयास भी विद्यालयों में किया जाना था। तो इस एक महीने में मैंने इसे भी मिशन कोशिश के रूप में जारी रखा।

लगभग दो माह बाद बच्चे कक्षा में आते ही अपना लेख पढ़ते और जमा करते। कक्षा 6 में तीन ही बच्चे हैं तो उनके साथ व्यक्तिगत रूप से संवाद किया गया और उनकी भाषागत परेशानियों और अशुद्धियों को भी पहचान कर सुधार करवाया। जब उनकी हिन्दी में लिखने की आदत विकसित होने लगी तो धीरे-धीरे कक्षा शिक्षण में विज्ञान विषय के लिए इसका उपयोग किया। बच्चे अपने परिवेश की घटनाओं जैसे

स्थानीय फ़सलों, वनस्पतियों और जल स्रोतों आदि के बारे में लिखकर लाने लगे। यह कहीं-न-कहीं उनके पाठ्यक्रम से ही जुड़ा हुआ था। यह क्रम चलता रहा जो कि विज्ञान शिक्षण में बेहद उपयोगी हो रहा था।

पुस्तकालय का उपयोग

बच्चों को पाठ्यक्रम की पुस्तकों के अतिरिक्त पढ़ने और ख़ुद को अभिव्यक्त करने के अवसर देने के लिए पुस्तकालय के प्रति उनकी रुचि जाग्रत करवाई। इसमें कहानियाँ, विज्ञान, और खेल सम्बन्धी पत्रिकाएँ पढ़ने को दीं एवं उनमें से उपयोगी और उनके पसन्द के लेख/कहानी को पढ़ने के उपरान्त उसके बारे में अपने शब्दों में लिखने को कहा गया। कुछ पुस्तकों की समीक्षा भी लिखवाई। अब यह प्रतिदिन का काम होने लगा। बच्चे रोज़ ही लिखकर लाने लगे और पढ़कर सुनाने के उपरान्त अपनी-अपनी बॉक्स फ़ाइल में रखने लगे। 4 महीने में ही बच्चों की फ़ाइलों में पर्याप्त लेख जमा हो चुके थे। हमने निश्चय किया कि इनमें से ही कुछ बेहतर सामग्री चयनित कर विद्यालय की एक बाल-पत्रिका के रूप में संग्रहित किया जायेगा। ऐसा करने का उद्देश्य यह था कि बच्चों के आत्मविश्वास और रचनात्मकता में वृद्धि होगी और उनके द्वारा किया गया काम सुरक्षित भी रह पायेगा।

भाषायी रचनात्मकता और विज्ञान शिक्षण

कक्षा 6 में इस प्रयोग के उपरान्त मैंने कक्षा 7 और 8 में भी इस प्रक्रिया को करने और बच्चों की रचनात्मकता में रुचि जाग्रत करने का प्रयास किया। मैंने अनुभव किया कि बच्चे चीज़ों को स्वयं करके बेहतर तरीक़े से सीखते और समझते हैं। किन्तु विद्यालय में अलग-अलग वादनों की व्यवस्था और सभी शिक्षकों के पाठ्यक्रम के पूरा न होने पाने की चुनौती के कारण बच्चों को रचनात्मकता के अवसर कम मिलते हैं। इस बात को ध्यान में रखते हुए मैंने विज्ञान विषय में हिन्दी की विभिन्न विधाओं का प्रयोग कर शिक्षण व रचनात्मकता को एक साथ करने हेतु बच्चों से लिखने को कहा। ताकि बच्चे उनकी अपनी भाषा के माध्यम से विज्ञान को रुचिपूर्ण ढंग से सीख और समझ सकें।

विज्ञान शिक्षण का राष्ट्रीय फोकस समूह का आधार-पत्र 2006, (7.1, पेज 31) सुझाता है कि *इस स्तर पर बच्चों को विज्ञान के सरल सिद्धान्तों की जानकारी उनके आस-पास की परिचित दुनिया के माध्यम से दी जानी चाहिए।* बच्चों के परिवेश में दैनिक बोलचाल में स्थानीय पहेलियों का अक्सर प्रयोग किया जाता है और बच्चे भी उनमें रुचि लेते हैं, अतः प्रारम्भ में सम्बोधन के अनुरूप छोटी-छोटी

पहेलियों का निर्माण करवाया। इस हेतु मैंने स्वयं पहेलियों के रूप में प्रश्न किये। फिर बच्चों से भी इसी तरह की पहेलियाँ बनाने को कहा।

एक उदाहरण के रूप में--

जीवों में श्वसन पाठ को पढ़ाते समय ऑक्सीजन की जानकारी देने हेतु बनायी गयी एक पहेली :

हवा में मिली हूँ तुम्हारे लिए,
पानी में घुली हूँ जल जीवों के लिए
जीवनदायिनी हूँ, फिर भी मौन हूँ,
बताओ बच्चो! मैं कौन हूँ।

इसी तरह **ओजोन गैस** के बारे में बच्चों ने यह पहेली बनायी :

पराबैंगनी किरणों से बचाती हूँ,
धरती पर सबकी रक्षा करती हूँ
एक परत हूँ वायुमण्डल में
तुम मेरा साथ देना, प्रदूषण से मुझे बचाना।

इस तरह के प्रयासों से धीरे-धीरे भाषा संवर्धन के साथ-साथ विज्ञान शिक्षण का काम भी चलता रहा। इन प्रक्रियाओं से जहाँ बच्चे हिन्दी भाषा की विविध विधाओं पर रचनात्मक कार्य करने लगे थे वहीं विज्ञान की विभिन्न अवधारणाओं को भी सहजता से सीख रहे थे। बच्चों में भाषायी सहजता और आत्मविश्वास आने के उपरान्त उन्हें विज्ञान के विभिन्न सम्बोधों पर निबन्ध लिखने को दिया। बच्चे 'किशोरावस्था', 'स्वास्थ्य', 'खाद्य श्रृंखला', 'वन हमारे मित्र', 'जीवों के आवास' आदि विषयों पर निबन्ध लिखकर लाये।

इसी प्रकार आत्मकथा के रूप में 'मैं पानी हूँ,' 'मेरा नाम चुम्बक है,' 'मैं कंकाल हूँ' आदि विषयों पर भी लिखकर लाये। इसमें से अधिकांश को बच्चों द्वारा निर्मित दीवार पत्रिका में स्थान दिया गया है। विज्ञान शिक्षण में **कविता का प्रयोग** भी किया गया।

कक्षा आठ की **प्रिया परिहार** ने **कोयला एवं पेट्रोलियम** पर यह कविता लिखी :

कोयला पेट्रोलियम कोलतार, इनके बिना सूना है संसार
जीवाश्म से बनते हैं यह, सोचो कब तक रहेंगे यह
वर्षों बनने में लग जाते हैं, फिर खानों में यह दब जाते
मेहनत से होता इनका खनन, अब तो कर लो कुछ मनन
माना कि जीवाश्म हैं अपार, पर हम तो करते सीमा पार

एक घर और गाड़ियाँ चार, सोचो कैसे पड़ेगी पार
इनको बचाने की सोचें, कुछ विकल्पों को खोजें
यह तो हैं प्रकृति के उपहार, इनके प्रति दिखाएँ प्यार
ख़र्च के साथ बचाना सीखें, कम में काम चलाना सीखें
स्वास्थ्य और पर्यावरण बचेगा, पेट्रोलियम भी ख़ूब चलेगा

प्रक्रिया के सकारात्मक परिणाम

इस प्रकार सम्पूर्ण सत्र में विज्ञान और हिन्दी भाषा की विभिन्न विधाओं के समन्वय के माध्यम से सम्बोधों को रुचिकर बनाकर विज्ञान शिक्षण कार्य किया गया। इस प्रक्रिया में धीरे-धीरे अंग्रेज़ी भाषा को भी शामिल किया गया। विज्ञान की विभिन्न शब्दावलियों को हिन्दी-अंग्रेज़ी में साथ-साथ बोला और बताया गया। धीरे-धीरे इससे बच्चों में अंग्रेज़ी के प्रति भी डर दूर होने लगा और अब विज्ञान को हिन्दी-अंग्रेज़ी माध्यम से समझने लगे हैं। बच्चों द्वारा विभिन्न सम्बोधों पर लिखित लेखों का संग्रह कर दीवार-पत्रिका का निर्माण किया गया। कुछ बच्चे तो इतना लिखकर लाये कि उनके लेखों की व्यक्तिगत पुस्तिका बनाने की भी योजना है। इस पूरी प्रक्रिया में यह ज़रूर ध्यान रखा गया कि बच्चों को पर्याप्त अवसर मिलें और शिक्षण का केन्द्र व्याकरण न होकर विज्ञान की विषयवस्तु ही रहे। इससे बच्चों का पुस्तकों के प्रति रुझान तो बढ़ा ही साथ ही उनकी रचनात्मकता भी देखने को मिली। सबसे बड़ी बात कि बच्चों में लेखन और अभिव्यक्ति का विश्वास जगा है जो कि उनके सीखने की प्रक्रिया में भी दिखाई दे रहा है। स्वयं मुझमें भी बच्चों के प्रति विश्वास पैदा हुआ है।

मेरे द्वारा सभी उपरिलिखित प्रयास इस बात को ध्यान में रखते हुए किये गये कि हमारे विद्यालयी बच्चों की भाषा, उनकी जीवन शैली और उनके स्थानिक ज्ञान को उनकी सीखने की प्रक्रिया का हिस्सा बनाया जा सके। साथ ही अंग्रेज़ी भाषा के कारण जो परेशानियाँ वे महसूस करते हैं उसे दूर करने का प्रयास किया जा सके। प्रारम्भिक सफलताओं ने मुझे भी प्रोत्साहन और आत्मविश्वास दिया है। पिछले अनुभवों से सीखते हुए, इन प्रक्रियाओं को आने वाले सत्रों में भी जारी रखने की योजना है। वर्ष 2019 के सेवारत शिक्षण प्रशिक्षण में भी विभिन्न विषयों को आपसी समन्वय से पढ़ाने की बात की गयी थी। इस प्रयोग से मुझे यह लगता है कि विभिन्न विषयों को एक साथ पढ़ाया जा सकता है जिसके लिए अलग से समय और बहुत ज़्यादा साधनों की ज़रूरत नहीं होती है।

इस पूरी प्रक्रिया के निहितार्थ

- कक्षा शिक्षण में बच्चों की स्थानीय भाषा के प्रयोग से सीखने-सिखाने का अनुकूल और सहज वातावरण निर्माण
- बच्चों में पढ़ने-लिखने की आदत का विकास
- अभिव्यक्ति की क्षमता का विकास
- हिन्दी और अंग्रेज़ी भाषा के सह-समन्वयन से विज्ञान शिक्षण सहज हुआ
- विज्ञान विषय को भाषा की विविध विधाओं द्वारा रुचिकर बनाकर सीखना-सिखाना
- बच्चों के लिए रचनाशीलता और सृजनशीलता के मौक़े एवं उनकी अभिवृद्धि
- बच्चों के प्रति शिक्षकों के नज़रिये में बदलाव
- विविध विषयों में बच्चों की सीखने की गति में सुधार

सन्दर्भ-सूची

1. राष्ट्रीय पाठ्यचर्या की रूपरेखा-2005
2. विज्ञान शिक्षण राष्ट्रीय फोकस समूह का आधार-पत्र, 2006
3. भारतीय भाषाओं का शिक्षण–राष्ट्रीय फोकस समूह का आधार-पत्र, 2006
4. प्रारूप राष्ट्रीय शिक्षा नीति 2019

भाषा और विज्ञान

-शहनाज डीके

यह पर्चा सातवीं कक्षा की छात्राओं को विज्ञान पढ़ाने और उसमें भाषा की भूमिका के अनुभवों को रेखांकित करता है।

पृष्ठभूमि

विज्ञान और भाषा के सम्बन्ध को जानने के लिए मैंने कक्षा सातवीं में पढ़ रही 32 बालिकाओं के साथ कार्य किया। ये बालिकाएँ जिस गाँव से स्कूल आती हैं उस गाँव में सभी वर्ग के लोग हैं। इस गाँव से विद्यार्थी कॉलेज की पढ़ाई करने उदयपुर शहर (35 किमी दूर) भी जाते हैं। इसके अलावा गाँव में मज़दूर वर्ग भी है जिसमें वयस्क सामान्यत: पूरी तरह से अनपढ़ हैं। उनके बच्चे भी स्कूल आते हैं। यानी एक कक्षा में सभी प्रकार के मिले-जुले विद्यार्थी हैं।

समस्या

सरकारी विद्यालय से पाँचवीं पास करने के बाद भी बच्चों को ठीक से पढ़ना नहीं आता, यह हम जानते हैं। यह समस्या और भी बढ़ जाती है जब उन्हें आगे की कक्षा में विज्ञान, गणित और सामाजिक अध्ययन की पाठ्यपुस्तकें पढ़कर समझनी होती हैं। जिनमें कई शब्द उनके लिए नये होते हैं व विचार का क्रम लम्बा हो जाता है। यह सब उनके लिए मुश्किल होता है क्योंकि उन्हें घर पर कोई मदद नहीं मिल पाती है।

इसके अलावा उनकी अपनी समस्याएँ होती हैं, जिनके कारण वे नियमित स्कूल नहीं आ पाते हैं और कक्षा के अन्य बच्चों से पीछे रह जाते हैं। इन सबको यदि नज़रअन्दाज़ करके हम उन बच्चों की बात करें जो पाँचवीं कक्षा तक ठीक से पढ़ना सीख चुके हैं, नियमित विद्यालय आते हैं, पढ़ने-लिखने में रुचि लेते हैं तो वे भी विभिन्न विषयों की बहुत-सी अवधारणाएँ समझ नहीं पाते हैं।

मेरा विचार

मैं सातवीं की बालिकाओं को विज्ञान पढ़ाती हूँ। कक्षा में किसी पाठ को पढ़ने से पहले की सामान्य चर्चा में पूरी कक्षा हिस्सा लेती है। जैसे-जैसे पाठ की समझ आगे बढ़ती है, भागीदारों की संख्या कम होने लगती है। जब पाठ को किताब में दिये प्रश्नों को पढ़कर व समझकर प्रश्नों का उत्तर बताना होता है तो संख्या और भी कम हो जाती है। इस पर विचार करने पर मैंने हमेशा यही पाया कि इसका एक बड़ा कारण विज्ञान की शब्दावली को न समझ पाने के कारण बच्चों की रुचि नहीं होना है। वे प्रश्न का उत्तर तो नक़ल करके लिख लेते हैं परन्तु उसे अपने शब्दों में समझा नहीं सकते हैं।

मेरा कार्य

विज्ञान की शब्दावली एवं भाषा को पढ़कर समझने की स्थिति को जानने के लिए मैंने बच्चों के साथ अलग-अलग स्तर पर कार्य किया। यहाँ बच्चों के साथ एकल और समूह में कार्य किया गया। उन्हें पुस्तक की विषयवस्तु से पढ़ने के लिए अनुच्छेद और निर्देश समझकर प्रयोग करने को दिये।

कार्य का तरीका : पढ़कर समझने के लिए दो पाठ चुने गये, जिसमें एक पाठ सरल था। इसमें विज्ञान की शब्दावली कम थी और दूसरा पाठ थोड़ा मुश्किल था, इसमें विज्ञान की शब्दावली व अवधारणात्मक समझ अधिक थी। बच्चों को स्वयं पाठ पढ़कर समझना था कि यह पाठ किसके बारे में है एवं इससे मुख्य बातें हमें क्या समझ आती हैं। फिर यही पाठ समूह में पढ़कर समझाना था कि यह पाठ क्या समझाता है। पाठ का नाम था 'जन्तुओं में अनुकूलन'। पाठ का जो पैराग्राफ पढ़ने के लिए दिया गया था, उसमें उन्हें 'मरुस्थलीय जन्तुओं में अनुकूलन' पढ़कर समझाना था कि इन जीवों की क्या विशेषताएँ होती हैं।

इसी तरह से दूसरा पाठ लिया गया 'समय एवं चाल'। इसे भी सभी बच्चों ने अलग-अलग स्वयं पढ़ा और बताया कि वे क्या समझे और बाद में उन्होंने अपने समूह में चर्चा की। इस पाठ का जो अनुच्छेद पढ़ने को दिया गया वह था 'चाल की अवधारणा'। इससे उनकी चाल की समझ को जानने का प्रयास किया गया।

पाठ की समझ के बाद यह देखने का प्रयास किया कि वे प्रयोग करने के लिए दिये गये निर्देश पढ़कर क्या समझ बनाते हैं और प्रयोग से क्या निष्कर्ष निकालते हैं। निर्देश की भाषा समझने में विज्ञान की शब्दावली उनकी मदद करती है या नहीं। इसके लिए छोटे-छोटे प्रयोग उन्होंने स्वयं किये। निर्देश पढ़कर उन्होंने क्या-क्या

किया, उसे विधि के रूप में लिखा या बोलकर बताया। कुछ प्रयोग उन्होंने समूह बनाकर किये जिसमें सारे निर्देश समूह में सबने मिलकर पढ़े। ये प्रयोग भी उनकी पाठ्यपुस्तक से ही लिए गये थे।

अवलोकन : बच्चों द्वारा किये गये कार्य को देखने पर यह समझ आया कि कक्षा-7 के 32 बच्चों में से 5 बच्चों को पढ़ना नहीं आता है। वे एक-एक अक्षर पढ़ते हैं। अधिकतर काम बाक़ी के 27 बच्चों के साथ ही हो पाया, क्योंकि बच्चों को पढ़कर मौखिक रूप से बताना था कि वे पाठ से क्या समझे।

पहले पाठ पर चर्चा : 'जन्तुओं में अनुकूलन' इसे पढ़ने के बाद सभी बच्चों ने यह बताया कि अलग-अलग स्थानों के जानवर और पौधों में कुछ ख़ास विशेषताएँ होती हैं।

सवाल – ख़ास विशेषताएँ क्यों होती हैं?

– सभी बच्चों का जवाब था क्योंकि वे ऐसे ही बने हैं।

सवाल – ऐसे ही क्यों बने हैं?

– क्योंकि वे ऐसे स्थान पर रहते हैं या उगे हैं, जहाँ के लिए ऐसा होना ज़रूरी है?

सवाल – ऊँट के शरीर में पाये जाने वाली विशेषताएँ कौन-कौन-सी हैं?

– इसका उत्तर 27 में से 25 बच्चों ने बताया।

सवाल – ऊँट में ही ये विशेषताएँ क्यों हैं भालू में क्यों नहीं?

– इसके जवाब में 27 में से 16 छात्राओं को पता था कि ये रेगिस्तान में रहने के लिए अनुकूलन हैं।

सवाल – अनुकूलन क्या है?

जवाब केवल 6 छात्राएँ बताती हैं कि 'ऐसी विशेषताएँ जो सजीवों को उनके वातावरण में रहने के अनुकूल बनाती हैं, अनुकूलन कहलाती हैं।'

सवाल – ऊँट में क्या विशेषताएँ हैं? इसका जवाब लगभग सभी बच्चों को आता है। परन्तु सवाल जब ऐसे पूछा जाये कि 'मरुस्थलीय जीवों में पाये जाने वाले अनुकूलन कौन-से हैं?' तो जवाब केवल 6 छात्राओं को आता है।

यहाँ भाषा के बदलते ही उन्हें बात समझने में समस्या होती है।

जब बच्चों से यह पूछा गया कि इन दोनों प्रश्न में कोई फ़र्क़ है या ये एक-जैसी बात पूछी गयी है?

इसके जवाब में वे कहते हैं कि ये दोनों अलग-अलग प्रश्न हैं।

यह पूछने पर कि क्या पहले प्रश्न ऊँट की विशेषताओं में से कुछ बातें दूसरे प्रश्न मरुस्थलीय जीवों के अनुकूलन में लिखी जा सकती हैं?

इस पर भी उनका जवाब 'ना' है।

निष्कर्ष : ऐसा लगता है कि उनकी पढ़ने की क्षमताओं में टेक्स्ट को पढ़कर समझने का अपर्याप्त विकास है। वे वाक्य-वाक्य करके तो कुछ हद तक समझने का प्रयास कर पाती हैं किन्तु पूरा टेक्स्ट पढ़कर समझना उनके लिए बहुत कठिन है। ख़ासतौर से इस तरह के टेक्स्ट में। ऐसा लगता है कि पढ़कर समझने के महत्त्व व उसके अर्थ पर शिक्षकों से बात होनी चाहिए और पाठ्यपुस्तक के उपयोग का तरीक़ा भी बदलना चाहिए। पाठ्यपुस्तक लेखन में शब्दावली व लिखने के ढंग को ध्यान में रखना महत्त्वपूर्ण है। ऐसे टेक्स्ट जो ज्ञात सन्दर्भ से न जुड़ें हों व जिनमें परिभाषाएँ हों, पढ़ने में मुश्किल हो जाते हैं। टेक्स्ट में तकनीकी शब्दों की संख्या का ध्यान व उन्हें शामिल करने की दर पर भी ध्यान देने की ज़रूरत है।

दूसरे पाठ पर चर्चा : पाठ 'समय एवं चाल' को पूरा पढ़कर यह बताना था कि इसमें मुख्य बात उन्हें क्या समझ में आयी?

पूरे पाठ के सन्दर्भ में सभी बच्चों ने यही जवाब दिया कि यह पाठ समय (यानी घण्टे, मिनिट, वर्ष, महीने) और चाल (किसी वस्तु की चाल कितनी है) के बारे में समझाता है।

इसके बाद उन्हें पाठ से केवल एक अनुच्छेद 'चाल की अवधारणा' पढ़ने के लिए दिया गया। पहले उन्हें स्वयं पढ़ने के लिए कहा गया। जब पूछा गया कि इसमें क्या समझे। तो वे जवाब में केवल यही कह पाये कि इसमें 'चाल' की बात समझाई गयी है।

सवाल – क्या तुम बता सकते हो चाल किसे कहते हैं?

– अधिकांश ने कहा हमें समझ में नहीं आया।

– कक्षा की सिर्फ़ 3 छात्राएँ ऐसी थीं जिन्हें यह समझ आया कि इस पैराग्राफ़ में यह बताया गया है कि वस्तु जब गति करती है तो उसकी स्थिति बदल जाती है।

समूह कार्य : इसी कार्य को छात्राओं को समूह में करने के लिए दिया गया। कक्षा में सात समूह में बच्चों ने 'चाल की अवधारणा' वाले अनुच्छेद को पढ़ा। समझ न आने वाले समूह ने दो-तीन बार पढ़ा और सभी ने समूह में चर्चा की। सात में से पाँच समूह ने यह बात तो समझ ली कि जब वस्तु गति करती है तो उसकी स्थिति

में परिवर्तन आता है। इसको उन्होंने अलग-अलग उदाहरण से भी समझाया। एक समूह ने कहा–जैसे बस गति करती है तो वह अपनी जगह से आगे चली जाती है। दूसरे समूह ने बताया–पक्षी एक डाल से उड़कर दूसरी डाल पर चला गया। तीसरे समूह ने कहा–मछलियाँ तैरती हैं तो उसकी स्थिति बदलती है। चौथे समूह ने घड़ी के काँटे का उदाहरण देकर कहा कि वह भी गति करते हैं। यह स्थिति बदलना तो वे समझ गये परन्तु 'चाल' किसे कहते हैं, वे नहीं बता सके?

सवाल – जब उनसे यह कहा गया कि एक बस जल्दी पहुँच गयी। और दूसरी बस देर से तो किसकी चाल अधिक है?

– सभी समूह ने कहा जल्दी पहुँचने वाली बस की चाल अधिक है।

सवाल – यह कैसे पता चलेगा कि किसकी चाल कितनी है?

– केवल चार ने कहा, जो कम समय में अधिक दूर जायेगी उस बस की चाल अधिक है।

कक्षा के 24 बच्चे 'चाल' वाले अनुच्छेद को पढ़कर उसकी भाषा से गति एवं समय में कोई सम्बन्ध नहीं समझ पाये। इसलिए उन्हें चाल की परिभाषा तथा चाल का सूत्र दोनों ही रटने पड़े। (किसी वस्तु द्वारा एकांक समय में तय की गयी दूरी को चाल कहते हैं।)

निहितार्थ :

अनुच्छेद पढ़ने के साथ-साथ बच्चों को प्रयोग करने का कार्य भी दिया गया।

पहले व दूसरे प्रयोग में सभी 27 बच्चों ने स्वयं अपना-अपना प्रयोग पढ़ा और निर्देश समझ कर कार्य किया। पहला प्रयोग 'काग़ज़ में दम' केवल दो-तीन निर्देश पढ़कर करना था जिसकी भाषा सरल थी। इसलिए सभी बच्चे कर पाये।

दूसरा प्रयोग भी तीन-चार सरल निर्देशों में दिया गया था। जिसमें यह पूछा था कि नमक व रेत के मिश्रण से रेत और नमक को कैसे अलग-अलग करेंगे। यह भी सभी बच्चों ने स्वयं किया और लिखा भी। जिनको पढ़ना नहीं आता था उन्होंने भी दूसरों से पूछ-पूछकर किया।

तीसरा प्रयोग अधिक निर्देश वाला था। इसमें बच्चों को पढ़कर व प्रयोग करके फिर तालिका भी भरनी थी। इसे अकेले न करके समूह में करने के लिए दिया गया। इस प्रयोग में बच्चों ने अम्ल व क्षार का परीक्षण किया। इसके लिए उन्होंने गुड़हल के फूल को पानी में गलाकर सूचक बनाया और वे घर से जो सामग्री लाये थे उनकी

जाँच करके पता लगाया कि किस-किसमें अम्ल है। इसके निर्देश बच्चों ने समूह में पढ़े और फिर प्रयोग करके लिखा और तालिका में भी भरा। इसके निर्देश सात में से पाँच समूह के बच्चे ठीक-ठीक समझ सके। बच्चों ने निर्देश के अनुसार प्रयोग तो किया परन्तु विलयन, परीक्षण, प्रेक्षण, निष्कर्ष आदि शब्दों से उन्हें समझने में दिक़्क़त आ रही थी।

- सभी ने पूछा कि 'सूचक' का क्या मतलब होता है?
- प्रेक्षण को सारणी में भरिए इसका मतलब क्या है?

चौथा प्रयोग 'सरल लोलक और आवर्तकाल' के निर्देश कक्षा के हर समूह के लिए समझना कठिन था। बच्चों ने समूह में निर्देश पढ़कर आपस में चर्चा की परन्तु कठिन शब्दों के कारण वे कोई समझ नहीं बना सके। सभी ने कहा–टीचर आप ही करके बताएँ हमें समझ नहीं आ रहा है। यह पूछने पर कि क्या समझ नहीं आया, बच्चों ने कहा–

- लोलक क्या है? कैसे बनायें।
- माध्य स्थिति कौन-सी है?
- विस्थापित का क्या मतलब है?
- दोलन किसे कहते हैं?

यह प्रयोग तो छोटा-सा ही था परन्तु निर्देश की शब्दावली बच्चों की कोई मदद नहीं कर सकी। इसलिए उनकी रुचि ही ख़त्म हो गयी। वे दोबारा पढ़ना भी नहीं चाहते थे।

निष्कर्ष : अनुच्छेद पढ़कर समझना (किसी अवधारणा को) और प्रयोग के निर्देश पढ़कर प्रयोग करके उसके निष्कर्ष और परिणाम तक पहुँचने में विद्यार्थियों को विज्ञान की शब्दावली से गुज़रना पड़ता है जो उनके समझने में मुश्किलें पैदा करती है। क्योंकि उनका शब्द भण्डार पर्याप्त नहीं होता और पढ़कर समझ नहीं पाते इसीलिए उन्हें विज्ञान धीरे-धीरे कठिन लगने लगता है। इसीलिए वे आगे चलकर विज्ञान में रुचि नहीं दिखा पाते।

इस समस्या का हल है कि बच्चों की पढ़कर समझने की तैयारी होनी चाहिए। उन्हें प्राथमिक कक्षाओं में पढ़ने के बहुत सारे मौक़े मिलने चाहिए। परन्तु प्राथमिक कक्षाओं में बच्चों के पास पढ़ने के लिए पुस्तकें (पाठ्यपुस्तक के अलावा) होती ही नहीं हैं। सरकारी विद्यालय में हों या अधिकांश निजी स्कूल किसी में उन्हें पढ़ने के अभ्यास नहीं मिल पाते हैं। पढ़ने के अभ्यास अधिक हों, इसके लिए कहानियों की छोटी-छोटी किताबें (जिसमें विज्ञान की बातें भी हों) कक्षा में ही होनी चाहिए। इसकी

व्यवस्था विद्यालयों को ही करनी चाहिए। इससे उनकी पढ़ने की गति एवं समझ बढ़ सकेगी। साथ ही उनका शब्द भण्डार भी बढ़ेगा, जिससे आगे की कक्षाओं में उनकी पढ़ने में रुचि बनी रहेगी और विज्ञान भी अरुचिकर नहीं लगेगा। यह उन बच्चों के लिए और भी ज़रूरी है, जो ऐसे परिवारों से आते हैं जहाँ पुस्तकें पढ़ने का माहौल नहीं है।

परिशिष्ट

पाठ से अनुच्छेद एवं प्रयोग

अनुच्छेद : 1

मरुस्थलीय आवासों में रहने वाले प्राणियों में निम्नलिखित शारीरिक विशेषताएँ होती हैं :

1. इनकी त्वचा का रंग हल्का व भूरा होता है।
2. इनकी त्वचा मोटी, चिकनी व शुष्क होती है।
3. अधिकांश प्राणी रात्रिचर होते हैं जिससे ये दिन की गर्मी से बचे रहें।

ऊँट इस प्रकार के आवास का एक महत्त्वपूर्ण उदाहरण है। इसके पैरों के तलवे चौड़े एवं गद्दीदार होते हैं, जिससे इसके पैर रेतीली जमीन में धँसते नहीं हैं। इससे वह रेत में आसानी से चल सकता है। इसे 'रेगिस्तान का जहाज़' भी कहते हैं। ये एक बार पानी पीने के पश्चात कई दिनों तक बिना पानी पिये रह सकता है। इसका मूत्र गाढ़ा होता है। इसका मल भी शुष्क होता है। ऊँट की त्वचा मोटी होती है जिससे इसे पसीना बहुत कम आता है। इस प्रकार के आवास में रहने वाले अन्य उदाहरण हैं लोमड़ी, खरगोश, सियार, भेड़िया, गोयरा आदि। **(पेज 79)**

अनुच्छेद : 2

चाल की अवधारणा

हम जानते हैं कि किसी वस्तु की स्थिति में समय के साथ परिवर्तन होता है तो हम कहते हैं कि वस्तु गति कर रही है। अपने आस-पास हम कई वस्तुओं को गति करते हुए देखते हैं। इनमें से कुछ वस्तुएँ तीव्र व कुछ वस्तुएँ मन्द गति से चलती हैं।

माना कि एक बैलगाड़ी तथा एक मोटर साइकिल दोनों एक साथ एक ही सरल रेखीय पथ पर अनुदिश गति करना प्रारम्भ करते हैं तो बताइए कि किसकी गति मन्द होगी तथा किसकी तीव्र?

आपने यह कैसे निश्चित किया कि कौन-सी वस्तु मन्द गति कर रही है और कौन-सी तीव्र गति कर रही है।

"यदि निश्चित समय में एक वस्तु 'अ' दूसरी वस्तु 'ब' से अधिक दूरी तय कर रही है तो हम कहते हैं कि वस्तु 'अ' की गति वस्तु 'ब' की गति से तीव्र है।"

जब वस्तु की गति तीव्र होती है तो हम कहते हैं कि उसकी चाल अधिक है तथा जब वस्तु की गति कम होती है तो हम कहते हैं कि उसकी चाल कम है।

दो या अधिक वस्तुओं में कौन तीव्रतम गति कर रहा है, इसे ज्ञात करने की सुविधाजनक विधि यह है कि हम इनके द्वारा एकांक समय में तय की गयी दूरी ज्ञात करें। माना कि दो कारें गति कर रही हैं। एक कार एक घण्टे पश्चात् 50 किलोमीटर दूर तथा दूसरी कार 65 किलोमीटर दूर पहुँच जाती है। स्पष्ट है कि दूसरी कार तेज़ चाल से गति कर रही है। इस प्रकार, यदि दो वस्तुओं द्वारा एक घण्टे में तय की गयी दूरी जानते हैं तब हम यह बता सकते हैं कि उनमें से किसकी चाल अधिक है और किसकी कम।

किसी वस्तु द्वारा एकांक समय में तय की गयी दूरी को हम उस वस्तु की चाल कहते हैं। (पेज 105-104)

प्रयोग-1

गुड़हल के फूल की पंखुड़ियों को बीकर में लेकर इसमें कुछ मात्रा में गरम जल मिलाइए। अब इसे कुछ समय तक रख दीजिए, जब तक यह हल्का गुलाबी न हो जाये। यह गुड़हल के पुष्प का सूचक है। गुड़हल के पुष्प का सूचक, अम्लीय विलयनों को गहरा गुलाबी और क्षारीय विलयनों को हरे रंग में परिवर्तित कर देता है।

प्रयोग- 2

सरल दोलक और उसका आवर्तकाल

धातु के एक छोटे गोले अथवा पत्थर के टुकड़े को किसी दृढ़ स्टैंड से धागे द्वारा लटकाकर दोलन करवाते हैं तो इसे सरल लोलक कहते हैं (चित्र-11.3)। धातु का गोला सरल लोलक का दोलक कहलाता है। चित्र-11.3 (a) में लोलक विराम अवस्था में दर्शाया गया है, इसे लोलक की अपनी माध्य स्थिति पर होना कहा जाता है। जब लोलक के गोले को धीरे से एक ओर ले जाकर छोड़ते हैं, तो यह इधर-उधर गति करना आरम्भ कर देता है, इस प्रकार की गति को दोलन गति कहते हैं।

चित्र-11.3 (b) में दिखाये अनुसार जब गोलक अपनी माध्य स्थिति O से आरम्भ करके A तक, फिर A से B एवं B से वापस O पर आता है, तो यह कहा

जाता है कि लोलक ने एक दोलन पूरा कर लिया है। इसी प्रकार जब इसका गोलक एक चरम स्थिति A से दूसरी चरम स्थिति B पर तथा B से वापस A पर आ जाता है, तब इसे लोलक का एक दोलन पूरा करना कह सकते हैं।

सरल लोलक एक दोलन पूरा करने में जितना समय लगाता है, उसे सरल लोलक का आवर्तकाल कहते हैं।

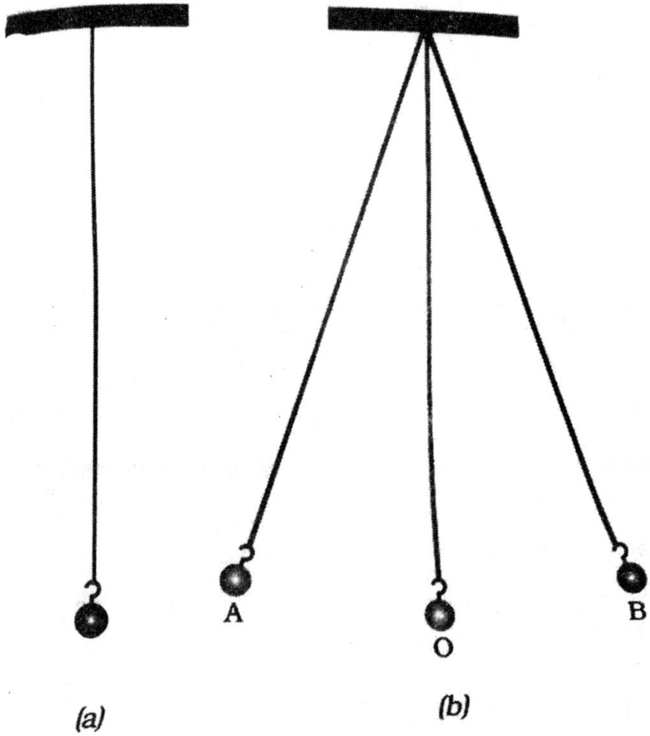

***चित्र 13.4** (a) एक सरल लोलक, (b) दोलन करते सरल लोलक के गोलक की विभिन्न स्थितियाँ*

(विज्ञान कक्षा-7 के लिए पाठ्यपुस्तक से। प्रकाशक राजस्थान राज्य पाठ्यपुस्तक मण्डल, जयपुर)

'कॉपी वर्क' की संस्कृति और बच्चों का भाषा व्यवहार

–मुरारी झा

यह पर्चा लेखक की पीएचडी के दौरान बच्चों के साथ किये हुए काम और उस दौरान संकलित आँकड़ों पर आधारित है। इस पर्चे में बताया गया है कि उच्चतर कक्षाओं में विद्यार्थियों के अनुत्तीर्ण होने की एक वजह उनका लिखना सीखने के दौरान 'कॉपी वर्क' की संस्कृति को अपनाना है। लेखक इस समस्या से उबरने के लिए सुझाव भी देते हैं, ताकि विद्यार्थियों को मौलिक और स्वतन्त्र लेखन के लिए प्रेरित किया जा सके।

"मैं झाड़ू-पोछे का काम करती हूँ। कई बार खाना बनाते हुए हाथ जल जाता है। सोचती हूँ कि किसी तरह मेरी बेटियाँ इन कामों से बच जायें, लेकिन तुम लोग काग़ज़ तो देते नहीं हो। और जब काग़ज़ लेने का वक़्त आता है तो फ़ेल कर देते हो।"

नौवीं कक्षा में अनुत्तीर्ण हो गयी एक छात्रा की माँ एक दिन स्कूल में मुझसे यह सब कह रही थी। यहाँ काग़ज़ से उनका मतलब मैट्रिक का सर्टीफ़िकेट है।

सरकारी स्कूल व्यवस्था में काम करने वाले शिक्षकों का यह साझा अनुभव रहा है कि नौवीं कक्षा में अमूमन 40 से 50 प्रतिशत बच्चे अनुत्तीर्ण होते हैं। इनमें से अधिकतर बच्चों के लिए पढ़ाई यहीं ख़त्म हो जाती है। आरटीई के प्रावधानों के अनुसार बच्चों की पढ़ाई सिर्फ़ 14 वर्ष की उम्र तक ही सुनिश्चित की जा सकती है, उसके बाद उनके पास कोई विकल्प नहीं होता है। आरटीई क़ानून में किये गये संशोधन के बाद कई राज्यों में अब यह संरक्षण भी बच्चों के लिए उपलब्ध नहीं है। स्कूली शिक्षा पूरी नहीं कर पाने की वजह से इनमें से अधिकतर बच्चे कम उम्र में ही अलग-अलग उद्योग धन्धों में काम करने के लिए मजबूर हो जाते हैं। इस तरह ग़रीबी और अशिक्षा का एक दुष्चक्र बना रह जाता है।

ज़ाहिर है कि एक शिक्षक के तौर पर हमारे लिए यह एक बड़ी चिन्ता की बात है। शिक्षकों के बीच आपसी विचार-विमर्श से बार-बार यही बात निकलकर आती है कि परीक्षा में ये बच्चे लिख नहीं पाते हैं। ख़ाली पेज पर कैसे नम्बर दिया जा सकता है? यहाँ ग़ौर करने लायक बात यह है कि बच्चों से यह उम्मीद नहीं की जाती है कि वे अंग्रेज़ी में लिखें। स्कूली शिक्षा और भाषा के क्षेत्र में जो प्रचलित बहस है, उसमें ज़्यादा ज़ोर इसी बात पर दिया जाता है कि दूसरी भाषा सीखने और उसमें अभिव्यक्त करने में बच्चों को किस प्रकार की परेशानियों का सामना करना पड़ता है। लेकिन इस सन्दर्भ में ज़्यादातर बच्चे परीक्षा में इसलिए सफल नहीं हो पाते हैं क्योंकि वे हिन्दी में लिखकर अपनी बातों को अभिव्यक्त नहीं कर पाते हैं।

2015-16 में नौवीं क्लास के बच्चों के साथ मैंने एक प्रयोग शुरू किया था जो बाद में मेरे पीएचडी शोध का हिस्सा बना। इस प्रयोग के तहत मैं यह सुनिश्चित करता था कि बच्चे हर दिन एक लेख लिखकर लायें। क्या लिखना है यह बच्चों को ख़ुद तय करना होता था। इस अभ्यास के पीछे मेरी यह मान्यता थी कि शुरुआत में बच्चे उन्हीं मुद्दों पर लिख सकते हैं जिनसे वे वाकिफ़ हैं, जो उनके दैनिक जीवन का हिस्सा है, जिन मुद्दों को वे अनुभव करते हैं भले ही वह कक्षा में पढ़ाये जाने वाले मुद्दों से अलग हों। मैं कई बार बच्चों को यह सलाह देता था कि वे चाहें तो फ़िल्मों की कहानियों को लिख सकते हैं या अपने घरों में देखे जाने वाले हिन्दी धारावाहिकों के बारे में लिख सकते हैं। अगर उन्होंने कोई कहानी पढ़ी है तो उस पर अपने विचार भी लिख सकते हैं। मैं सिर्फ़ यह सुनिश्चित करता था कि वे कहीं से नक़ल करके न लिख रहे हों। 'लिखना आना' से मेरा अभिप्राय हमेशा से यह रहा है कि बच्चे स्वतन्त्र रूप से क्या सोचते हैं, क्या महसूस करते हैं, उसे वह लिखकर अभिव्यक्त कर पायें। अगर कोई बच्चा कहीं से देखकर कुछ लिख पाता है या याद करके पुनः उसे लिख लेता है तो उसे 'लिखना आना' वाली श्रेणी में नहीं रखता हूँ।

बहरहाल इस प्रयोग का बहुत ही उत्साहवर्धक परिणाम रहा। इस प्रयोग के दौरान कुछ बेहतरीन सवाल सामने आये जिसको लेकर मैं फिर से एक अलग समूह के बच्चों के साथ काम करने लगा। कुछ महत्त्वपूर्ण सवाल थे–

1) क्या इस गतिविधि के ज़रिये सोशल साइंस की निर्धारित पाठ्यचर्या को भी पढ़ाया जा सकता है?
2) क्या इस गतिविधि से क्लास के अन्दर की सत्ता संरचना पर कोई फ़र्क़ पड़ता है?
3) यह गतिविधि बच्चों को पारम्परिक तौर-तरीक़ों से ली जाने वाली परीक्षाओं में पास होने में किस प्रकार मदद करती है?

4) क्या यह गतिविधि बच्चों को अपने आस-पास के जीवन को आलोचनात्मक तौर पर मूल्यांकन करने में मदद करती है?

इन्हीं कुछ सवालों के साथ मैंने दिल्ली के एक सरकारी स्कूल में पढ़ने वाले सातवीं क्लास के बच्चों के साथ काम की शुरुआत की। इन बच्चों के साथ यह सफ़र उनकी पूरी आठवीं क्लास के दौरान चलता रहा। क़रीब 45 बच्चे क्लास में थे। साल के अन्त में मैंने इनके द्वारा लिखे हुए लेखों को इकट्ठा किया। बच्चों के लिखे हुए लेख को डिजिटलाइज़ किया गया। यह क़रीब 70000 (सत्तर हज़ार) शब्दों का एक दस्तावेज़ है। शोध की भाषा में इसे 'प्राथमिक आँकड़ा' कहा जाता है।

मैं यहाँ इस प्रक्रिया में शामिल होने वाले बच्चों को तीन अलग-अलग समूहों में बाँटकर देखता हूँ। पहले समूह में वे बच्चे हैं जो अभी अक्षरों को जोड़कर शब्द बनाना सीख रहे हैं। दूसरे समूह में वे बच्चे हैं जो लिख पाते हैं, लेकिन लिखा हुआ पढ़ नहीं पाते हैं। तीसरे समूह में वे बच्चे हैं जो लिख सकते हैं और अपना लिखा हुआ पढ़ सकते हैं। ऐसा कोई समूह वास्तविक रूप में कक्षा के अन्दर नहीं बनाया गया था। बच्चों को समूहों में बाँटकर देखना आँकड़ों के विश्लेषण के समय की जाने वाली प्रक्रिया है।

45 में से क़रीब 10 बच्चे ऐसे थे जो अभी अक्षरों को जोड़कर शब्द बनाना सीख रहे थे और दैनिक लेखन के कार्यक्रम में वे शामिल नहीं हो पाये। आरटीई के नियमों के अधीन इस वर्ष इन सभी बच्चों को नौवीं क्लास में प्रमोट कर दिया गया है।

दूसरे समूह में क़रीब 15 बच्चे हैं जो लिखकर लाते हैं लेकिन उसे पढ़ नहीं पाते हैं। नीचे दूसरे समूह के एक बच्चे द्वारा लिखे हुए 2 लेखों को मैं उद्धृत कर रहा हूँ।

"अंग्रेजों किसानों शोषण आपके हिसाब से इसलिए मैं सफल कि मुझे लगता है अंग्रेजों की अंग्रेजों हिसाब किताब की ऑफ़ सोशल हिसाब सोसन अंग्रेजों दिल्ली इसलिए अंग्रेजों का जहाँ भोजन किसानों की सफल अंग्रेजों इसलिए अंग्रेजों भारत इसलिए मुझे किसानों शक्ल अंग्रेजों लगता था मुझे भारत अंग्रेजों हिसाब किसानों अंग्रेजों की अंग्रेजों लगता अंग्रेजों हिसाब खुली करता किसानों मुझे कुछ करना है इसलिए अंग्रेजों को लगता ग़रीब और अमीर लग जायेंगे जो हिसाब सफल अंग्रेजी पढ़ पाती इसलिए किसानों कपड़े जाने वाली की अंग्रेजों कैसे लगत किसानों लगता पर चलता है अंग्रेज पूरी भारत में किसानों को धान इसलिए था आपके हिसाब से अंग्रेज़ लगता अंग्रेज लगता सफल भारत दिल्ली शोषण हिसाब से इसलिए अंग्रेजी 1807 में भारत के पास आया था भारत को अंग्रेजों भारत इसलिए लगता जाने वाली खेती किसानों अंग्रेजों आता है तो गाँव की अंग्रेजों की कैसे चलता है गाँव लोग खेती कैसे चाहती अंग्रेज गाँव में गाँव में खेती किसानों इसलिए अंग्रेजी किसानों को सफल

भारत में अंग्रेजों की अच्छा होता है इसलिए लगता था कि मुझे लगता था इसलिए अंग्रेजों की शोषण हिसाब इसलिए इसलिए इसलिए लगता है इसलिए अंग्रेजी"

(RD 29-08-2019)

"**भारतीय कपड़े का पतन**

ब्रिटेन में सूती कपड़ा उद्योग के विकास से भारतीय कपड़ा उत्पादकों पर कई तरह के अवसर पर पहला अब भारतीय कपड़े को यूरोप और अमेरिका के बाजारों में ब्रिटिश उद्योगों में बने कपड़ों से मुकाबला करना पड़ता था दूसरा भारत में इंग्लैंड को कपड़े का निर्यात मुश्किल होता जा रहा था क्योंकि ब्रिटिश सरकार ने भारत से आने वाले कपड़े पर सीमा शुल्क थोप दिया था इंग्लैंड में बनी सूती कपड़े 19वीं सदी की शुरुआत तक भारतीय कपड़े को अफ्रीकी अमेरिकी और यूरोप के परम्परागत बाजारों से बाहर कर रहे थे इसकी वजह से हमारे यहाँ के हजारों बेरोजगारों के सबसे बड़ी मार बंगाल की बुनकरो पर पड़ी और यूरोपीय कम्पनियों ने भारतीय माल के खरीदने बंद कर दिये और उनके एजेंटों ने तथा आपूर्ति के लिए बुनकरों को भी देना बंद कर दिया था परेशान बुनकरों ने मदद के लिए बार-बार सरकार से गुहार लगाई बुनकर आमतौर पर बुनाई का काम करने वाले समुदाय के ही करोग

(RD 14-11-2019)

दोनों ही लेख में बच्चे ने कक्षा में पढ़ाये जाने वाले विषय के ऊपर लिखने की कोशिश की है। चूँकि शिक्षक इस बात पर ज़ोर देते हैं, कि अपनी समझ के आधार पर ही लिखना है तो वह यह लिखकर लाया है। लेकिन उसने क्या लिखा है, उससे कोई अर्थ नहीं बन पाता है। दूसरे लेख में उसने किताब से नक़ल कर ली है। हालाँकि नक़ल करते वक़्त भी कई तरह की भाषागत अशुद्धियाँ इस लेख में हैं। बच्चों के लिखे हुए लेख को डिजिटलाइज़ करते वक़्त मैंने यह ध्यान रखा है कि वह जैसा लिखा हुआ है मैं वैसा ही इसको टाइप कर सकूँ। और अगर भाषागत अशुद्धियाँ हैं तो उसको ठीक नहीं किया गया है। बच्चों के इस लेख से मैं यहाँ यह बताने की कोशिश कर रहा हूँ कि इस कक्षा में ऐसे बच्चों की संख्या क़रीब 35 प्रतिशत है, जो कहीं से नक़ल करके लिख तो लेते हैं लेकिन उसे पढ़ नहीं पाते हैं। जब उन्हें ख़ुद की समझ के आधार पर लिखने के लिए कहा जाता है, तो फिर उन्होंने क्या लिखा है, न तो वे पढ़ पाते हैं और न ही शिक्षक उस लिखे हुए का मतलब समझ पाता है। लेकिन ताज्जुब की बात यह है कि पहले लेख से शिक्षक का सामना अमूमन परीक्षा की उत्तर पुस्तिका चेक करते समय होता है। साल भर शिक्षक उसी बच्चे के द्वारा लिखे हुए दूसरे लेख को कॉपी में चेक कर कई बार 'very good' लिखते रहते हैं।

अब यहाँ सबसे अधिक महत्त्वपूर्ण यह जानना है कि हमारे स्कूलों में 'कॉपी वर्क' की एक संस्कृति है। जिसके तहत शिक्षकों से यह उम्मीद की जाती है कि उन्होंने जिस पाठ को पढ़ाया है इसके साक्ष्य के तौर पर यह सुनिश्चित होना चाहिए कि सभी बच्चों ने उस पाठ से जुड़े हुए सवाल और जवाब को अपनी नोटबुक में लिख लिया हो और टीचर ने उसे देखकर उस पर अपना हस्ताक्षर कर दिया हो। बाद में यह नोटबुक अक्सर प्रधानाध्यापक के कमरे में जाती है जहाँ प्रधानाध्यापक स्वयं या कई बार उनके द्वारा नामांकित कोई अन्य शिक्षक या यहाँ तक कि कई बार ऑफिस का कोई चतुर्थवर्गीय कर्मचारी भी इन नोटबुक पर एक बार फिर से नज़र दौड़ाता है। आख़िरी पृष्ठ पर जहाँ लिखने का काम ख़त्म किया गया है वहाँ एक मुहर लगा दी जाती है। जो इस बात का प्रमाण होता है कि इस नोटबुक को प्रिंसिपल ने देख लिया है। बच्चों के काम को देखने से ज़्यादा इस मुहर का यह अर्थ होता है कि प्रिंसिपल ने यह सुनिश्चित किया है कि टीचर्स ने बच्चों को निर्धारित पाठ्यक्रम के अनुसार नोटबुक में काम करवाया हुआ है।

अमूमन एक पाठ को पढ़ाने के बाद शिक्षक बच्चों को यह निर्देश देते हैं कि उस पाठ के जितने भी सवाल हैं बच्चे उसे करके ले आयें और एक दिन निर्धारित होता है जिस दिन नोटबुक की चेकिंग की जाती है। उस पाठ में दिये हुए सवाल और जवाबों को कई बार 'अच्छे शिक्षकों' के द्वारा कक्षा में ही ब्लैकबोर्ड पर लिखवा दिया जाता है। कुछ शिक्षक टेक्स्ट बुक के अन्दर उत्तर को चिह्नित करवा देते हैं तो कुछ बोल-बोलकर लिखवा देते हैं। और इस तरह 'कॉपी' का काम पूरा होता है। बच्चे 'कॉपी वर्क' शब्द में छिपे अन्तर्निहित भाव को यथार्थ रूप में लेते हैं। यानी उन्होंने अपनी नोटबुक में जो लिखा है, वह असली मायने में कॉपी वर्क होता है।

जिन बच्चों को मैं यहाँ समूह दो में रख रहा हूँ वे बच्चे 'कॉपी वर्क' आसानी से कर पाते हैं। लेकिन उन्होंने क्या लिखा है इसे वे पढ़ नहीं पाते हैं। साल के अन्त में परीक्षा में समूह 2 के बच्चे जिन्होंने पूरे साल कॉपी वर्क किया है उनके लिए परीक्षा कक्ष में 'कॉपी वर्क' पर मनाही हो जाती है। साल भर कॉपी वर्क की संस्कृति को बढ़ावा देने वाले शिक्षक परीक्षा के दिनों में 'कॉपी वर्क' के ख़िलाफ़ होते हैं। वे किस क़दर इसके ख़िलाफ़ होते हैं इसके लिए शिक्षकों के बीच प्रयोग किये जाने वाले कुछ लफ़्ज़ों को हम देखते हैं।

मेरी क्लास में तो कोई हिल भी नहीं सकता है...

क्या मजाल कि कोई बच्चा अपना सर हिला ले...

अरे हम तो कुछ भी नहीं, फलाने टीचर के डर से तो कई बच्चों का पैंट में ही पेशाब हो जाता था...

आज इतने सारे फर्रे मैंने पकड़े हैं...

परीक्षा के दिनों में आमतौर पर इस तरह की बातें आपको सुनने को मिल सकती हैं। ख़ैर इसका बच्चों के परीक्षा में सफल होने या नहीं होने से क्या रिश्ता है?

यहाँ हम बात समूह 2 के उन बच्चों की कर रहे हैं जिन्होंने साल भर सफलतापूर्वक 'कॉपी वर्क' किया और जिनको सफलतापूर्वक परीक्षा कक्ष में 'कॉपी वर्क' करने से रोक दिया गया। वे परीक्षा में असफल हो जाते हैं। यह वे बच्चे हैं जो कहीं से नक़ल करके 'कॉपी वर्क' तो कर लेते हैं लेकिन उन्होंने क्या लिखा है वे पढ़ नहीं पाते हैं। नहीं पढ़ पाने और लिखे हुए को समझ नहीं पाने के कारण वे याद भी नहीं कर पाते हैं। परीक्षा के दिनों में वे कोशिश बहुत करते हैं, लेकिन अपनी तमाम कोशिशों के बावजूद वे असफल हो जाते हैं।

हालाँकि असफलता की पूरी ज़िम्मेदारी इन्हीं बच्चों के सिर मढ़ दी जाती है। लेकिन अगर हम ग़ौर करें तो हमें स्कूल की संस्कृति में एक अन्तर्निहित विरोधाभास देखने को मिलेगा। 'कॉपी वर्क' की संस्कृति के कारण कभी यह जानने की कोशिश नहीं की जाती है कि यह बच्चा जो कॉपी का काम पूरा करके लाया है क्या अपनी ही लिखी हुई बातों को वह पढ़ पाता है और अगर पढ़ पाता है तो क्या वह समझ पाता है? शिक्षकों के ऊपर भी दोष नहीं मढ़ा जा सकता है। मैं यहाँ बात स्कूल के अन्दर पढ़ने-लिखने की संस्कृति की कर रहा हूँ। जिस प्रकार शिक्षक पाठ्यक्रम में बँधे होते हैं उन्हें निर्धारित तारीख़ को एक पाठ ख़त्म कर दूसरे पाठ पर जाना होता है। शायद उनके पास इतना वक़्त नहीं होता है कि वे इन पहलुओं को देख पायें।

ऐसा नहीं है कि सिर्फ़ समस्या को ही पहचाना गया है इस कार्य के दौरान उम्मीद की कुछ किरणें भी नज़र आयी हैं। मैंने ग़ौर किया है कि शुरुआत में बच्चे उन विषयों पर आसानी से लिख पाते हैं जहाँ किसी घटना का वर्णन करना होता है। इससे थोड़ी-सी ज़्यादा कठिनाई का सामना उन्हें करना होता है जब उन्हें अपने साथ बीती हुई किसी घटना के बारे में अपना अनुभव लिखना होता है। जब उन्हें किसी ऐसे मुद्दे पर लिखने के लिए कहा जाता है जिसके सम्बन्ध में उनका कोई व्यक्तिगत अनुभव नहीं है बल्कि उन्होंने उसके बारे में किताब में पढ़ा है या शिक्षक से सुना है तो उनकी कठिनाई और भी बढ़ जाती है।

उसी सवाल पर एक बार फिर से लौटते हैं जो हमने शुरू में उठाया था। नौवीं कक्षा में बड़ी संख्या में बच्चे अनुत्तीर्ण हो जाते हैं। आमतौर पर शिक्षक यह मानते हैं कि इसकी एक मुख्य वजह यह है कि बच्चे लिख नहीं पाते हैं। इस लेख में हमने देखा कि किस प्रकार स्कूल में पढ़ने-लिखने की संस्कृति के अन्दर ही एक अन्तर्निहित विरोधाभास है। हम बच्चों से परीक्षा के दौरान लिखने की उम्मीद करते हैं

लेकिन वे लिखें कैसे इसको लेकर कोई ख़ास काम नहीं किया जाता है। इसकी एक मुख्य वजह 'कॉपी वर्क' की संस्कृति है। हमें इस संस्कृति को समझना होगा और इसमें व्यापक परिवर्तन लाना होगा। इसका विकल्प यह नहीं है कि बच्चे नोटबुक में काम नहीं करें। इसमें सिर्फ़ इतना परिवर्तन लाना होगा कि नोटबुक में बच्चे जो काम कर रहे हैं वह उनकी अभिव्यक्ति की जगह बने, जहाँ वे किसी प्रश्न के बारे में स्वतन्त्र रूप से क्या सोचते हैं उसको लिखें। बच्चों में इस काम को बढ़ावा देने के लिए शिक्षकों को उनके द्वारा लिखे हुए लेखों को पढ़ना होता है और इस काम में वक़्त लगता है। स्कूल की पाठ्यचर्या में ऐसे सुधार की ज़रूरत है जो शिक्षकों को वक़्त दे कि वह हर बच्चे को स्वतन्त्र लेखन के लिए प्रोत्साहित कर सकें और उचित सुझाव दे सकें।

उर्दू ज़बान में रियाज़ी की तदरीस में पेश आने वाली मुश्किलात का एक जायज़ा

(उर्दू भाषा में गणित शिक्षण में पेश आने वाली मुश्किलों का एक जायज़ा)

–रूही फ़ातिमा

परिचय

रियाज़ी का मज़मून इब्तदाई और आला तालीमी मदारिज (स्तर) के निसाब (पाठ्यक्रम) में निहायत अहमियत रखता है। तालिबे इल्मों के साथ-साथ आम ज़िन्दगी में भी रियाज़ी का बहुत दख़ल है। और रोज़ाना ही अफ़राद (लोगों) को आम हिसाब करना पड़ता है। हक़ीक़त ये है कि किसी भी मुआशरे के हर फ़र्द की रोज़मर्रा ज़रूरियात में शुमारियात (आँकड़ों) का दख़ल है चाहे वो एक आम फ़र्द हो या बड़ा ताजिर (व्यापारी)। ज़िन्दगी का हर शोअबा रियाज़ी का मोहताज नज़र आता है। दुनिया में अशया (चीज़ों) व जानदारों की गिनती, जमा व तफरीक़ (जोड़ना और घटाना), तक़सीम (वितरण), पैमाइश (मापन) और दीगर (दूसरे) नापतोल, मिक़दार (मात्रा) के पैमाने और तादाद का तअय्युन (निर्धारण) वग़ैरह तामीर-ओ-तरक्क़ी (सुधार) के लिए नागुज़ीर (ज़रूरी) हैं। ग़रज़ आम आदमी से लेकर हुकूमत के कामों में भी रियाज़ी सबसे बड़ा आह्लाकर (सहायक) है।

रियाज़ी की अहमियत और उसकी अफ़ादियत (फ़ायदे) का अन्दाज़ा करने के बाद उसकी बेहतर तदरीस की तरफ़ तवज्जो देना निहायत ज़रूरी मालूम होता है। इल्म-ए-नफ्सियात (मनोविज्ञान) के माहिरीन (विशेषज्ञों) का कहना है कि किसी मज़मून से मुताल्लिक़ ज़हनी तरबियत का अमल (ज़हनी प्रशिक्षण की प्रक्रिया) पेचीदगियों और मुश्किलात को हल करने में मददगार साबित होता है। अगर तलबा को रियाज़ी की सही तरबियत दी जाये तो उनमें अपने मज़मून से मुताल्लिक़ सोचने की सलाहियत बढ़ जाती है और वो उसे हल करने में कामयाब हो जाते हैं।

रियाज़ी की इसी अहमियत और अफ़ादियत (फ़ायदे) को समझते हुए स्कूली निसाब में रियाज़ी को एक अहम मज़मून (विषय) माना जाता है। एनसीएफ़ (2005) के मुताबिक़ रियाज़ी की तदरीस का आला मक़सद "बच्चों की सोच का रियाज़ियाना करना है।" यानी रियाज़ी पढ़ने से बच्चों की सोचने, समझने और वुजूहात जानने की सलाहियत बढ़ाई जाये और इन वुजूहात की बुनियाद पर सोचने की सलाहियत और तख़य्युलात (ख़्यालों) को कोई जामेअ (पूर्ण) शकल दी जाये। हम जानते हैं कि रियाज़ी एक तजरीदी इल्म (अमूर्त ज्ञान) है और इसमें ठोस मिसालों का इस्तेमाल ज़्यादातर इब्तदाई (प्राथमिक) सतहों पर ही किया जाता है। इसके बाद ज़हन की तरबियत इस अन्दाज़ में होती है कि वो मुजर्रिद तसव्वुरात (अमूर्त अवधारणाओं) की फ़हम (समझ) भी हासिल करें। यहाँ तलबा हर मसले को क़ायमशुदा तसव्वुरात (स्थापित अवधारणाओं) की बुनियाद पर हल करने की कोशिश करते हैं। इस तरह रियाज़ी तख़य्युलात (विचार करने) की सलाहियत को फरोग़ (विकसित) देती है।

हमारे मुल्क का क़ानून न सिर्फ़ ये इजाज़त देता है बल्कि इस बात पर ज़ोर देता है कि तलबा को इब्तदाई सतह पर उनकी मादरी ज़बान में ही तालीम दी जाये। इस क़ानून के तहत वो बच्चे जिनकी मादरी ज़बान उर्दू है उन्हें इब्तदाई जमातों (प्राथमिक कक्षाओं) तक सभी मज़ामीन उर्दू ज़बान में ही पढ़ाये जाते हैं। इन ही मज़ामीन में एक मज़मून रियाज़ी भी है।

मुताले की जवाज़ (शोध का औचित्य)

मज़मूननिगार (लेखिका) ने ख़ुद भी न सिर्फ़ जामिया मिडिल स्कूल से तालीम हासिल की है बल्कि इसी स्कूल में काफ़ी अरसे तदरीस का काम भी अंजाम दिया है जो कि एक उर्दू मीडियम स्कूल है। इसलिए उर्दू ज़बान में रियाज़ी पढ़ने के बाद आला इब्तदाई (उच्च प्राथमिक) या सानवी (माध्यमिक) जमातों (कक्षाओं) में रियाज़ी पढ़ने में आने वाली परेशानियों का भी ज़ाती तजरबा है। इल्म के फ़रोग़ (विकास) का दारोमदार (आधार) बुनियादी ज़हनी ढाँचों पर होता है। उर्दू ज़बान या मादरी ज़बान में रियाज़ी की इस्तलाहात (शब्दावली) इस्तेमाल करने से तसव्वुरात उसी ज़बान के तवस्सुत (माध्यम) से बनते हैं। सानवी जमातों (माध्यमिक कक्षाओं) से साइंस और रियाज़ी की तालीम के लिए अंग्रेज़ी ज़बान का इस्तेमाल शुरू हो जाता है। उर्दू ज़बान में इस्तलाहात (शब्दावली) के इस्तेमाल के बाद उन्हीं इस्तलाहात (शब्दावली) को अब अंग्रेज़ी में बताया जाता है जिससे तलबा के ज़हन में उलझन (कन्फ्यूजन) पैदा होती है जिसका असर उनकी इल्मी तहसील पर पड़ता है। ज़बान

की तब्दीली क़ायमशुदा तसव्वुरात को भी ज़हन से दूर कर देती है (जो मुहक्क़िक़ (अध्येता) ने ख़ुद भी महसूस की थीं जब वो आठवीं जमात से नौवीं जमात में दाख़िल हुई)। इसलिए तलबा की इस परेशानी को देखते हुए मुहक्क़िक़ ने इस मौज़ू (विषय) पर काम करने की ज़रूरत महसूस की और इन मौज़ूआत पर काम करने का इरादा किया।

तहक़ीक़ी सवालात (शोध प्रश्न)

इस तहक़ीक़ में मज़मूननिगार के ज़रिये मुख़्तलिफ़ इब्तदाई और आला इब्तदाई स्कूलों के तलबा और असातिज़ा (अध्यापकों) से बात करके दर्जा ज़ैल (निम्नलिखित) सवालात के जवाब तलाश करने की कोशिश की गयी।

1. इब्तदाई जमातों में उर्दू ज़बान में रियाज़ी पढ़ाने में असातिज़ा को क्या परेशानियाँ पेश आती हैं?
2. इब्तदाई जमातों में उर्दू ज़बान में रियाज़ी की तालीम हासिल करने वाले तलबा को आला इब्तदाई और सानवी जमातों में रियाज़ी की अंग्रेज़ी इस्तलाहात (शब्दावली) इस्तेमाल कराने में असातिज़ा को किन दुश्वारियों का सामना करना पड़ता है?
3. इब्तदाई जमातों में उर्दू ज़बान में रियाज़ी की इस्तलाहात पढ़ने या सीखने के बाद आला इब्तदाई और सानवी जमातों में भी इस्तलाहात अंग्रेज़ी ज़बान में पढ़ने में तलबा को क्या दुश्वारियाँ पेश आती हैं?

तहक़ीक़ी मक़ासिद (शोध के उद्देश्य)

इस तहक़ीक़ के तहक़ीक़ी मक़ासिद हस्बे ज़ैल (नीचे लिखे) हैं–

1. इब्तदाई जमातों में उर्दू ज़बान में रियाज़ी पढ़ाने में असातिज़ा को पेश आने वाली परेशानियों का मुताला (अध्ययन) करना।
2. इब्तदाई जमातों में उर्दू ज़बान में रियाज़ी की तालीम हासिल करने वाले तलबा को आला इब्तदाई और सानवी जमातों में रियाज़ी की अंग्रेज़ी इस्तलाहात (शब्दावली) इस्तेमाल करने में असातिज़ा को पेश आने वाली दुश्वारियों का मुताला करना।
3. इब्तदाई जमातों में उर्दू ज़बान में रियाज़ी की इस्तलाहात पढ़ने या सीखने के बाद आला इब्तदाई और सानवी जमातों में भी इस्तलाहात अंग्रेज़ी ज़बान में पढ़ने में तलबा को पेश आने वाली दुश्वारियों का मुताला करना।

तहक़ीक़ के आलात और तकनीकें (शोध प्रविधि और तकनीक)

इस तहक़ीक़ के मक़ासिद को हासिल करने के लिए दर्जा ज़ैल (निम्नलिखित) आलात और तकनीकें इस्तेमाल की गयीं–

1. उर्दू मीडियम स्कूलों में रियाज़ी पढ़ाने वाले असातिज़ा के लिए सवालनामा (प्रश्नावली)। इस सवालनामे में चन्द सवालात ऐसे असातिज़ा के लिए भी थे जो रियाज़ी पढ़ाते तो अंग्रेज़ी में हैं पर उनकी जमात में ऐसे तलबा हैं जो अपनी पिछली जमात में रियाज़ी उर्दू मीडियम स्कूलों से पढ़कर आये हैं।
2. उर्दू मीडियम स्कूलों में रियाज़ी पढ़ने वाले या पढ़कर आने वाले तलबा के लिए सवालनामा
3. असातिज़ा और तलबा के लिए एक इंटरव्यू

डेटा इकठ्ठा करने का तरीक़ेकार (प्रदत्तों के संकलन की प्रक्रिया)

कोविड 19 की वजह से तमाम स्कूल बन्द हो गये हैं इसलिए मज़मूननिगार ने सवालनामा अपनी जान-पहचान के असातिज़ा और तलबा को ईमेल के ज़रिये भेजा और फ़ोन पर भी बात की थी। तक़रीबन 25 असातिज़ा और 50 तलबा को ये सवालनामा भेजा और बाद में इनमें से कुछ से बात भी की, उनका ताल्लुक़ मुख़्तलिफ़ स्कूलों से था।

डेटा का तजज़िया (प्रदत्तों का विश्लेषण)

डेटा इकट्ठा करने के बाद उसका तजज़िया भी किया गया। जो कि सवालात के हिसाब से ज़ैल में दिया गया है–

I. **असातिज़ा के ज़रिये सवालनामे में दिये गये सवालात के जवाबात का तजज़िया:-**

क्या आपके स्कूल में रियाज़ी भी उर्दू में पढ़ाई जाती है?

ज़्यादातर स्कूलों में रियाज़ी उर्दू, हिन्दी और अंग्रेज़ी ज़बान में पढ़ाई जाती है।

उर्दू ज़बान में रियाज़ी पढ़ाने के आपको क्या फ़ायदे नज़र आते हैं?

1. तसव्वुरात (अवधारणाओं) को आसानी से समझने के लिए
2. रोज़मर्रा ज़िन्दगी में रियाज़ी के इस्तेमाल से मुताल्लिक़ बातचीत आसानी से की जा सकती है
3. बच्चों को इबारती (Problem Sums with descriptions) सवालात बहुत आसानी से समझ आते हैं

उर्दू ज़बान में रियाज़ी पढ़ाने में आपको किन परेशानियों का सामना करना पड़ता है?

1. उर्दू ज़बान में रियाज़ी पढ़ाने में हमें कोई परेशानी नहीं होती है, बच्चों को समझ भी आसानी से आ जाता है लेकिन उनका नुक़सान बहुत होता है क्योंकि अगर ये बच्चे ग्यारहवीं क्लास में रियाज़ी पढ़ना चाहें तो वो तो अंग्रेज़ी ही में पढ़ना पड़ेगी जो उनके लिए बहुत मुश्किल हो जाता है और जिससे उनको बहुत परेशानियों का सामना करना पड़ता है।
2. एनसीईआरटी के अलावा कोई दूसरी किताबें उर्दू ज़बान में रियाज़ी की मश्क़ (अभ्यास) के लिए मुहय्या नहीं हैं।

उर्दू ज़बान में रियाज़ी पढ़ाने में आपको किन चैलेंजेज़ का सामना करना पड़ता है?

1. उर्दू ज़बान में रियाज़ी की एनसीईआरटी के अलावा कोई दूसरी किताबें नहीं हैं जिससे तलबा सवालात की प्रैक्टिस कर सकें। इसलिए हिन्दी या अंग्रेज़ी की किताबों से तर्जुमा करके पढ़ना पड़ता है और इससे तलबा और असातिज़ा दोनों को ही बहुत परेशानी होती है।
2. उर्दू ज़बान में तालीम हासिल करने के लिए बच्चे और उनके वालिदैन तैयार ही नहीं होते हैं।
3. ज़्यादातर स्कूलों में चाहे वो उर्दू मीडियम ही क्यों न हो, रियाज़ी हिन्दी या अंग्रेज़ी में पढ़ाई जाती है, यहाँ तक कि जो बच्चे मदरसों से पढ़कर आते हैं वो भी हिन्दी या अंग्रेज़ी मीडियम में ही दाख़िला लेना चाहते हैं। उर्दू मीडियम में सिर्फ़ वही बच्चे होते हैं जो शुरू यानी पहली क्लास से उर्दू मीडियम में ही पढ़ रहे होते हैं।

अपने तजरबात की रौशनी में बताइए कि उर्दू ज़बान में रियाज़ी पढ़ाने के बारे में आपकी क्या राय है?

1. इन बातों को मद्देनज़र रखते हुए हम बच्चों को उर्दू के साथ-साथ अंग्रेज़ी में भी इस्तलाहात (शब्दावली) बताते हैं व बच्चों को अंग्रेज़ी की इस्तलाहात जल्दी याद हो जाती हैं और वो उर्दू के मुक़ाबले में अंग्रेज़ी की इस्तलाहात से आसानी से कोरिलेट भी कर लेते हैं।
2. हर मैदान में रियाज़ी का इस्तेमाल होने के बावजूद रियाज़ी से मुताल्लिक़ मवाद (सामग्री) कहीं भी दस्तयाब (उपलब्ध) नहीं होता है, यहाँ तक कि इंटरनेट पर भी नहीं जिसको मालूमात का ख़ज़ाना कहा जाता है। इसकी वजह से तलबा को बहुत परेशानी होती है। मेरे ख़याल में उर्दू

ज़बान की तालीम बच्चों को ज़रूर देनी चाहिए ताकि वो अपनी सक़ाफ़त (संस्कृति) से जुड़े रहें लेकिन रियाज़ी जैसे अहम मज़मून की तालीम अंग्रेज़ी में ही देनी चाहिए ताकि तलबा ज़िन्दगी के हर मैदान में आगे रहें। साथ ही जमात में रियाज़ी के मज़मून को उर्दू ज़बान में ही सही समझाया जाये तो तलबा के लिए बेहतर रहेगा।

II. तलबा के ज़रिये सवालनामे में दिये गये सवालात के जवाबात का तजज़िया (विश्लेषण):-

आपने उर्दू मीडियम स्कूल में कौन-सी क्लास तक तालीम हासिल की है?

छठी/आठवीं/दसवीं जमात तक।

क्या आपके स्कूल में रियाज़ी भी उर्दू में पढ़ाई जाती थी?

जी हमने छठी/आठवीं/दसवीं जमात तक उर्दू में रियाज़ी पढ़ी और सातवीं/नवीं जमात से आहिस्ता-आहिस्ता अंग्रेज़ी में तब्दील कर लिया।

उर्दू ज़बान में रियाज़ी पढ़ने के आपको क्या फ़ायदे लगे?

इब्तदाई दर्जों में रियाज़ी के कांसेप्ट अपनी मादरी ज़बान में समझना आसान था। सबसे बड़ा फ़ायदा गिनती का है। अंग्रेज़ी में बीस के बाद हर अदद के लिए एक से ज़्यादा लफ्ज़ हैं और उर्दू में हर अदद (संख्या) के लिए अलग-अलग नाम हैं। मसलन चौबीस के लिए Twenty Four। इस वजह से ज़हन निस्बतन (अपेक्षाकृत) तेज़ी से काम करता है (less brain capacity required)। इसका फ़ायदा पहाड़ों में भी होता है मसलन आठ चौक बत्तीस में तीन लफ्ज़ हैं जबकि अंग्रेज़ी में पाँच लफ्ज़ आते हैं (Eight Eights are Thirty Two)।

आपको किन परेशानियों का सामना करना पड़ा?

बचपन में उर्दू की गिनती सीखना मुश्किल होता है क्योंकि तक़रीबन 100 नाम याद करने होते हैं। उनासी और नवासी में फ़र्क़ करना आज तक मुश्किल है। जब अलजेबरा शुरू हुआ तो अंग्रेज़ी और उर्दू में मिला-जुलाकर लिखने में दिक़्क़त आयी। सबसे ज़्यादा परेशानी अरबी की इस्तलाहात सीखने में हुई। जोज़अफ़ अक्ल मुश्तरक और मुस्लिस ज़ावियल क़ायिमा (in Arabic language) जैसी इस्तलाहात का सीखना काफ़ी मुश्किल काम था।

और क्या चैलेंजेज़ रहे?

मेरे रियाज़ी के उस्ताद ने आठवीं जमात में हमको धीरे-धीरे अंग्रेज़ी में रियाज़ी पढ़ाना शुरू कर दिया था जिसकी वजह से बाद की क्लास में पूरी तरह अंग्रेज़ी में

पढ़ाई करना थोड़ा आसान हो गया व इसके बावजूद यह तब्दीली काफ़ी चैलेंज वाला काम है, ख़ासकर बोर्ड के इम्तहान के चैलेंज के साथ। अगर ये उर्दू से अंग्रेज़ी की तब्दीली और दो साल पहले यानी छठी जमात में की जाये तो बेहतर है। ज़्यादातर किताबें उर्दू में दस्तयाब (उपलब्ध) नहीं हैं।

आपने कौन-सी क्लास से रियाज़ी की तालीम अंग्रेज़ी मीडियम में हासिल की?

नवीं जमात से ज़्यादातर रियाज़ी की पढ़ाई अंग्रेज़ी में हुई और दसवीं जमात से पूरी तरह से।

उर्दू ज़बान में रियाज़ी पढ़ने के बाद अंग्रेज़ी में रियाज़ी पढ़ने में किन परेशानियों का सामना करना पड़ा?

1. शुरू में इबारती सवालात (Problem Sums with descriptions) समझने में ज़्यादा वक़्त लगता था।
2. ख़ासतौर से ज्योमेट्री की थ्योरम्स को समझना मुश्किल काम था। ज़्यादा वक़्त लगाना पड़ता था। वो सारी इस्तलाहात जो एक बार अरबी की सीखी थीं दोबारा अंग्रेज़ी में सीखनी पड़ीं। बोर्ड इम्तहानात के सालों में ये चैलेंज था।

अपने तजरबात की रौशनी में बताइए कि उर्दू ज़बान में रियाज़ी पढ़ने के बारे में आपकी क्या राय है?

1. मेरे ख़्याल में इब्तदाई जमातों में उर्दू में रियाज़ी पढ़ना काफ़ी मुफ़ीद (फ़ायदेमन्द) था। मगर उर्दू से अंग्रेज़ी मीडियम की तब्दीली छठी जमात से शुरू करके सातवीं जमात तक मुकम्मल कर देना चाहिए। और ख़ासतौर से सक़ील (मुश्किल) अरबी इस्तलाहात सीखने का कोई फ़ायदा नहीं है (The Arabic Terms are as Aliens as the English Terms)। इब्तदाई जमातों के बाद सीधे अंग्रेज़ी की इस्तलाहात सीखना कुल मिलाकर तलबा के लिए बेहतर है।
2. जब हम सभी मज़ामीन (विषय) उर्दू में पढ़ रहे होते हैं तो रियाज़ी भी उर्दू में पढ़ना ठीक लगता है लेकिन जब हायर क्लासेज़ में जाते हैं तो हमको उसका कोई इस्तेमाल नज़र नहीं आता है और न ही हमको उर्दू में कोई रेफेरेंस बुक्स मिलती हैं।
3. बाक़ी रियाज़ी में ज़बान का कोई इतना अहम रोल नहीं है क्योंकि रियाज़ी की अपनी ही एक ज़बान होती है। बात सिर्फ़ इस्तलाहात की है बाक़ी तरीक़ा-ए-तदरीस (पढ़ाने का तरीक़ा) दोनों जगह एक-सा ही है। ये बात

सही है कि तफ्सीलात (विवरण) अपनी ज़बान में ही ज़्यादा बेहतर समझ में आती हैं।

4. अगर ज़हन शुरू से तैयार किया जाये तो नयी इस्तलाहात आसानी से सीखी जा सकती हैं। इसमें असल रोल आपके माँ-बाप और असातिज़ा (अध्यापकों) का होता है। अगर इसे एक मजबूरी की तरह लिया जाये तो बच्चा एहसासे कमतरी (inferiority) का शिकार हो जाता है लेकिन अगर उसको हालात और इसके दूसरे फ़ायदे भी बताये जायें, जोकि उसकी ज़हनी नशोनुमाई (मानसिक विकास) के लिए ज़रूरी भी हैं तो वो ख़ुशी-ख़ुशी इस मेहनत के लिए तैयार हो जाता है। ये बात सिर्फ़ उर्दू और रियाज़ी के लिए ही नहीं बल्कि दूसरी सभी ज़बानों के मज़ामीन (प्रसंगों) के लिए भी दुरुस्त है।

अख़ज़ किये गये नताइज (प्राप्त निष्कर्ष)

जहाँ तक प्राइमरी और सेकेंडरी जमातों का ताल्लुक़ है तो काफ़ी अरसे से सोची-समझी राय यही है जिसका ज़िक्र रियाज़ी पढ़ाने वाले असातिज़ा और बच्चों दोनों के साथ बातचीत में भी सामने आया, अगर हम बतौर असातिज़ा अपनी उर्दू इस हद तक बेहतर कर लें कि एक अन्दाज़े और एहसास की हद तक लफ़्ज़ों के इश्तक़ाक़ी पसमंज़र (सन्दर्भ) से वाकिफ़ हों और फिर क्लास में उर्दू और अंग्रेज़ी दोनों का इस्तेमाल इस तरह करें कि इस्तलाहात और उनसे जुड़े मुबाहिस (बहस) दोनों ज़बानों में पेश किये जायें तो हमारी नयी नस्ल की साइंसी व तकनीकी तफ़हीम (समझ) की इस्ताअदाद (क़ाबिलियत) में सुरअत (तेज़ी) के साथ नुमायाँ इज़ाफ़ा (देखने लायक़ विकास) मुमकिन है।

तास्सुरात की ज़बान

–सीमीं मुर्तज़ा

फ़ुनूने लतीफ़ा (ललित कला) या तख़्लीक़ात (सृजनात्मकता) हर एक इन्सान की नशोनमा (विकास) का अहम जुज़ (हिस्सा) है। इसके ज़रिये हम ज़हन में आने वाले सवालात, ज़ाती अफ़कार (निजी फ़िक्रों) और माहौलियात पर मबनी (आधारित) तास्सुरात (प्रभाव) को अवामी (सार्वजनिक), मुआशरती (सामाजिक) सतह पर माअनीख़ेज़ (रहस्यपूर्ण) अन्दाज़ का जामा पहनाते हैं। फ़ुनूने लतीफ़ा (ललित कला) ऐसी शाख़ है जिसमें इन्सान अपनी बात को या ज़हनी अफ़कार (ज़हनी फ़िक्रों) को बाआसानी बग़ैर किसी रोकटोक के दूसरों तक आसानी से पहुँचा सकता है।

एक अफ़कार (चिन्तन) की अपनी ज़बान होती है जिसमें वो बेझिझक किसी भी मीडियम में अपने जज़्बात, एहसासात, ख़्यालात, तसव्वुरात और तन्क़ीदी नुक्त-ए-निगाह (आलोचनात्मक दृष्टिकोण) का इज़हार करता है। आर्ट अशया (चीज़ों) की हू-ब-हू नक़ल करना नहीं बल्कि माहौल के अहम वाक़ेआत पर अपने रद्देअमल (प्रतिक्रिया) का तस्वीरी शक्ल में इज़हार करना है। आर्ट को सिर्फ़ ड्राइंग, पेंटिंग तक महदूद नहीं समझना चाहिए। इसमें दूसरे फ़ुनून (कलाओं) जैसे रक्स (नृत्य), मौसीक़ी (संगीत), मुजस्समाकारी (मूर्तिकला), ग्राफ़िक आर्ट, ड्रामा, ज़ौक़-ए-जमाल (सौन्दर्य बोध) की तरबियत के अलावा मुख़्तलिफ़ क़िस्म की

दस्तकारियाँ, तख्लीक़ी तक़रीर (रचनात्मक भाषणों) को भी शामिल किया गया है। आर्ट तास्सुरात (प्रतिक्रिया) की ज़बान है, इसकी निशानदही हमको इन्सानी इर्तिक़ा (विकास) से मिलती है। इसका बहुत अच्छा नमूना हमको क़ब्ल-अज़-तारीख़ीग़ारों (प्राचीन गुफाओं) में मिलता है।

इन तस्वीरों से आप सब बख़ूबी वाक़िफ़ होंगे। सबने ही इनके बारे में पढ़ा होगा। इससे क़ब्ल (पहले) तारीख़ी ग़ारों (ऐतिहासिक गुफाओं) में हमको कुछ और नहीं मिलता जैसे बर्तन या फिर रक्स (नाच) करते हुए लोग। क्योंकि उन्होंने अपनी तफ़रीह के लिए आर्ट नहीं की थी बल्कि अपनी ज़रूरत के लिए, अपनी बात समझाने के लिए ड्राइंग का सहारा लिया था।

उन्होंने अपनी बात को दूसरों तक पहुँचाने के लिए ड्राइंग को ही अपनी ज़बान बनाया। हम सब जानते हैं उस ज़माने में कोई ज़बान नहीं थी। शिकार कैसे किया जाये, औज़ार कैसे होने चाहिए, शिकार का घेराव कैसे किया जाये वग़ैरह सब कुछ ड्राइंग के ज़रिये बताया गया। इसलिए हर किसी की नफ़्सियात (मनोविज्ञान) को समझना, उसकी तख्लीक़ी (रचनात्मक) कारकर्दगी को जानना कितना ज़रूरी और कभी-कभी मुश्किल भी होता है। आर्ट की तालीम में बच्चे के जमालियाती (सौन्दर्यपरक) काम से ज़्यादा अहम उसका तख्लीक़ी (रचनात्मक) अमल है। तालिबे इल्म (विद्यार्थी) के लिए ये अहम नहीं कि उसने तस्वीर कैसी बनायी बल्कि इससे कहीं ज़्यादा अहम ये बात है कि तख्लीक़ी अमल (रचनात्मक कार्य) ने शाहकार (बनाने वाले की) की शख़्सियत पर क्या असर डाला। इसको ज़ाहिर करने के लिए किन अशया (चीज़ों) का तक़र्रुर (निर्धारण) किया और इसमें उसको कहाँ तक कामयाबी मिली। कई बार जो शख़्स या शागिर्द (विद्यार्थी) जज़्बाती ऐतबार से बेझिझक होता है, ज़रूरी नहीं कि उसके पास तखलीक़ी ज़हन (रचनात्मक ज़हन) भी हो। दूसरे शागिर्द या शख़्स में इख़्तिराअ (सर्जन), ईजाद, और तख्लीक़ (रचना) की बड़ी सलाहियत हो लेकिन जमालियाती नशोनुमा (सौन्दर्य के विकास) कमी की वजह से तस्वीर के मुख़्तलिफ़ अनासिर (पक्षों) को मुन्तज़िम (इंतिज़ाम) करने की सलाहियत न हो।

अब मैं आपको चन्द मिसालें दूँगी जिनकी मदद से आप शाहकार (कलाकार) के मक़सद तक पहुँच सकते हैं। अगर वो अपने इस ज़हनी अफ़कार (उलझन) को न निकालता तो इससे उसकी जज़्बाती, ज़हनी, जिस्मानी, अदराकी (मूल्यपरक), समाजी और जमालियाती (सौन्दर्य बोध) नशोनुमा पर असर पड़ता। तास्सुरात (एहसासात) को ज़बान देना कितना ज़रूरी है इसका भी अन्दाज़ा होगा और ये अमल (कार्य) आर्ट के ज़रिये बाआसानी होता है।

मैंने अपने मक़ाले (शोधपत्र) को चार हिस्सों में तक़सीम किया है जिसमें पहले मैं आपको माहिर मुसव्विरों (विशेषज्ञ चित्रकार) के शाहकार (उत्कृष्ट कृति) को और उनके ख़्यालात से रू-ब-रू कराऊँगी। दूसरे में कंट्री आर्टिस्ट के ख़्यालात, तीसरे में हमारे शागिर्द (विद्यार्थी), उनका काम और उस्ताद की रहनुमाई (मार्गदर्शन), उनके ज़हन को उनके काम के ज़रिये पढ़ना और इस्लाह (सुधार) करना, उस्ताद (शिक्षक) शागिर्द (विद्यार्थी) की अमोज़िश (सीखने की) सलाहियतों की नशोनमा (विकास) कैसे करता है, उसको इस क़ाबिल बनाना कि वो अपने ज़ाती (निजी), मुआशरती (समाजी) माहौलियात पर तन्क़ीदी नुक्ताचीनी (आलोचना) आर्टिस्टिक तरीक़े पर कर सके।

मुशाहिदा (अनुभव) कहता है कि आर्ट के ज़रिये हम ज़हन में पैदा होने वाले तास्सुरात (प्रभावों) को कह सकते हैं जो हमारे दिमाग़ में कहीं-न-कहीं होते हैं और हम उनको अल्फ़ाज़ नहीं दे पाते। और जब हम किसी भी सूरत के ज़रिये उसको ज़ाहिर कर देते हैं तो हमारी ख़ुदएतमादी बढ़ती है, तसव्वुराती लियाक़त (कल्पना शक्ति) और मुश्किलात को हल करने की क़ाबिलियत, ख़ुदशऊरी (एटीएम-ज्ञान), फ़ैसला लेने की ताक़त बढ़ती है, ज़िम्मेदारी लेने और उसे शुरू से आख़िर तक अंजाम देने की सलाहियत (योग्यता) में इज़ाफ़ा (बढ़ोतरी) होता है।

आर्ट की अपनी ज़बान है, वो एक ख़ास किरदार अदा करती है। ये मुश्किलात को हल करने में और जज़्बाती व ज़हनी सुकून पहुँचाने में मदद करती है।

अब मैं आपके सामने एक माहिर आर्टिस्ट का काम दिखाती हूँ, ये हैं फ़्रीदा काहेलो–

फ़्रीदा काहेलो

फ़्रीदा काहेलो मेक्सिकन आर्टिस्ट थीं। उन्होंने अपने 55 पोर्ट्रेट बनाये जिसमें अपनी ज़िन्दगी का दर्द दिखाया। उनका बहुत ख़तरनाक बस एक्सिडेंट हुआ था जिसमें उनकी रीढ़ की हड्डी कई जगह से टूट गयी थी और भी पूरे जिस्म की हड्डियाँ टूटी थीं जिसकी वजह से वो बिस्तर पर ही रहती थीं। तब उन्होंने पेंटिंग शुरू की। उनकी

पेंटिंग है 'ब्रोकेन कॉलम' जिसमें उन्होंने अपने पूरे जिस्म की हालत दिखाई है और दिखाया है कि अन्दर से वो कितना टूट चुकी हैं, पेलियर भी कई जगह से टूटा हुआ

ब्रोकेन कॉलम

सेल्फ़ पोर्ट्रेट विद थोर्न

है। इसके ज़रिये वो अपने दर्द को दिखाना चाहती हैं। फ्रीदा काहेलो ने मेक्सिको के कल्चर और वहाँ की क़द्रों को ध्यान में रखते हुए पेंटिंग की। इसी वजह से आज तक उनकी पेंटिंग उनके मुल्क के लिए ख़ास है। उन्होंने कहा कि मैंने अपने आपको इसलिए बनाया क्योंकि मैं अपने आपको, उसकी ख़्वाहिश को, उसके दर्द को अच्छी तरह जानती हूँ। इसके ज़रिये मैंने अपने दिमाग़ी और जिस्मानी हालात को पेंट करके अपने आपको सुकून पहुँचाया है। दूसरे काम में जिसमें उनके गले में काँटों का हार है उसमें हमिंग बर्ड लटकी हुई है, इसके ज़रिये वो बताती हैं कि ज़िन्दगी में जैसे हमिंग बर्ड मेहनत करती है वैसे ही फ्रीदा की ज़िन्दगी है और उनके चारों तरफ़ जो छोटी तितलियों, बिल्ली और बन्दर को बनाया है वो डेगो रेवर (जो उनके शौहर थे) को उनसे सिम्बोलाइज़ किया है क्योंकि वो उनसे परेशान रहने लगी थीं।

मार्क शगाल

मार्क शगाल रूस के एक गाँव में पैदा हुए। आर्ट में शौक़ रखने की वजह से फ्रांस चले गये और वहाँ के उस वक़्त के आर्टिस्ट का काम देखा और उसको अपनाया ताकि उन लोगों से अलग न लगे। उस ज़माने में क्युबिज्म का ज़ोर था। उनके स्पेस डिवीज़न और रंगों को अपनी पेंटिंग में लिया लेकिन मज़मून अपने ही से जुड़ी हुई

मैं और मेरा गाँव

द बर्थडे

चीज़ों से बनाये। जैसे कि एक पेंटिंग जिसका नाम है–द बर्थडे; ये पेंटिंग उसने अपनी शादी से कुछ हफ़्ते पहले बनाई थी जिसमें उसने अपनी होने वाली बीवी बेला के बर्थडे पर उसको फूल दिये और हर चीज़ से एक ख़ुशी ज़ाहिर हो रही है। एक ख़्वाब की तरह उसने इसमें अपने आपको और बेला को ज़मीन से ऊपर हवा में दिखाया है। अपना एक्साइटमेंट, अपने जज़्बात को दिखाया कि वो कितना जज़्बाती हो रहा है। उसको किस करने के लिए जो जोश दिखाया है, एक रिद्म है जो इस पेंटिंग को इंटरेस्टिंग बना रहा है। शगाल ने जो भी काम किये वो उनके ख़्वाबी तास्सुरात पर मबनी हैं। शगाल वो काम करते थे जिनको वो अल्फ़ाज़ नहीं दे पाते थे लेकिन उनको बनाकर अपने एहसासात को ज़ाहिर करते थे।

'मैं और मेरा गाँव' ये पेंटिंग का नाम है जिसमें शगाल अपने गाँव को याद करते हैं जब वो छोटे थे और गाँव के मज़े लेते थे। अब वो ख़्वाब की तरह उन चीज़ों को याद कर रहे हैं। पेंटिंग में रूस का मंज़र, वहाँ के नमूने और कहानी मिलती है। शगाल ने इस पेंटिंग को पाँच अलग हिस्सों में बनाया है। ऊपर वाले सीधे हाथ में उन्होंने अपने गाँव का मंज़र बनाया जिसमें एक चर्च और बहुत सारे घर हैं और दो लोग हैं, दूर कुछ घर और भी हैं, एक औरत का बच्चे की तरफ़ एक हरे रंग का मुँह जो वो ख़ुद है और नीचे की तरफ़ एक हाथ जो फूलों को पकड़े हुए है, एक तरफ़ गेंद जो शायद शगाल के बचपन की याद है, बकरी के मुँह के अन्दर एक औरत बैठी है और गाय का दूध निकाल रही है। ये उनकी कुछ यादें हैं जिनको उन्होंने क्युबिज्म और फ़ौविज़्म से मुतास्सिर होकर बनाया है।

अर्पणा कौर

अर्पणा कौर दिल्ली की आर्टिस्ट हैं। उन्होंने आर्ट की फॉर्मल एजुकेशन नहीं ली लेकिन अपने तास्सुरात को बख़ूबी पेंटिंग में दिखाती हैं। उनकी एक पेंटिंग है–फॉरगॉटन सेंट्स 1984, जिसमें उन्होंने ब्लैक बैकग्राउंड पर आग जलती हुई दिखाई है और बीच में एक सरदार का फ़ेस–ये ज़ाहिर करने के लिए कि 1984 में सरदारों के साथ बदसलूकी की गयी, सड़कों पर उनको जलाया गया और तमाशाई तमाशा देखते रहे। इस तरह उन्होंने और पहलुओं पर रौशनी डाली है। पार्टीशन और सोनी-महिवाल पर भी सीरीज़ बनायी है।

 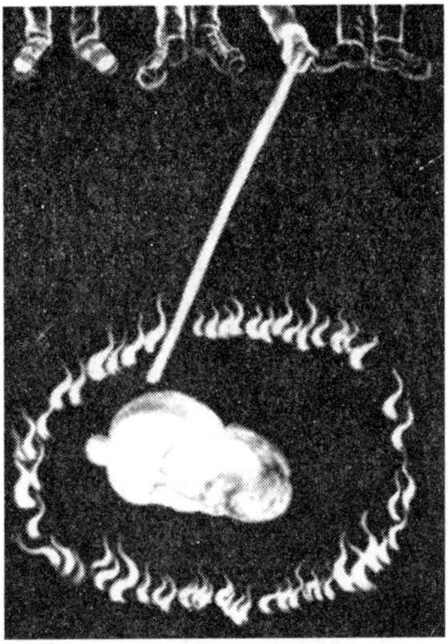

फॉरगॉटिन सेंट्स 1984

सीमी मुर्तज़ा

1. सुनामी

इसी तरह मैंने अपनी दो पेंटिंग्स ली हैं जिसमें मैंने अपने जज़्बात की अक्कासी (चित्रण) की है। 2004 में जब सुनामी आयी थी हम सब तो न्यूज़ सुनकर और देखकर ही खौफ़ज़दा थे। हर वक़्त वो ही मंज़र था, सोते वक़्त भी वो ही ख़्याल था। उन दिनों जब मैं काम करने बैठी तो जितनी पेंटिंग्स बनी सबमें उसका अक्स (चित्रण) था। ये दो काम उसी सीरीज़ के दस कामों में से हैं जिसमें मैंने पानी की लहरों में कई चेहरे दिखाये हैं। कुछ तो बहुत सुकून वाले हैं लेकिन कुछ चेहरे बहुत ज़्यादा खौफ़ज़दा हैं। ये वो तास्सुरात (प्रभाव) हैं जो हम सबको महसूस हो रहे थे। उठती हुई बड़ी-बड़ी लहरें और उनके बहाव में बहते हुए लोग, उनका ख़ुद का खौफ़, और जो खौफ़ हमको देखकर हो रहा था, उन तास्सुरात को अपने काम में दिखाने की कोशिश और कुछ वो लोग जो इसी पानी के खौफ़ से ही अपना दम तोड़ चुके थे और वो अब सुकून से थे उनको दिखाया है। मैंने इस सीरीज़ को

2. सुनामी

ड्राई पेस्टल से किया है। हर लहर में चेहरा दिखाने का मक़सद था कि हर एक लहर ने किसी-न-किसी इन्सान को हमसे जुदा किया।

नमरा शकील

अब जो काम मैं आपके सामने ला रही हूँ वो मेरे शागिर्दों (विद्यार्थियों) का है। एम.एफ़.ए. की एक शागिर्दा (छात्रा) का है। इसमें वो अपने आपको देखती है। वो ग्यारहवीं क्लास में बहुत मोटी हो गयी थी। सब बच्चे उसको बहुत परेशान करते थे, उसे मोटी कहकर चिढ़ाते थे। परेशान होकर उसने खाना-पीना छोड़ दिया और वो सिर्फ़ खीरा खाने लगी। खीरा खाकर भी वो बहुत मोटी हो गयी और उसने सबसे मिलना-जुलना भी बन्द कर दिया। खीरे की वजह से उसको और बहुत-सी बीमारियाँ भी होने लगीं क्योंकि उसने सिर्फ़ खीरा खाया था और खाना नहीं। उसने जब बी.एफ़.ए. में एडमिशन लिया तो वो बहुत परेशान थी और उससे कोई काम भी नहीं होता था। उसने सिर्फ़ अपने ही बारे में सोचा, उसके अपने दिमाग़ में जो परेशानियाँ या उलझनें हैं उनको वो निकाल दे। वो अपने आपको खीरे जैसा बनाया करती थी। उसने ये दिखाया कि हर चीज़ के लिए दवाओं की सपोर्ट लेनी पड़ती है, फिर भी वो मोटी हो रही है। वो ख़ुद कहती है कि अगर अपनी इस परेशानी को मैं कैनवास पर नहीं उतारती तो शायद मेरी ऐसी हालत थी कि मैं ख़ुदकुशी कर लेती। यही दिल चाहता था कि अपने आपको ख़त्म ही कर दूँ। ये उसकी अन्दरूनी कैफ़ियत थी जो वो किसी से कह नहीं सकती थी लेकिन पेंटिंग के ज़रिये से अपने आपको सुकून पहुँचा सकी। उसको जब अपने ख़्यालात पर काम करने को कहा गया था कि तुम अपनी पसन्दीदा चीज़ या ब्लॉगिंग को लेकर काम करो या कोई भी चीज़ जो आपके साथ ज़्यादा जुड़ी है उस पर काम करो। तब उसने अपने काम में अपनी परेशानी

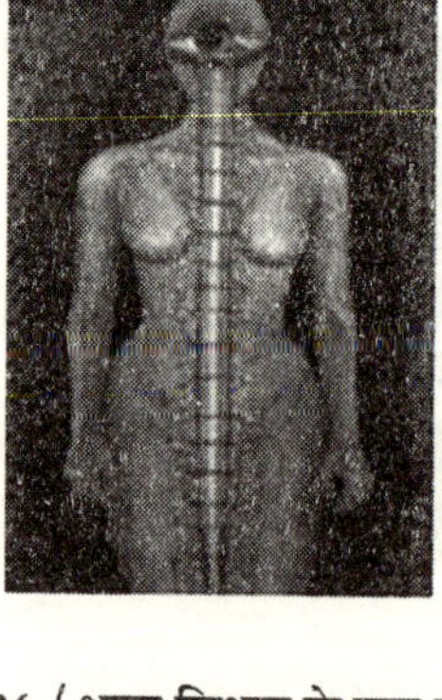

को दिखाने का सोचा। उसके मुताबिक़ वो काफ़ी परेशान रहती थी। उसने मोटापे को कम करने के लिए काफ़ी कोशिश की थी जिसकी वजह से उसकी रीढ़ की हड्डी में काफ़ी तकलीफ़ थी। पेंटिंग में एक फीमेल जो कि वो ख़ुद है को दिखाया और बीच में एक लोहे की कील अपने जिस्म में दिखाई है और वो चाहती है कि कील की तरह मज़बूत और सीधी रहे। कील के मत्थे पर एक आँख है जिससे वो चाहती है कि सब लोग सबको एक बराबर देखें। जैसा कि कहा जाता है कि हमें सब लोगों को एक आँख से देखना चाहिए। पूरे जिस्म का रंग हरा और टेक्सचर खीरे जैसा दिखाया है कि वो खीरे जैसी हो गयी है।

पहली पेंटिंग में उसने तकलीफ़देह बातों को कीलों की फॉर्म में दिमाग़ में चुभते हुए दिखाया है। उस बच्ची ने जितना भी काम किया उसी में अपनी प्रॉब्लम को लेकर काम किया। वो अपने तास्सुरात को काफ़ी अच्छी तरह अपनी ज़बान बना पायी, जिनको वो अभी तक किसी से भी ज़ाहिर नहीं कर सकी थी कि उसके मोटापे की वजह से लोग उसे किस क़दर तकलीफ़ दे रहे हैं। उसका कहना है कि अगर ऐसा होता रहता शायद मैं अपने आपको ख़त्म ही कर देती क्योंकि ये टार्चर अब बर्दाश्त नहीं हो रहा था। अपने दिल का गुबार पेंटिंग के ज़रिये निकाल देना उसके लिए बहुत अच्छा साबित हुआ और अब वो काम में मज़ा ले रही है, अपने काम से लुत्फ़अन्दोज़ (आनन्दित) हो रही है, अपने काम के अन्दर आजकल के हालात पर अपने तास्सुरात को दिखा रही है।

जॉय

एक और शागिर्द जिसके काम से उसके दिल का हाल पता चला। उसकी लाइन ड्राइंग बहुत अच्छी थी लेकिन बी.एफ़.ए. के दूसरे साल से उसने काम करने से अपना ध्यान हटा लिया था। सारे असातिज़ा भी उससे परेशान थे कि वो क्लास में टाइम नहीं दे रहा, काम में ध्यान नहीं दे रहा है वग़ैरह। उससे बात करो तो भी उखड़ा

हुआ जवाब मिलता। एक दिन उसको बुलाया, चाय पी, इधर-उधर की बातें कीं तो पता चला कि उसको इस कोर्स में मज़ा नहीं आता था। उसका शौक़ मौसीक़ी था लेकिन उसमें उसका दाख़िला नहीं हो पाया था और न ही पेंटिंग डिपार्टमेंट में। इस कोर्स में टीचिंग प्रैक्टिस उसको पसन्द थी। टीचिंग के साल के आख़िर में जब सारे टीचर्स अपने नम्बर दे रहे थे तो ज़्यादातर टीचर्स ने अपनी नाराज़गी ज़ाहिर की कि उसने काम टाइम पर नहीं दिया, काम के मामले में ग़ैरज़िम्मेदार है, पूरी क्लास भी नहीं करता, क्या मसला है समझ नहीं आता। एक सब्जेक्ट में उसके नम्बर पास होने लायक़ भी नहीं थे, टीचर उससे बहुत नाराज़ था। उन दिनों मैं डिपार्टमेंट की हेड थी, साल का अखीर (समापन) था। सारे टीचर्स को उसके तईं (प्रति) रियायत (छूट) बरतने को कहा था। उससे बात करने के बाद मैं ये जानती थी कि वो ज़हनी तौर पर काफ़ी परेशान है और उसको अपने आपसे कोई लगाव नहीं है, वो कोई भी फ़ैसला ले सकता है। लिहाज़ा मैंने उसका सारा काम मँगवाया, जिसे देखकर उसके दिमाग़ की हालत सामने आ गयी। ये उसका काम है जिसमें उसे अपने दिमाग़ में चलने वाली वो बातें जिनको वो अल्फाज़ भी नहीं दे पा रहा था सब अपने फ़न (कला) के ज़रिये से कह दिया। यक़ीनन उसको ये सब काम करने के बाद ज़हनी सुकून मिला होगा, क्योंकि अगर यही सब उसके दिमाग़ में चलता रहता तो वो शायद ऐसा क़दम उठा सकता था जो उसने पेंटिंग के ज़रिये से पेपर पर निकाला और सही टाइम पर हमने देख लिया। उसके वालिदैन की काउन्सलिंग की और उनको उसके तईं (प्रति) रहनुमाई की ताकीद (निर्देश) की। आज वो मौसीक़ी (संगीत) और पेंटिंग दोनों ही अच्छी करता है।

उसने पहली पेंटिंग में दिखाया है कि वो किताब खोले बैठा है जिसमें वो दिखाना चाहता है कि उसको पढ़ना है लेकिन लेसन प्लान बनाना उसको बुरा लगता था, पढ़ना पसन्द नहीं था, वो रंगों से काम करना चाहता था। अपनी परेशानी को बताया कि वो सिर पकड़े बैठा है, दिमाग़ में कहीं परेशानी है जिसको उसने एक तरफ़ रस्सी का फन्दा बनाकर ज़ाहिर किया कि वो सब परेशानियों से बरी हो जाये।

उसने अपनी दूसरी पेंटिंग में दिखाया है कि वो घर में है लेकिन बहुत डरा हुआ है, वो परदे से छुपा खड़ा है और घर में खौफ़ दर्द को उसने एक ख़तरनाक चेहरे से दिखाया है जो उसके लिए ख़तरा है। वो अपने माँ-बाप से डरता था क्योंकि वो चाहते थे कि वो अपनी पढ़ाई पेंटिंग या म्यूज़िक में न करे। और वो कहते थे कि जिसमें भी तुम्हारा दाख़िला हो गया है तुमको वो ही करना होगा, तुमको अच्छा लगे या नहीं। उसने उन लोगों को एक मॉन्स्टर की तरह दिखाया है, ख़तरे की तरह दिखाया है। बाद में उस बच्चे के वालिदैन से बात की, उनको उसके दिल की बात

बताते हुए समझाया कि अगर ये लोग उसका साथ नहीं देंगे तो शायद वो अपने आपको ख़त्म करने की कोशिश करेगा। उसने अपनी पेंटिंग्स के ज़रिये अपने दिल का हाल बताया जिससे हमको उसके ख़्यालात तक पहुँचने में आसानी हुई और हम उसकी मदद कर पाये। इन सब पेंटिंग्स के बाद हम काफ़ी अरसे उससे बातचीत करते रहे और पता लगाया कि उसका ख़ुद का क्या दिल है, वो क्या चाहता है, किस कोर्स में, सब्जेक्ट में काम करना चाहता है। माँ-बाप से बात की, उनको भी समझाया कि वो उसके ऊपर ज़ोर-ज़बरदस्ती न करें। उसका जो दिल चाहता है वो पढ़ाई करने दें। उसको म्यूज़िक का शौक़ है, अच्छी कम्पोजिंग कर रहा है, अक्सर फ़ेसबुक पर अपना कम्पोज्ड म्यूज़िक डालता है।

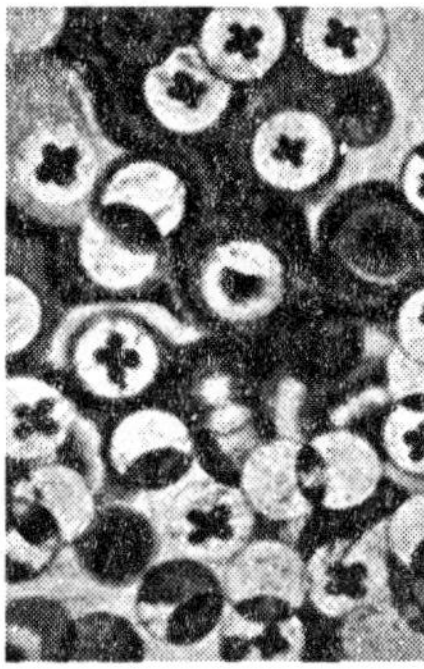

एक शागिर्द जो किसी और कॉलेज की थी उसका काम मुझको उसके एग्ज़ाम के पेपर देखने में मिला। उसके काम में उसने बड़ी ख़ूबी से वो सब कह दिया था जो किसी को बता नहीं पायी थी और अन्दर-ही-अन्दर उन चीज़ों से लड़ रही थी। लेकिन जब तक हमारे सामने काम आता बहुत देर हो चुकी थी, वो दुनिया छोड़कर जा चुकी थी। इन तीनों पेंटिंग्स में उसने वो सब कह दिया जिनको वो लफ्ज़ दे न सकी थी लेकिन पेंटिंग को अपनी ज़बान बना दिया।

पहली पेंटिंग में उसने दिखाया नीचे की तरफ़ तीन अण्डे जो ज़ाहिर करते हैं कि ज़िन्दगी अभी शुरू होने वाली है। इसके साथ इसमें दो बच्चे भी दिखाये जो दुनिया में आ गये हैं और वो अण्डों के पास ही हैं। और उसकी अपनी दुनिया को भी दिखाया। एक बड़ा दरख़्त जिसमें उसने दिखाया कि इन्सान बड़े हो गये हैं, ख़ुश हैं क्योंकि कोई डॉक्टर बना, कोई इंजीनियर, और भी ख़ुश हैं। लेकिन उसकी दुनिया में चारों तरफ़ आग लगी है क्योंकि जो वो करना चाहती थी उसके घर वालों ने करने नहीं दिया, उसको परेशान करते थे। उसकी दुनिया के चारों तरफ़ अच्छा माहौल नहीं था यह दिखाया है। फिर दिखाया कि आधा आसमान सितारों से भरा

है और आधा बिल्कुल ख़ाली है, अँधेरा है। इससे वो दिखाना चाहती है कि जो मर जाते हैं वो एक सितारा बन जाते हैं जैसा कि कहा जाता है। उसने भी कभी सुना होगा कि जो मर जाते हैं वो सितारा बन जाते हैं। तो मरे हुए लोगों को दिखाया है कि वो सितारे बन चुके हैं। लेकिन आधा आसमान ख़ाली है जो मरकर जाने वाले हैं वो उन सितारों से भर जायेगा।

दूसरी पेंटिंग में उसने अपने आपको दिखाया है कि वो ऊपर जाना चाहती है, बुलन्दियों पर जाना चाहती है, कुछ बनना चाहती है, कुछ करना चाहती है जो ज़ाहिर कर रही है उसकी सीढ़ी जो उसने अपने चेहरे के पीछे बनायी। चेहरे के आगे दिखाया कि आग लगी हुई है जो ये ज़ाहिर कर रही है कि वो लोग उसको आगे बढ़ने से रोक रहे हैं। उसने अपने चेहरे के चारों तरफ़ सिर्फ़ नीला पानी और रस्सी का फन्दा दिखाया है कि वो अपने आपको ख़त्म करना चाहती है। फाँसी से या पानी में कूदकर, उसको दो रस्ते नज़र आ रहे हैं कि वो अपने आपको ख़त्म कर दे। चेहरा खौफ़नाक, बड़ी खुली हुई आँखें, बिखरे हुए बाल, बेरौनक़ चेहरा ज़ाहिर कर रहा है कि कोई ख़्वाहिश, कोई अरमान नहीं है। मोमबत्ती और आग उसकी मुसीबतें और परेशानियाँ ज़ाहिर कर रही हैं।

तीसरी पेंटिंग में इस बच्ची ने बताया कि उसके चारों तरफ़ की दुनिया अच्छी है, रंग-रंग के फूल हैं, उन सबकी अपनी हदें हैं, महल में ख़ुश हैं, ख़ुशगवार आलम है लेकिन देख सकते हैं कि एक फूल और उसका इहाता कुछ मिला-जुला गन्दे कलर का है। बहुत सारे रंग मिले-जुले हैं जो गन्दे लगने लगे हैं। उसका माहौल बहुत ज़्यादा उलझन वाला है, वो इस फूल और इस गन्दे माहौल में ख़ुद को दिखा रही है कि उसका माहौल ठीक नहीं है, वो किसी उलझन में है। इसलिए अपने इम्तिहान के बाद वो बिखर गयी और उसने अपने आपको पंखे से लटकाकर ख़त्म कर लिया। मालूमात करने पर पता चला कि वो पेंटिंग करना चाहती थी, पेंटिंग में अपने आपको आगे बढ़ाना चाहती थी मगर उसके घर वाले उसको रोज़ परेशान करते थे, उसे डॉक्टर या इंजीनियर बनाना चाहते थे। उससे रोज़ कहा जाता था कि उसने फाइन आर्ट्स में एडमिशन लेकर ग़लती की, इस कोर्स को छोड़ दे, वो अपना टाइम ख़राब न करे, उसको डॉक्टर बनना चाहिए। इम्तिहान वाले दिन भी उसको यही कहा गया कि वो इम्तिहान देने की बजाय इस कोर्स को छोड़ दे। लेकिन वो इम्तिहान देने आयी, उसने अपने दिल की सारी कहानी पेंटिंग में कही, और ख़ुद को उस अंजाम तक पहुँचा दिया जो कहीं-न-कहीं उसके दिल में था। जो उसके दिल में लड़ाई चल रही थी कि मैं अपने आप के साथ क्या करूँ या तो डॉक्टर बन जाऊँ सबके कहने से जो मैं नहीं चाहती या फिर मैं इस कोर्स में ही रहूँ, अपने आपको

ख़त्म कर दूँ। उसने अपने आपको ख़त्म कर लिया कि लोग उससे बार-बार एक ही बात न करें और उसको परेशान न करें। आपको काम देखकर पता चला होगा कि वो कितनी बड़ी आर्टिस्ट थी अपने दिल की बात को अपनी ज़बान बना पायी। उसके सभी टीचर्स को अफ़सोस रहा काश हम सब उसकी इन पेंटिंग्स के तास्सुरात को समझ पाते तो शायद हम उसकी जान बचा पाते।

मौजूदा तालीमी मंज़रनामे में इक़बाल की फिकरी-ओ-तालीमी मआनवियत

(मौजूदा शैक्षिक परिदृश्य में इक़बाल की शायरी के वैचारिक और शैक्षिक अर्थ)

-तबस्सुम नक़ी

इस मक़ाले (शोधपत्र) में उन पहलुओं को ज़ाहिर करने की कोशिश की गयी है जो आमतौर पर अवाम (आम लोगों) के इल्म-ओ-दानिश (इल्म और समझ) से छुपे हुए हैं। इक़बाल की अदबी ख़िदमात (साहित्यिक कार्यों) पर बहुत कुछ लिखा गया है, लेकिन उनकी तालीमी ख़िदमात और बसीरत (अन्तर्दृष्टि) का एक मुहक्क़िक़ (शोधकर्ता) को जायज़ा लेने की ज़रूरत है।

तालीम न सिर्फ़ इन्फ़रादी (वैयक्तिक) तरक़्क़ी और ज़ाती इर्तक़ा (विकास) के लिए बल्कि मुल्क की तरक़्क़ी में भी कारआमद है। 'तालीम और क़ौमी तरक़्क़ी' के उन्वान से अपनी रिपोर्ट के ज़रिये कोठारी कमीशन ने इस ख़्याल को मज़ीद तक़वियत (दृढ़ता) बख्शी है। इस रिपोर्ट का आगाज़ एक हक़ीक़त पसन्दाना फ़िक़रे (जुमले) से होता है जो इसमें मौजूद मवाद (सामग्री) की निशानदही (इज़हार) करता है। ये जुमला कुछ इस तरह है कि "हिन्दुस्तान की तक़दीर के ख़ाक़े को उसकी स्कूल की क्लासों में खींच लिया जाता है।" इस जुमले की रौशनी में हमें ये याद रखना चाहिए कि एक मुल्क अपने स्कूलों के बग़ैर तरक़्क़ी नहीं कर सकता। बच्चों की शख़्सियत तैयार करना और पॉलिश करना एक ज़िम्मेदारी है ताकि मुल्क को ख़ुशहाल बनाया जा सके। इसके लिए ऐसी तालीम की ज़रूरत है जो लोगों की शख़्सियत की नशोनुमा (विकास) में मुफ़ीद (फ़ायदेमन्द) और माअनीख़ेज़ (अर्थपूर्ण) ख़ुसूसियात पैदा कर सके ताकि वो आगे बढ़कर क़ौम की तरक़्क़ी कर सकें।

यहाँ, इक़दार (मूल्यों) की तालीम की तरक़्क़ी की ज़रूरत है। क़ुदरत की तालीम ये बताती है कि बच्चों के अन्दर इन्सानियत का एहसास पैदा करना ऐसा अमल है जो मुल्क और दुनिया की बक़ा (सलामती) से ताल्लुक़ रखता है, और ये एहसास तब ही फ़रोग़ (विकसित) पा सकता है जब मुल्क आलमी (दुनियावी) इन्सानियत की तश्कील (निर्माण) और तरक़्क़ी कर रहा हो। उसकी नशोनुमा तब ही मुमकिन है जब एक बच्चे के ज़हन में हुब्बुल वतनी (वतन से मुहब्बत) और इन्सानियत पसन्दी के जज़्बात बढ़ने लगें। क़द्र (मूल्यों) की तालीम के अन्दर हम बच्चे के अन्दर मुआशरती (समाजी), अखलाक़ी (नैतिक), और रूहानी (आध्यात्मिक) पहलू तैयार करना चाहते हैं, जिन पर अक्सर ग़ैररस्मी (अनौपचारिक) तालीम में कम तवज्जो दी जाती है। एनसीईआरटी में वैल्यू एजुकेशन से मुताल्लिक़ सिम्पोज़ियम का इनक़ाद (संगठन) किया गया, जहाँ इक़दार (मूल्यों) के लिए तालीम की ज़रूरत पर ज़ोर दिया गया।

इस मौक़े पर इसने 'मुआशरती, अखलाक़ी, और रूहानी इक़दार (समाजी, नैतिक, और आध्यात्मिक मूल्य)' के उन्वान (शीर्षक) से एक किताबचा भी शाय किया (छपा) जहाँ इन्तज़ामी सतह पर लफ्ज़ 'क़द्र' का इस्तेमाल होता था।

क़द्र (मूल्यों) की तालीम के ज़रिये हम ऐसी तालीमी सरगर्मियों की सिफ़ारिश करते हैं जो मुनासिब रवय्यों, इक़दार (मूल्यों), एहसासात और तर्ज़े अमल (कार्यशैली) के तरीक़ों को फ़रोग़ दे सकें।

ये जुमला अपने आप में बहुत वसीअ है और शख़्सियत की नशोनुमा के तमाम पहलुओं का इहाता (घेराव) करता है। लिहाज़ा, मौजूदा मुदाख़लत (हस्तक्षेप) तालीमी इदारों में निसाब और हमनिसाबी सरगर्मियों (शैक्षणिक और सह-शैक्षणिक गतिविधियों) के ज़रिये की जा सकती है।

इस तनाज़ुर (परिदृश्य) में यूनेस्को की रिपोर्ट भी बहुत अहम है, जो आलमी तनाज़ुर (वैश्विक परिदृश्य) में इक्कीसवीं सदी की तालीम की वज़ाहत (स्पष्टीकरण) करती है। इस रिपोर्ट में इस बात पर ज़ोर नहीं दिया गया है कि इक्कीसवीं सदी में तालीम कैसी होगी, बल्कि इसकी अक्कासी (चित्रण) की गयी है कि उसे कैसा होना चाहिए। इस रिपोर्ट में मौजूदा मुआशरे में लोगों की ज़िन्दगी पर मबनी (आधारित) तालीम की फ़ौरी (तत्काल) ज़रूरत पर ज़ोर दिया गया है जो जदीद (आधुनिक) टेक्नोलॉजी, उनके ख़दशात (ख़तरों), मसाइल, मुसाबक़तों (प्रतिद्वन्दिता) और ख़्वाहिशात पर बहुत ज़्यादा इन्हसार (निर्भर) करता है, जो इनकी ज़रूरत से कहीं ज़्यादा है। क़ौमी तालीमी पालिसी 1986 इसकी वाज़ेह निशानदही (स्पष्ट निरूपण) करती है।

मुआशरे में बुनियादी और अहम इक़दार (मूल्यों) को ख़त्म करने और मुआशरे में ग़ैरइन्सानी तर्ज़े अमल (तरीक़ेकार) को फ़रोग़ देने की वजह से निसाब (पाठ्यक्रम) की अज़सरेनौ (नये सिरे से) तश्कील (बनावट) की ज़रूरत बच्चों को अपने अन्दर मुआशरती और अख्लाक़ी इक़दार (समाजी और नैतिक मूल्य) पैदा करने के एक मुअस्सर (प्रभावी) ज़रिये के तौर पर तालीम देने के लिए इस्तेमाल की जाती है।

इक़दार (मूल्य) दरअसल नमूने हैं जिनको मुआशरा इख़्तियार करना चाहता है। तालीम एक ऐसा अमल है जो किसी फ़र्द के तर्ज़ेअमल को बदल सकता है। लिहाज़ा इक़दार और शख़्सियत की नशोनुमा और शख़्सियत की नशोनुमा और तालीम के हदफ़ के दरमियान, एक बुनियादी हमआहंगी (वाबस्तगी) पायी जाती है। लिहाज़ा, ये ज़रूरी है कि फ़र्द की शख़्सियत की नशोनुमा और मुल्क की तरक़्क़ी के लिए तालीमी मक़ासिद के मुताबिक़ मुनासिब तालीमी मवाद (शिक्षण सामग्री) तैयार किया जाये।

इसको ध्यान में रखते हुए हमें सक़ाफ़ती विरसा (सांस्कृतिक विरासत) और मुआशरे की तख्लीक़ (समाज निर्माण) को देखने के लिए एक निसाब (पाठ्यक्रम) की ज़रूरत है जो लोगों को एक बेहतर रिहायशी मक़ाम बनाने में मदद फ़राहम करता है। लिहाज़ा ये बहुत ज़रूरी है कि तालीम के ढाँचे को इस तरह तरक़्क़ी दी जाये कि ये एक क़ाबिल, मुफ़ीद (फ़ायदेमन्द) और इन्सानदोस्त मुआशरे (समाज) की बुनियाद बन जाये। जदीद (आधुनिक) तालीम का मरकज़ी मक़सद किसी फ़र्द की शख़्सियत में मस्बत (सकारात्मक) तब्दीली लाना होना चाहिए।

एक अच्छे तालीमी निज़ाम की जाँच करने का पैमाना ये है कि ये कितनी गुअस्सर (प्रभावी) अन्दाज़ में तलबा (विद्यार्थियों) की शख़्सियत को तश्कील (निर्माण) देता है और अच्छी तहज़ीबी इक़दार (सांस्कृतिक मूल्यों) के साथ तहज़ीब (संस्कृति) को परवान चढ़ाता है। दरहक़ीक़त मुआशरे का मेअयार (स्तर) तालीम के मेअयार के साथ कम होता है या बढ़ता है। लेकिन मौजूदा दौर में हमें ये पता है कि इन्सानी नस्ल इन्सानी इक़दार (मूल्यों) को ख़त्म करने वाली एक अन्धी माद्दियतपसन्द (भौतिकतावादी) नस्ल बन चुकी है। इसीलिए किसी फ़र्द को ये मशवरा दिया जाता है कि वो तालीम के हक़ीक़ी तसव्वुर (वास्तविक कल्पना) की तलाश के लिए बुनियादी सतह पर काम करना शुरू करे।

हमारा तालीमी निज़ाम ऐसे लोगों की तख्लीक़ में नाकाम दिखाई देता है जिनकी मुकम्मल तरक़्क़ी हो चुकी है और जो मज़बूत किरदार के हामिल हैं। ये निज़ाम

अहले वतन (वतन के लोगों) में मुहब्बत, अमन और हमआहंगी (समन्वय) क़ायम करने के क़ाबिल नहीं है। दूसरे लफ़्ज़ों में हमारा तालीमी निज़ाम ऐसे लोगों को पैदा कर रहा है जो आला तालीमयाफ़्ता हैं और उनमें बड़ी क़ाबिलियत है, लेकिन ये ऐसे ज़हीन अफ़राद पैदा करने के क़ाबिल नहीं हैं जो एक अख्लाक़ी रहनुमा (नैतिक पथप्रदर्शक) का किरदार अदा कर सकें ताकि मुल्क मज़कूरा ख़सारे (वर्णित नुक़सान) से निजात पाये। तालीम का एक मक़सद मुआशरे में मुआशरती इंसाफ़ समझना है, जबकि मौजूदा दौर में हमारे मुल्क में इसकी कमी नुमायाँ तौर पर नज़र आती है। ऐसा लगता है कि बड़े पैमाने पर बोहरान (गम्भीरता) आम आदमी भी महसूस कर रहा है, और सच्चाई ये है कि ये सारे हालात हमारे निज़ामे तालीम का नतीजा हैं। इसलिए आज की बड़ी ज़रूरत इस निज़ाम की तंजीमों (संगठनों) की है।

डॉ. इक़बाल जो कि उर्दू अदब के एक अहम शायर और फ़लसफ़ी हैं, अफ़राद (व्यक्तियों) और उनकी इन्फरादियत (वैयक्तिकता) को सबसे अहम मक़ाम देते हैं। इक़बाल ने हमेशा शख़्सियत की नशोनुमा (विकास) के लिए काम किया, जिसे उन्होंने 'ख़ुदी' कहा। और उसने एक ऐसा फ़लसफ़ा तश्कील (निर्मित) दिया जिसे 'फ़लसफ़ा ख़ुदी' कहा जाता है (जैसा कि उनकी डायरी इस्ट्री रिफ्लेक्शंज़ के लिखे हुए अशआर (शेर) से ज़ाहिर होता है)। ख़ुदी के तसव्वुर पर उनका एक अहम नज़रिया है। हक़ीक़त में ख़ुदी एक सादा और फ़ितरी (स्वाभाविक) चीज़ है जिसे अपने नफ्स की आगाही के नाम से भी जाना जा सकता है। अपने आपको जानना, इन्तशार (बेचैनी), ख़ुदतरक़्क़ी, शख़्सियत तख्लीक़ (व्यक्तित्व निर्माण) करना और किरदार तख्लीक़ करना हर इन्सान का हक़ है और उसकी ज़िम्मेदारी भी।

यहाँ, अल्लामा इक़बाल के अफ़कार (चिन्तन) जो इन्सानियत और अख्लाकियत (नैतिकता) से वाबस्ता हैं, के जायज़े का मक़सद एक ऐसा तालीमी मंसूबा बनाना है जिससे मुल्क को ऐसे अफ़राद मुहैया हो सकें जिनकी शख़्सियत पूरी तरह से तरक़्क़ीयाफ़्ता (प्रगतिशील) हो और जो मुआशरे के मफ़ाद में फ़ायदेमन्द हो। अल्लामा इक़बाल की शख़्सियत बहुत मुतहर्रिक (प्रेरणादायी) है। एक वक़्त में वो एक अज़ीम लिसानी (महान भाषाविद), बीनाई (अन्तर्दृष्टि), ख़ुदा का पुख़्ता यक़ीन, अमन और भाईचारे का सफ़ीर (दूत), इन्साफ़पसन्द, मुफ़क्किर (चिन्तक) और फ़लसफ़ी है। वो अपने तख्लीक़ी और तामीरी (रचनात्मक और निर्माणात्मक) कामों की वजह से एक अज़ीम मज़हबी और अख्लाक़ी रहनुमा (नैतिक पथप्रदर्शक) के तौर पर जाना जाता है। उसके पास आला सतह का इल्म, इज़्ज़त-ए-नफ्स (आत्म-सम्मान), जज़्बा, हमदर्दी और एहसान (अच्छाई) है। अपनी बसीरत (अन्तर्दृष्टि)

से उन्होंने स्कोलर्स, मुफ़क्किरीन (विचारकों) और आम लोगों को मुतास्सिर किया, और आला अख्लाक़ी इक़दार (नैतिक मूल्यों) की हौसलाअफ़ज़ाई की, जो एक सेहतमन्द अख्लाक़ी (नैतिक) मुआशरे की तश्कील कर सके।

इक़बाल और उनका तसव्वुर-ए-तालीम

इसमें कोई शक नहीं कि इक़बाल बुनियादी तौर पर एक फ़लसफ़ी थे। फ़लसफ़े में गुफ़्तगू का कोई ख़ास सियाक़-ओ-सबाक़ (अन्दाज़ा) नहीं है लेकिन कोई भी सियाक़-ओ-सबाक़ (अन्दाज़ा) फ़लसफ़े के दायरे से बाहर नहीं है। फ़लसफ़ा वही है जिसमें हम ज़िन्दगी और मादही (प्रशंसा/स्तुति/वन्दना) के सही मायने तलाश करना कहते हैं। ये इल्म की रौशनी में किया जाता है। किसी भी क़िस्म का इल्म उस तलाश में मदद करता है और असराफ़ (इल्म का ख़र्च करना) नुक्ता-ए-नज़र (नज़रिये) को बढ़ाता है। तालीम एक फन (कला) के साथ-साथ इल्म भी है, और ये फ़लसफ़े को मवाद फ़राहम करता है। फ़लसफ़ा-ए-हयात (ज़िन्दगी का फ़लसफ़ा) बराहेरास्त (सीधे) तालीम से वाबस्ता है, लिहाज़ा इक़बाल ने भी इल्म और तालीम पर ज़ोर दिया है। इक़बाल इस लिहाज़ से तालीम के फ़लसफ़ी हैं। तरक़्क़ी और तरक़्क़ी के इस वरसे (सम्पत्ति) का जानशीन (वारिस) है, जो बच्चों की मरकज़ियत (केन्द्रीयता) और जदीद तालीम को फ़रोग़ देता है। इक़बाल तालीम को अपना फ़लसफ़ा-ए-कायनात (वैश्विक) और नज़रिया-ए-हयात का पैग़ाम पहुँचाने का ज़रिया समझते थे। वो निज़ामे तालीम को अपने मिसाली निज़ामे ज़िन्दगी में मरबूत (समन्वित) देखना चाहता था। इस तनाज़ुर (पसमंज़र) में, उसने तालीम के एहदाफ़ (दायरे में), तालीमी तंज़ीम, मानवी (वास्तविक) इल्म, असातिज़ा का किरदार, तालिब-ए-इल्म की किरदारसाज़ी, दरसो तदरीस (पढ़ने-पढ़ाने) का माहौल, इन्फ़रादी और इजतमाई (वैयक्तिक और सामूहिक) ज़िन्दगी से मुताल्लिक़ तालीम, बिरादरी, क़ौमी और मुस्लिम रिवायात (परम्परा) के ताल्लुक़ात, तालीम, दाख़ली तख्लीक़ (आन्तरिक निर्माण), तालीम के ज़रिये बैरूनी (बाह्य), तहज़ीबी और सक़ाफ़ती मुहर्रिकात (संस्कृति और सभ्यता के कारक), निज़ामे ज़िन्दगी और तालीम के इंज़माम (हासिल होने) की अहमियत, क़ौमसाज़ी (देश-निर्माण) और मुआशरती तरक़्क़ी में मज़हबी और ख्वातीन की तालीम की ज़रूरत वग़ैरह और नज़रियात और उसका नुक्ता-ए-नजर (नज़रिया) पेश किया है। यही वजह है कि हिन्दुस्तान के तालीमी नज़रिये की तारीख़ (इतिहास) में इक़बाल का वही मक़ाम है जो यूरोप के कांट, विलियम वर्ड्स्वर्थ, हेगेल, बर्गसन और इमर्सन को दिया जाता है।

इक़बाल को ज़्यादातर बच्चों के किरदार और शख़्सियत की नशोनुमा से मुंसलिक (सम्बन्धित) किया जाता है। उन्होंने इस बात पर ज़ोर दिया है कि किसी भी तालीमी निज़ाम की बुनियाद अख्लाक़ी तालीम (नैतिक शिक्षा) होनी चाहिए और उसे न सिर्फ़ उसूल बल्कि अमली होना चाहिए। इक़बाल जैसे अज़ीम शायर ने न सिर्फ़ अपने उसूलों पर चलने की कोशिश की बल्कि अपने उसूल फ़लसफ़ा-ए-तालीम में भी इन उसूलों को मुतार्रिफ (परिचित) कराया है।

उनके तालीमी फ़लसफ़े का सबसे बुनियादी और अहम हिस्सा तालीमी इल्म है, जो अपनी सारी इन्सानी ख़ुसूसियात के साथ इक़बाल की बहस का मरकज़ी मौज़ू (केन्द्रीय प्रसंग) है। वो इसे मुख्तलिफ़ अदवार (दौर) की रौशनी में देखते हैं। इक़बाल को मफ़ादात (फ़ायदों) पर मबनी तहक़ीक़ और उसकी अहमियत से मुताल्लिक़ इन्फ़रादी तरक़्क़ी (वैयक्तिक तरक़्क़ी) के सिलसिले में सिकन्दर बेन (1818-1903) और पेस्तालोज़ी (1846-1927) के क़रीब देखा जाता है। पेस्तालोज़ी का ख़्याल है कि बच्चा अपनी नौइयत (स्वभाव) के क़वानीन (क़ानून) के मुताबिक़ पौदों की तरह परवान चढ़ता है और सिर्फ़ उसी चीज़ का मालिक होता है जिसे वो ख़ुद ही हासिल करता है, क्योंकि बीज की नशोनुमा (बढ़ते रहने) करने की सलाहियत होती है और बाग़बान सिर्फ़ उसकी नशोनुमा के लिए एक माहौल पैदा करता है। बच्चे में ज़हनी और जिस्मानी नशोनुमा (वृद्धि) की सलाहियत भी होती है और वो ख़ुद को बड़े पैमाने पर सिखाता है।

तालीम एक फ़ितरी अमल (स्वाभाविक प्रक्रिया) है और इसे फ़ितरत की तरतीबात (क्रम) के मुताबिक़ रहना चाहिए। इसके साथ-साथ इस अमल को बच्चे के तजरबे (अनुभव) के साथ होना चाहिए और उसकी जिस्मानी और ज़हनी नशोनुमा के मराहिल (चरणों) पर अमल करना चाहिए। चूँकि पाँच हवास (इन्द्रियों) से हासिलकरदा (प्राप्त) इल्म को नफ्सियात की ज़बान में 'अदराक' (बोध) कहा जाता है और ये क़ाबिलियत बच्चों में पहली बार देखने को मिलती है। इसके लिए बच्चों को पहले ऐसा मवाद (सामग्री) फ़राहम करना चाहिए जो हिसी तजरबा (अनुभव) और मुशाहिदे (अवलोकन) का मौक़ा फ़राहम (प्रदान) करे। याद्दाश्त का भी कमोबेश यही मामला है। लिहाज़ा, निसाब (पाठ्यक्रम) का दूसरा मक़सद ऐसा मुआविन मवाद (सहयोगी सामग्री) तैयार करना होना चाहिए जो याद्दाश्त को बेहतर बनाने में मददगार हो। तख़य्युल (कल्पना) का मतलब है कि पुरानी मालूमात और अक़ीदे को किसी नयी शकल और नुक़्ता-ए-नज़र (नज़र) में पेश करना। इस क़ुव्वत की नशोनुमा के लिए निसाब में छोटी-छोटी नज़्में और छोटी-छोटी कहानियाँ

शामिल की जायें। क़ानून-ए-फ़ितरत (फ़ितरत के क़ानून) के मुताबिक़ सोच को आख़िरी मक़ाम हासिल है।

इस अरसे में बच्चे के अन्दर मौजूद एहसासात का अदराक (बोध) करना ज़रूरी है, जो माहौल और उसके आस-पास के लोगों से वाबस्ता (जुड़े) हैं। मिसाल के तौर पर हुब्बुल वतनी (वतन से मुहब्बत) से मुहब्बत, बुज़ुर्गों का एहतराम (आदर), अख़ुव्वत (भाईचारा) और इल्म हासिल करने में दिलचस्पी वग़ैरह। चूँकि इस दौर में बच्चों की तालीम-ओ-तरबियत (शिक्षण-प्रशिक्षण) का बाज़ाब्ता (बाक़ायदा) आग़ाज़ होता है, लिहाज़ा निसाब में उन जज़्बात को जज़्ब करना और बाइख़्तियार (प्राप्ताधिकार) बनाना ज़रूरी है। इक़बाल ने अपनी नज़्म में ये मिसाल पेश की है–

लब पे आती है दुआ बनके तमन्ना मेरी
ज़िन्दगी शमाअ की सूरत हो ख़ुदाया मेरी

दूर दुनिया का मेरे दम से अन्धेरा हो जाये
हर जगह मेरे चमकने से उजाला हो जाये

हो मेरे दम से यूँही मेरे वतन की ज़ीनत
जिस तरह फूल से होती है चमन की ज़ीनत

ज़िन्दगी हो मेरी परवाने की सूरत या रब
इल्म की शमाअ से हो मुझको मुहब्बत या रब

(बांगेदरा, स. 88)

ऐसे एहसासात और ख़्यालात के साथ जब तालिबे इल्म अपनी जवानी को हासिल कर लेता है तो उसकी सोच गहरी हो जाती है। उस पर ख़ुदइरादियत (स्वेच्छा) और ख़ुदशनासी (स्वपरिचय) का जौहर खुलता है। उस वक़्त मक़ामी (स्थानीय) माहौल, क़ौमी सालिमियत (सलामती) और हुब्बुल वतनी (वतन से मुहब्बत) के जज़्बात हमेशा ज़िन्दा रहते हैं।

इक़बाल के ख़्यालात में एक और तब्दीली उस वक़्त महसूस होती है जब वो आला तालीम के हुसूल के लिए यूरोप जाते हैं और मग़रिबी फ़लसफ़े का मुताला करते हैं, क़ानून का मुताला करते हैं और लन्दन स्कूल ऑफ़ इकोनॉमिक्स एंड पॉलिटिकल साइंस में मआशियात (अर्थशास्त्र) और सियासी उलूम (राजनीतिक विज्ञान) का मुताला करते हैं और फिर तालीम का दायरा इन्सानी हमदर्दी से हटकर आलमी भाईचारा, आज़ादी, और मसावात (समानता) तक पहुँच जाता है। इक़बाल के दिल में इस्लाम का क़द सबसे ऊँचा है। इन्सानी मुआशरे की पूरी कहानी जो

उन्होंने पेश की वो इस्लाम की तालीमात पर मबनी है। वो दीनी तालीम की अहमियत को समझते हुए इसी निज़ाम-ए-तालीम में मरकज़ी हैसियत (केन्द्रीय हैसियत) देना चाहते हैं। इसलिए वो कहते हैं जब तक कि दुनिया की तालीमी क़ुव्वतें इन्सान के एहतराम पर अपनी तवज्जो मरकूज़ (केन्द्रित) नहीं करती हैं, ये दुनिया यक़ीनन शैतानों का मसकन (ठिकाना) बनी रहेगी। क्या हमने नहीं देखा कि हिस्पानवी लोग एक ही नस्ल, ज़बान, मज़हब और क़ौम का होने एक बावजूद मआशी वुजूहात (आर्थिक कारणों) की बिना पर, एक-दूसरे के गले काट रहे हैं। और अपने ही हाथों से उनकी तहज़ीब (संस्कृति) के सारे निशानात मिटा रहे हैं। इस एक वाक़िये से ये बात वाज़ेह (स्पष्ट) है कि क़ौमी इत्तेहाद (राष्ट्रीय एकता) भी दरहम-बरहम (भंग) हो जाता है। इत्तेहाद (एकता) सिर्फ़ एक ही है, और वो है बनी नौ इन्सान (मानव जाति) की वहदत (एकता), जो रंग-ओ-नस्ल और ज़बान से बालातर (ऊपर) है। इसी बात को शेरी पैराय (नीचे शेर) में वो कुछ यूँ बयाँ करते हैं–

हो क़ैद-ए-मक़ामी तो नतीजा है तबाही
रह बहर में आज़ाद-ए-वतन सूरत-ए-माही

है तर्क-ए-वतन सुन्नत-ए-महबूब-ए-इलाही
दे तू भी नबुव्वत की सदाक़त पे गवाही

गुफ़्तार-ए-सियासत में वतन और ही कुछ है
इरशाद-ए-नबुव्वत में वतन और ही कुछ है

(बांग-ए-दरा, स. 89-88)

इल्म और मुशाहिदे में मज़ीद वुसअत (विस्तार) के बाद इक़बाल की तालीमी सोच एक बार फिर तब्दील होती है और ख़ुदशनासी (ख़ुद की पहचान) हो जाती है, जिसका नाम उन्होंने 'ख़ुदी' रखा है और अब तालीम मआशियात (आर्थिकता) के दायरे से हटकर फ़लसफ़े में पनाह लेती है। जिस्म और रूह का इत्तेहाद (एकीकरण) 'ख़ुदी का चेहरा तश्कील (बना) देता है' जिसका इर्तक़ा (विकास) तालीम का मक़सद बन जाता है। उनके तमाम शेरी (साहसी) नज़रियात मुस्तहकम (मज़बूत) और जुराअत मन्दाना (साहसपूर्ण) इन्फरादियत (वैयक्तिकता) और मुआशरती (समाजी) और तालीमी कोशिशों के एक मक़सद के तौर पर ख़ुदी की तरक़्क़ी का सबक़ देते हैं। 'ख़ुदी' का तसव्वुर इन्सानियत से जुड़ा हुआ है। इस तसव्वुर का मक़सद ये ज़ाहिर करना था कि ख़ुदा के बाद इन्सान को इस ज़मीन पर आक़ा (अध्यक्ष) समझा जाता है और उसे तमाम मख्लूक़ात में अशरफ़-उल-मख्लूक़ात का दर्जा देता है।

इक़बाल ने 'मर्द-ए-मोमिन' (मोमिन मर्द) का तज़किरा (ज़िक्र) किया है, जिसका मतलब है एक ऐसा शख़्स जो इन्फरादियत (वैयक्तिकता) के उरूज (चरम) पर हो और एक मेअयारी (उत्तम) मआशरा तश्कील दे। इक़बाल अपने अन्दर मौजूद तमाम औसाफ़ और ख़ुसूसियात (अच्छाइयाँ और गुण) देखना चाहते हैं जो उनके 'मर्द-ए-मोमिन' को सही माअना देते हैं। ये औसाफ़ (गुण) हैं–

आज़ादी

हमें फ़र्द के अन्दर बचपन से ही आज़ादी का एहसास पैदा करना चाहिए। हमें उनको दबाना नहीं चाहिए। हमें उनके अफ़कार (कला) को खुला रहने देना चाहिए ताकि उनमें अच्छाई पैदा हो। हमें उनके इंतखाब के एहसास को महदूद नहीं करना चाहिए। इज्ज़त-ए-नफ्स (आत्म-सम्मान) आज़ादी से मुंसलिक (सम्बन्धित) है और एक शख़्स का हक़ है, जिसके बग़ैर उसकी तख्लीक़ी (रचनात्मक) सलाहियत सामने नहीं आयेगी।

अमल (काम)

मर्द-ए-मोमिन की दूसरी अहम ख़ुसूसियत अमल है। इक़बाल के नज़दीक ज़िन्दगी एक मोहर्रिक (प्रेरक) है जो अमल और कोशिश से मामूर (युक्त) है। वो कहते हैं "अपने आपको माहौल के मुताबिक़ फिट बनायें। अगर माहौल आपके मक़ासिद के मुताबिक़ नहीं है तो आपको उसके ख़िलाफ़ लड़ना चाहिए।"

इक़बाल ज़हनी तनाज़ेअ को इर्तक़ा का ज़रिया समझते हैं। वो कहते हैं–

ख़ुदा तुझे किसी तूफ़ान से आशना कर दे
कि तेरे बहर की मौजों गें इज़्तराब नहीं
तुझे किताब से मुमकिन नहीं फ़राग़ कि तू
किताबख़्वाँ है मगर साहिबे-ए-किताब नहीं

(ज़र्ब-ए-कलीम, स. 597)

मक़सद

तीसरी ख़ुसूसियत ये है कि अगर तालीम बग़ैर किसी मक़सद के दी जाये तो ये फ़ायदेमन्द और मुफ़ीद नहीं है।

मुहब्बत और जुस्तजू

एक बुनियादी ख़ुसूसियत है जिसे इल्म हासिल करने की पहली शर्त कहा जा सकता है। अगर बच्चा सीखने की ख़्वाहिश रखता है तो फिर हर इल्मी मरहला

आसान किया जा सकता है। इक़बाल अपने तलबा को इससे आगे बढ़ने पर मजबूर करते हैं–

शहाराय मुहब्बत में इशरत-ए-मंज़िल हराम
शोरिस-ए-तूफ़ान हलाल, लज्ज़त-ए-साहिल हराम
इश्क़ पे बिजली हलाल, इश्क़ पे हासिल हराम
इल्म है इब्न-उल-अक्ताब, इश्क़ है उम्म-उल-अक्ताब

बक़ौल इक़बाल, इल्म में, 'इब्न-उल-किताब' से मुराद वो इल्म है जो इन्सान ने हासिल किया है और मुहब्बत में 'उम्म-उल-किताब' उस जज़्बे से मुराद है जिसके साथ इन्सान इल्म के हुसूल की तलाश करता है। उनमें से एक इल्म और दूसरा सुपर इल्म है। ये इन्तहाई इल्म 'जज़्ब' ने तख्लीक़ किया है जिसे मुहब्बत भी कहा जाता है। बक़ौल इक़बाल एक शख़्स अपनी लाइल्मी का फ़ितरी तौर पर इलाज करना चाहता है और उस कोशिश से आहिस्ता-आहिस्ता उसे इल्म हासिल करने में मदद मिलती है।

उसके अलावा ज़हानत, दानिशमन्दी (अक्लमन्दी) और तख्लीक़ी सलाहियतें, और मुहब्बत और जुस्तजू भी एक तालिब-ए-इल्म की बुनियादी ख़ुसूसियात में शामिल हैं। इक़बाल के मुताबिक़ इन्फरादियत (वैयक्तिकता) का हुसूल ज़िन्दगी की तकमील (पूर्णता) का दूसरा नाम है। इस इन्फरादियत के हुसूल के लिए उन्होंने ऐसे माहौल की तश्कील पर ज़ोर दिया है जो ज़िन्दगी का मसकन (ठिकाना) है और जिसमें अफ़राद (लोग) अपना हयातियती इर्तक़ा (जैविक विकास) अंजाम दे सकते हैं। लिहाज़ा उन्होंने घरेलू माहौल, शहरी वरसा (विरासत), दरस-ओ-तदरीस का माहौल, असातिज़ा का किरदार, और शख़्सियत और नशोनुमा के समाजी और क़ौमी माहौलियत (माहौल) के अजज़ा (घटक) बनाये हैं। स्कूल, मआशरा, माहौलियत और तहज़ीब तालीमी इदारे हैं जो किसी की इन्फरादियत की तरबियत करते हैं। फ़र्द पास के माहौल की इजतमाई सलाहियत (सामूहिक भलाई) दोनों से मुतास्सिर होता है, वो इसे हासिल करता है और इसे तामीरी, नज़रियाती ज़िन्दगी देता है।

इक़बाल के ख्वातीन के तालीम के नज़रियात भी उनके फ़लसफ़े में पेश किये गये हैं। उनको मालूम था कि किसी भी मुआशरे या क़ौम की असल रूहानी निजात का दारोमदार उस मुआशरे या क़ौम की ख्वातीन की तालीम पर है। इसकी वजह से दीनी तालीम उनकी तालीम का एक अहम हिस्सा है। वो हमेशा ही हिन्दुस्तानी औरत को मग़रिबी औरत की अन्धी तक़लीद (अन्धानुकरण) के बजाय हज़रत फ़ातिमा ज़हरा के आला औसाफ़ (गुणों) से मुज़य्यन (लैस) देखना चाहते हैं।

वो हुनरमन्द आदमी थे और चाहते थे कि दूसरे भी हुनरमन्द हों। इस तरह उन्होंने पेशावराना और लाज़मी तालीम की वक़ालत की है। उन्होंने एक ऐसे तालीमी निज़ाम के बारे में सोचा था जो तलबा और आम लोगों को तब्दील करेगा और अख्लाक़ी (नैतिकता की) ज़िन्दगी गुज़ारने में उनकी मदद करेगा। वो एक सेहतमन्द अख्लाक़ी मुआशरे (नैतिक समाज) का क़याम चाहते थे ताकि फलाही रियासत (कामयाब राज्य) तश्कील (बन) पाये। तालीम के ज़रिये वो लोगों के तर्ज़े अमल (कार्यशैली) में मस्बत (सकारात्मक) तब्दीली लाना चाहते थे और इसलिए तालीम का असल मक़सद यही था। उन्होंने लोगों को तख्लीक़ी (रचनात्मक) ज़िन्दगी देने पर ज़ोर दिया था। हमारी क़ौमी पॉलिसियाँ अब कई सालों से इस पर ज़ोर दे रही हैं।

हक़ीक़त में हमारे मुल्क के तालीमी उसूल मुकम्मल जिस्मानी, ज़हनी और रूहानी इर्तक़ा (विकास) पर भी ज़ोर देते हैं, जैसा कि सीखने वालों की तरक़्क़ी के लिए ज़रूरी होता है, ताकि वो अपनी सलाहियतों को पूरी तरह से इस्तेमाल कर सकें। इससे क़ब्ल इन्सान ने अपने अदब में बहुत वाज़ेह वज़ाहत (साफ़ स्पष्टीकरण) की थी। आला तालीम के निज़ाम के हवाले से इक़बाल की बसीरत (अन्तर्दृष्टि), उनके दिलचस्प ख़्यालात, उनके नज़रियात और हिन्दुस्तान के बुनियादी तालीमी उसूलों में ज़बरदस्त मुमासिलत (समानता) पायी जाती है। ये तसव्वुरात आमतौर पर मसावात (समानता), मुआशरती इंसाफ़, अदम तशद्दुद (अहिंसा), इन्सानी इक़दार, और सक़ाफ़ती विरसे के तौर पर देखे जाते हैं। और इन तमाम चीज़ों को इक़बाल के मेअयारी मुआशरे के तनाज़ुर में देखा जा सकता है। अख्लाक़ी मुआशरे की तश्कील के बारे में उनके ख़्यालात आज के तनाज़ुर में भी बहुत कारगर हैं और माहिरीन और दानिश्वर (अक्लमन्द) मुआशरती तामीर में उनका हवाला लेते हैं।

एक पायदार निज़ाम के क़याम के लिए हिन्दुस्तानी तालीमी मंसूबासाजों (बनाने वालों) को एक बार फिर ग़ौर करना पड़ेगा, जिसमें ग़रीबों में ग़रीबतरीन अफ़राद भी शामिल हो सकते हैं। और उन्हें कम-से-कम यही महारतें (कौशल) सीखने में मदद मिल सकती है जो मुआशी और मुआशरती आज़ादी और तरक़्क़ी के लिए ज़रूरी हैं। ये तालीम मसले के ज़रिये सीखने की अमली सरगर्मियों (कार्य गतिविधियों) पर मबनी होनी चाहिए, न सिर्फ़ नज़रियाती इल्म पर। लिहाज़ा, मेयारी (गुणवत्ता) तालीमी निज़ाम के क़याम के लिए, रिवायती (पारम्परिक) तालीम के साथ-साथ अमली तालीम का भी एहतमाम किया जाना चाहिए, जिसमें तलबा को एतमाद (आत्मविश्वास), मआशी (आर्थिक) तरक़्क़ी और मुआशरती (समाजी), सक़ाफ़ती (संस्कृति) और मज़हबी हमआहंगी (सामंजस्य) के जज़्बात हासिल हों।

आने वाले दौर में तालीम के शोअबे में न ख़त्म होने वाली तब्दीलियाँ आयेंगी, लेकिन इसका ये मतलब नहीं कि इक़बाल अपनी मुतहर्रिक इक़दार (प्रेरक मूल्यों) के साथ जो वो अपने तालीमी फ़लसफ़े में इस्तेमाल करते हैं, ख़त्म हो जायेगा। अपने तालीमी फ़लसफ़े और उसके इहदाफ़ (लक्ष्य) को मुअस्सर (असरदार) अन्दाज़ में बयान करने के लिए, उसने दूसरे फलसफ़ियों के ख़्यालात से भी फ़ायदा उठाया। मिसाल के तौर पर डेलर्स की रिपोर्ट में ज़िन्दगी भर की तालीम के चार सुतूनों में से एक में सीखने में इक़बाल की ख़ुदएतमादी और शख़्सियत की नशोनुमा की एक झलक है। अपने-अपने नज़रियात को आलमी (वैश्विक) सतह के तालीमी माहिरीन के साथ शामिल करने की वजह से इक़बाल के तालीम से मुताल्लिक़ फ़लसफ़े और नुक्तानज़र बहुत ही अजीब-ओ-ग़रीब हो चुके हैं और उनमें उन्होंने पहले ही बहुत सारी ख़ूबियाँ हासिल की हैं। इस तरह उसके फ़लसफ़े तालीमी मंसूबासाज़ों (नियोजकों) के लिए लाज़मी आलायेकार (उपयोगी) बन चुके हैं।

इक़बाल ने साइंस और टेक्नोलॉजी की ग़लत तरक़्क़ी का सामना करने वाले इलाक़ाई (स्थानीय), क़ौमी (राष्ट्रीय), और दुनियावी उमूर (कामों) को पहले ही भाँप लिया है। ये खाद्शात उनके फ़लसफ़े में भी ज़ाहिर होते हैं। इक़बाल के मुताबिक़ साइंस दोधारी तलवार है लिहाज़ा उसे तख़्लीक़ी कामों में इस्तेमाल किया जाना चाहिए। इक़बाल का तसव्वुर-ए-तालीम कायनात और माहौल के माबैन (बीच) गहरा ताल्लुक़ तलाश करने की कोशिश है, जो मौजूदा तालीमी निज़ाम में एक अहम किरदार अदा करता है व मौजूदा दौर हमारे मुल्क में निज़ाम-ए-तालीम को जदीद बनाने का दौर है। कोशिश की जा रही है जो न सिर्फ़ आज के दौर को बेहतर बनायेगी बल्कि मुस्तक़बिल (भविष्य) की ज़रूरियात को पूरा कर सकेगी। अब वक़्त आ गया है कि इस तालीमी मंज़रनामे में इक़बाल को आजमाएँ और आला तालीम का निज़ाम क़ायम करने की कोशिश करें।

हवालाजात (सन्दर्भ) :

1. जावेद इक़बाल, एड (1961), आवारा मुज़ाहिर, ग़ुलाम अली एंड सन्स, लाहौर
2. इक़बाल (1990) कुल्लियात-ए-इक़बाल, इक़बाल अकैडेमी, लाहौर
3. इक़बाल, इस्लाम में मज़हबी ख़्याल की तामीर-ए-नौ (1965), ग़ुलाम अली एंड सन्स, लाहौर

उर्दू ज़बान की आमोज़िश में कमरा-ए-जमाअत के मसाइल-ओ-तदारुक

(सानवी और आला सानवी दरजात के हवाले से)
(उर्दू भाषा अधिगम में कक्षा-कक्ष की समस्याएँ और समाधान : माध्यमिक और उच्च माध्यमिक स्तर के सन्दर्भ में)

–मुहम्मद इफ्तिख़ार आलम

कमरा-ए-जमाअत (कक्षा-कक्ष) किसी इमारत के बड़े से कमरे का नाम नहीं है बल्कि कमरा-ए-जमाअत एक ऐसी जगह का नाम है जहाँ इल्म-ओ-हुनर, दर्स-ओ-तदरीस (शिक्षण-अधिगम), अख़लाक-ओ-अतवार (तौर-तरीक़े), तालीम-ओ-तरबियत (शिक्षा और प्रशिक्षण) और अच्छे-बुरे का दर्स (पाठ) बाज़ाब्ता (बाक़ायदा) और मुनज़्ज़म (संगठित) तौर पर दिया जाता हो। ये अलग बात है कि इस वक़्त कमरा-ए-जमाअत का इतलाक़ (सम्बन्ध) सिर्फ़ इमारत के एक कमरे पर होता है जिसमें उस्ताद व तालिबे इल्म एक ख़ास मिन्हाज (तरीक़े) पर दर्स-ओ-तदरीस का काम अंजाम देते हैं। कमरा-ए-जमाअत एक ग्रुप पर मुश्तमिल (आधारित) होता है जिसमें मुख्तलिफ़ ज़हन के तलबा होते हैं। इसलिए असातिज़ा (शिक्षकों) की ज़िम्मेदारी बढ़ जाती है। ताहम गर (फिर भी) एक कमरा-ए-जमाअत में एक ही ग्रुप यानी एक ही इस्ताअदाद (योग्यता) और क़ाबिलियत के बच्चे हों तो उनको ज़बान सिखाना आसान हो जाता है।[1]

कमरा-ए-जमाअत के वसीअ मफ़हूम (व्यापक अर्थ) हैं। जहाँ भी उस्ताद-ओ-तालिब का राब्ता (सम्पर्क) अमोज़िश (सीखने) से होता है वो कमरा-ए-जमाअत है। कमरा-ए-जमाअत का तसव्वुर सीखने-सिखाने से है। हर उस जगह को कमरा-ए-जमाअत कहा जा सकता है जहाँ सीखने-सिखाने का अमल हो। हर उस्ताद मुनज़्ज़म (संगठित) और मुअस्सर (प्रभावी) कमरा-ए-जमाअत की

ख़्वाहिश रखता है। इसका वुजूद अपने आप नहीं होता है। इसमें असातिज़ा की मंसूबाबन्दी (योजना), मुसलसल जद्दोजहद, तदरीसी जौक़ (शिक्षण का शौक़), लगातार निगरानी, मेहनत-ओ-जफ़ाकशी (परिश्रम), तलबा की दिलचस्पी और उनके मसबत (सकारात्मक) रद्दोअमल (प्रतिक्रिया) से माअरज़ (ज़ाहिर) वुजूद में आता है। कमरा-ए-जमाअत की अपनी एक तारीख़ (इतिहास) रही है जिसका वाज़ेह तसव्वुर सीरत में मिलता है कि रसूलुल्लाह सल्लल्लाहु अलैहि वसल्लम ने मदीना मुनव्वरा में मस्जिद नबवी को पहला कमरा-ए-जमाअत बनाया था।[2]

हिन्दुस्तानी तनाज़ुर (पसमंज़र) में कमरा-ए-जमाअत का जायज़ा लेने से मालूम होता है कि अंग्रेज़ों के स्कूली सिस्टम से पहले मस्जिद, मन्दिर और गुरुद्वारे ही कमरा-ए-जमाअत हुआ करते थे। ब्राह्मणी निज़ाम-ए-तालीम में घर ही कमरा-ए-जमाअत हुआ करता था। बुद्ध निज़ाम-ए-तालीम में आबादी से दूर-दराज़ इलाक़ों में, खानकाहों की शक्ल में कमरा-ए-जमाअत का तसव्वुर मिलता है। मुसलमानों के तलीमी निज़ाम में मस्जिदें कमरा-ए-जमाअत हुआ करती थीं। और बरतानवी निज़ाम-ए-तालीम में बाज़ाब्ता स्कूल-ओ-कॉलेज का क़याम वुजूद में आया।[3]

1707 से पहले इन तमाम निज़ाम-ए-तालीम में कमरा-ए-जमाअत का तसव्वुर मौजूदा दौर की तरह नहीं था। और न ही एक साथ कई मज़ामीन (विषयों) की तदरीस हुआ करती थी। बल्कि ज़बान की तालीम को अव्वलियत हासिल थी, जिस ज़बान में उलूम-ओ-फ़ुनून (ज्ञान-विज्ञान) होते, उस ज़बान को पहले सीखा जाता था। मुसलमानों में अरबी और फ़ारसी ज़बान की तालीम दी जाती थी। मन्दिरों में संस्कृत और हिन्दी ज़बानें सिखाई जाती थीं, इसलिए कि इन्हीं ज़बानों में उनके उलूम-ओ-फ़ुनून थे।

एनसीईआरटी के निसाब के मुताबिक़ सानवी (माध्यमिक) दरजात से उर्दू अदब (उर्दू साहित्य) शुरू हो जाता है, जिसका तक़ाज़ा (माँग) है कि इल्मी ज़बान में उसकी तफहीम-ओ-तशरीह (व्याख्या) हो लेकिन असातिज़ा को उस वक़्त चैलेंज का सामना करना पड़ता है जब तलबा ज़बान को सही इमला (श्रुतलेख) के साथ लिखने और दुरुस्त तलफ़्फ़ुज़ (उच्चारण) से उसकी क़िराअत (पठन) करने के क़ाबिल नहीं होते। अब यहाँ पर उस्ताद कशमकश का शिकार होता है कि वो पहले ज़बान की अमोज़िश (सीखने) पर तवज्जो दे या अदब (साहित्य) की समझ पैदा करने पर। अगर अदब की तफ़हीम (समझ) पर तवज्जो सर्फ़ (लगाता) करता है तो क्लासरूम में नज़्म-ओ-ज़ब्त (अनुशासन) बरक़रार रखना उसके लिए मुश्किल हो जायेगा।

अदब की तफ़हीम-ओ-तशरीह के लिए ज़बान जानना ज़रूरी है। कम-अज़-कम लिखना, पढ़ना और बोलना आता हो। तदरीसी मुशाहिदात-ओ-तजुर्बात (शिक्षण के अवलोकनों और अनुभवों) से इस बात का अन्दाज़ा होता है कि सिर्फ़ क्लासरूम में उर्दू ज़बान-ओ-अदब की तदरीस से तलबा की लिसानी अमोज़िश (भाषिक अधिगम) बेहतर तौर पर नहीं हो सकती है। ज़बान के उसूलो-ओ-ज़वाबित (नियम), उसके अल्फ़ाज़ के ज़खायर (भण्डार), उसकी बारीकियाँ, उसके लब-ओ-लहजे और उसकी नज़ाकतों को सिर्फ़ क्लासरूम में तो समझा जा सकता है लेकिन उस पर अमल दरामद के लिए दरसी असबाक़ (पाठों) के अलावा ख़ारजी (बाहरी) तौर पर तलबा और असातिज़ा दोनों को सख़्त मेहनत करने की ज़रूरत पेश होती है। मौजूदा स्कूलों में कमरा-ए-जमाअत का जायज़ा लेने से मन्दर्जा ज़ैल (निम्नलिखित) मसाइल सामने आते हैं–

तलबा की ग़ैरआमादगी (रज़ामन्द न होना)

हिन्दुस्तान में उर्दू ज़बान के साथ अलमिया (विडम्बना) ये है कि बहुत कम बच्चों का रुझान इसकी तरफ़ होता है। आमतौर पर कमरा-ए-जमाअत में ये मसला देखने में आता है कि तलबा उर्दू ज़बान सीखने के लिए आमादा (तैयार) नहीं होते हैं। तलबा का ज़हनी और नफ़्सियाती (मानसिक और मनोवैज्ञानिक) तौर पर उर्दू अमोज़िश (सीखने) की तरफ़ माइल (रुझान) न होना संगीन मसला है। कहीं पर स्कूल का लाज़मी जुज़ू (आवश्यक हिस्से) की मजबूरी में, कहीं पर वालिदैन की ख़्वाहिश में और कहीं पर ज़्यादा नम्बर हासिल करने की ग़रज़ से उर्दू मज़मून (विषय) का इंतिखाब किया जाता है, जिसका बराहेरास्त (प्रत्यक्ष) असर उसकी ज़बान पर पड़ता है। अगरचे ये एक तल्ख़ हक़ीक़त है लेकिन अमली (व्यावहारिक) सतह पर तलबा का ज़हन और उसकी नफ़्सियात इसी तरह काम करती है। जिन स्कूलों में उर्दू दसवीं जमाअत तक लाज़मी मज़मून की हैसियत से पढ़ाई जाती है वहाँ बाज़ तलबा बोझ समझकर पढ़ते हैं।

थोर्नडाइक (Thorndike) का नज़रिया 'आमादगी का उसूल' (law of readiness) है। ज़बान की अमोज़िश (सीखने) में इस नज़रिये की ग़ैरमामूली अहमियत है। उर्दू ज़बान से मुताल्लिक़ तलबा की ग़ैरआमादगी के बहुत सारे मुहर्रिकात (प्रेरक) हैं। उनमें से एक मुलाज़मत (नौकरियों) का कम होना भी है। हिन्दुस्तानी समाज में ये बीमारी आम हो गयी है कि इल्म, बहैसियत इल्म कम और रोज़गार की हैसियत से ज़्यादा तवज्जेह का मरकज़ बनता है। इसका शिकार उर्दू

के तलबा निस्बतन (अपेक्षाकृत) ज़्यादा हैं। कमरा-ए-जमाअत में तलबा पढ़ने के लिए ज़हनी और नफ्सियाती तौर पर तैयार नहीं होते, जिसकी वजह से असातिज़ा के लिए एक साथ कई चैलेंजेज़ सामने आ जाते हैं। कमरा-ए-जमाअत में उर्दू का उस्ताद आमतौर पर इस मसले से नबुर्दआज़मा (दो-चार) होता है, जिसका हल निकालना उन पर लाज़िम है।

तलबा की अहलियत (योग्यता)

असातिज़ा के सामने दूसरा बड़ा मसला तलबा की साबक़ा मालूमात (पूर्व जानकारी) है। तदरीस शुरू करने से पहले तलबा की साबक़ा मालूमात की जाँच अहम होती है। इसको सामने रखते हुए असातिज़ा तदरीसी तरीक़ेकार का ताना-बाना बुनता है। कमरा-ए-जमाअत में तदरीसी तजुर्बे (शिक्षण अनुभव) से साबित होता है कि सानवी दरजात (माध्यमिक कक्षाओं) में आने वाले तलबा की अक्सरियत में लिसानी क़ाबिलियत (भाषिक योग्यता) का फ़ुक़दान (कमी) होता है। जितनी सलाहियत इन दरजों में दरकार होती है उतनी सलाहियत इनमें आमतौर पर नहीं पायी जाती। हालाँकि तलबा से उम्मीद की जाती है कि वो उर्दू ज़बान की बुनियादी महारतों पर दस्तरस (कुशलता) रखता हो।[4]

सानवी (माध्यमिक) और आला सानवी जमाअत (उच्च माध्यमिक कक्षाओं) में तलबा से उम्मीद की जाती है कि वो उर्दू ज़बान की बुनियादी महारतों पर क़ुदरत रखते हों। बच्चों की सानवी जमाअत से उर्दू अदब (साहित्य) शुरू हो जाता है। इसलिए यहाँ पर ज़बान की अमोज़िश से ज़्यादा उर्दू अदब की तफ़हीम पर तवज्जेह की ज़रूरत होती है। इन दरजों में तलबा के अन्दर अदबफ़हमी (साहित्य समझने) की सलाहियत पैदा की जाती है और ख़ासतौर पर शअरी और नस्री इज़्ाफ़ (पद्य और गद्य) की समझ पैदा की जाती है। असातिज़ा का कमरा-ए-जमाअत में ऐसे तलबा से सामना होता है जो इबारतख्वानी (पाठ-पठन) और इमलानवीसी (श्रुतलेखन) की सलाहियत से महरूम होते हैं तो ये बड़ा मसला बन जाता है। ऐसी सूरत में अगर उस्ताद चन्द तलबा को नज़रअन्दाज़ करके बाक़ी दीगर तलबा जो ज़बान की बुनियादी महारतों से वाकिफ़ हों, उन पर तवज्जेह दे और निसाबी मवाद (पाठ्य समग्री) के मुताबिक़ फ़नपारे (नमूने) की तशरीह-ताबीर (व्याख्या) करे तो दूसरे तलबा के साथ ज़्यादती होती है। और अगर वो कमज़ोर तलबा के मुताबिक़ ज़बान सीखने पर तवज्जेह देता है तो भी बाज़ तलबा के साथ ज़्यादती होती है। ऐसी सूरत में उस्ताद कशमकश का शिकार हो जाता है।[5]

तलबा की तादाद

मौजूदा तालीमी निज़ाम में एक कमरा-ए-जमाअत में आमतौर पर 40 से 50 तलबा होते हैं। उनमें तमाम तलबा का ज़हन यकसां (समान) नहीं होता है। उनके दरमियान काफ़ी तफ़ारुक़ (फ़र्क़) होता है। बयैक (एक ही) वक़्त इतने तलबा के नफ्सियाती मसाइल को सिर्फ़ क्लासरूम में समझना मुश्किल काम है। नज़रियाती ऐतबार से तो मुमकिन मालूम होता है लेकिन अमली तजरबा (व्यावहारिक अनुभव) बहुत मुश्किल है। यहाँ ये सवाल हो सकता है कि तदरीस सबसे कम सतह के तलबा के ऐतबार से की जा सकती है। लेकिन इस फ़लसफ़े का इतलाक़ (लागू करना) अमली तौर पर मुमकिन नहीं। इसलिए कि तदरीसी तजरबात से ये साबित होता है बल्कि कमरा-ए-जमाअत में कई मर्तबा ऐसा भी हुआ है कि एक अफ़साने (कहानी) की तदरीस इस तौर पर की गयी कि सबसे पहले कहानी का ख़ुलासा (सार) तलबा के सामने दिलचस्प तरीक़े से पेश किया गया, तलबा पूरे इन्हमाक (मगन होकर) के साथ समाअत (सुनते) करते रहे और उनके अन्दर तजस्सुस (जिज्ञासा) भी पैदा होता रहा, लेकिन जूं ही कहानी ख़त्म हुई और उससे मुताल्लिक़ सवालात पूछे गये ज़हीन और कमज़ोर दोनों ही तरह के तलबा की तरफ़ से जवाबात आये। लेकिन दिलचस्पी पैदा करने के बाद इबारतख्वानी (पाठ-पठन) के ज़रिये मतन (सामग्री) की तफहीम (व्याख्या) कराने की बारी आयी तो ज़्यादातर तलबा का रद्‌देअमल मनफ़ी (नकारात्मक) रहा कि वो इबारतख्वानी के ज़रिये तफ़हीम नहीं चाहते थे।

मज़कूरा (ज़िक्र की गयी) सूरत-ए-हाल ऐसे तलबा की वजह से पैदा हुई है जो ज़बान की बुनियादी महारतों (लिखने, पढ़ने और बोलने) पर मुकम्मल दस्तरस (महारत) नहीं रखते। चेजाये की कहानी का ख़ुलासा (सार) लिख सकें। जबकि इस सतह पर तलबा के अन्दर लिखने की सलाहियत पैदा करना मक़सूद है। तदरीस का मक़सद है कि वो इस क़ाबिल हो जायें कि जब उस्ताद किसी कहानी का खुलासा ज़बानी तौर पर बयान कर दे तो वो उसको आसानी से लिख सकें। तलबा की तादाद कम होने की सूरत में, उस्ताद इन्फ़रादी (व्यक्तिगत) तौर पर तवज्जेह दे सकता है, ज़हीन और क़ाबिल तलबा के साथ ग्रुपबन्दी कर सकता है। लेकिन कसरत-ए-तादाद (अधिक संख्या) की वजह से ऐसा करना मुमकिन नहीं होता।

तदरीसी वसाइल (शिक्षण के साधन)

उर्दू ज़बान की तदरीस में ख़ासतौर पर दो चन्द चीज़ें ही मुअस्सर-ओ-मुआविन (प्रभावी और मददगार) होती हैं। उनमें से एक विडियो का मवाद (सामग्री) है

और दूसरा ऑडियो का तरीक़ा। शायरी की तदरीस में तलबा को ग़ज़ल सुनाई जा सकती है। इसके लिए जदीद तकनीकी आलात (नये तकनीकी संसाधन) और स्मार्ट क्लासरूम की ज़रूरत होती है जो कि बहुत कम स्कूलों में दस्तयाब (उपलब्ध) हैं। और अगर ये सहूलत होती भी है तो उर्दू के असातिज़ा के लिए उसके इस्तेमाल का मसला है। अलबत्ता नयी नस्ल को इसमें कोई परेशानी नहीं होती। ज़बान की अमोज़िश में समाअत (सुनने) का ग़ैरमामूली रोल है। ऑडियो के ज़रिये इस काम को पूरा किया जा सकता है। इसके लिए स्मार्ट क्लासरूम ज़रूरी है। छोटी-छोटी कहानियों को फ़िल्माया गया है, इसकी वजह से तदरीस आसान और मुअस्सर करने के लिए भी इंटरनेट और स्मार्ट क्लास की ज़रूरत पेश आती है जो कि नहीं है। और अगर कहीं होता भी है तो इतना कम वक़्त होता है कि क्लास शुरू होने में ही दस मिनट गुज़र जाते हैं। फिर उसको बन्द करके रखने में पाँच मिनट गुज़र जाते हैं। वसाइल (संसाधनों) की ये कमी कमरा-ए-जमाअत में मसला खड़ा करती है।

तकमील-ए-निसाब (पाठ्यक्रम को पूरा कराने) **का बोझ**

एक अहम मसला निसाब की तकमील (पूरा कराने का) है, वक़्त कम हो या ज़्यादा, मुअल्लिम (शिक्षक) को मजूज़ा निसाब की तकमील करानी ज़रूरी है। जिन बाज़ तलबा के अन्दर तेज़ी के साथ अमोज़िश (सीखने) की सलाहियत नहीं होती, उनको क्लास में दुश्वारी होती है, मुश्किलात का सामना करना पड़ता है। ऐसे तलबा किसी तरह पास होकर ऊपर की जमाअत में चले तो जाते हैं लेकिन उनको साबक़ा मालूमात की कमज़ोरी का सामना करना पड़ता है और ये कमजोरी रफ़्ता-रफ़्ता आगे बढ़ती रहती है। और फिर आख़िरकार उर्दू मज़मून से वो अदम दिलचस्पी (नापसन्दीदगी) के शिकार हो जाते हैं। कभी-कभी तकमील-ए-निसाब का बोझ इसलिए भी होता है कि उस्ताद के लिए अमोज़िश की ज़्यादा अहमियत होती है। जब तक हर एक तालिबे इल्म की तरफ़ से तशफ़्फ़ी (तसल्ली) नहीं हो जाती है तब तक सबक़ को आगे बढ़ाना तलबा पर ज़्यादती करने के मुतरादिफ़ (बराबर) है।

कमरा-ए-जमाअत में ज़बान की अमोज़िश की सतह को बरक़रार रखना ज़्यादा अहम होता है ताकि तलबा के अन्दर मतनफ़हमी (पाठ की समझ) की आदत पड़ सके और ये कसरत (अभ्यास) इबारत ख्वानी (पाठ पठन) से ही मुमकिन होती है। जिस क़दर मतन की इबारत ख्वानी होगी, तलबा के अन्दर उसी क़दर मुताले (अध्ययन) की महारत पैदा होगी। इन सब गोशों (क्षेत्रों) को एक साथ लेकर तदरीस करने से निसाब पूरा कराना उस्ताद के लिए मज़ीद मुश्किल होता है और

अगर उस्ताद निसाब पूरा कराने पर वक़्त सर्फ़ करता है तो तलबा की अमोज़िश ग़ैर-मामूली तौर पर मुतास्सिर होती है। ज़हीन तलबा तो कुछ हद तक सीख लेते हैं लेकिन अदना (कम) और औसत दरजे के तालिबे इल्म के लिए अमोज़िश तो दूर की बात है, पास होने के लाले पड़ जाते हैं।[6]

दूसरी बात ये है कि बाज़ असातिज़ा बोझ समझकर निसाब की तकमील करते हैं। असातिज़ा निसाब मुकम्मल करने को क़र्ज़ समझते हैं, जिससे ज़बान की अमोज़िश का तसव्वुर महज़ ख़ाम-ए-ख़्याल रह जाता है। इसलिए असातिज़ा की तरफ़ से कमरा-ए-जमाअत में ये मसला पैदा होता है जिसका तदारुक (समाधान) ज़रूरी है। अगर असातिज़ा उर्दू निसाब की तालीम को फ़र्ज़ समझकर तलबा के मुस्तक़बिल (भविष्य) को सामने रखते हुए करें तो कामयाब तदरीस हो सकती है।[7]

वक़्त की कमी

आमतौर पर कमरा-ए-जमाअत में जिस सतह के तालिबे इल्मों से साबक़ा पड़ता है उनके लिए रोज़ाना का वक़्त कम पड़ता है। इसमें कोई शक नहीं है कि ज़बान की अमोज़िश के लिए वक़्त दरकार होता है। इसमें इमलानवीसी (श्रुतलेख), इबारतख्वानी (पाठ का पठन), अशआर का हिफ्ज़ (कविता कंठस्थ करना) और उनकी इस्लाह-ओ-दुरुस्तगी (चेकिंग) के लिए इज़ाफ़ी वक़्त दरकार होता है। अगर इन मरहलों (चरणों) से असातिज़ा तलबा को न गुज़ारे और तलब के साथ मेहनत न करें तो ज़बान की आमोज़िश मुमकिन नहीं और बच्चों में ये कमजोरियाँ हमेशा के लिए आ जाती हैं। ज़्यादा वक़्त होने पर ही तलबा से साबक़ा मालूमात की जाँच मुमकिन हो सकेगी।

शअरी असनाफ़ (कविता की विधा) में याददाश्त की जाँच ज़रूरी हो जाती है, तलबा को नज़्में याद करने के लिए दी जाती हैं, अगर उनकी जाँच नहीं होगी, तो तलबा याद नहीं करेंगे। ताहम सानवी और आला सानवी जमाअत में नज़्में और ग़ज़लें ख़ासतौर पर ज़बानी याद होना ज़रूरी हैं। तलबा याद कर रहे हैं या नहीं, ये जानना उस्ताद के लिए ज़रूरी है। और ये रोज़ाना सबक़ सुनने पर मबनी (आश्रित) है। और इसके लिए इज़ाफ़ी वक़्त (अतिरिक्त समय) दरकार है। इसलिए ये बात कही जा सकती है कि कमरा-ए-जमाअत का एक मसला वक़्त की कमी भी है।[8]

तलबा का असातिज़ा पर इन्हसार (आश्रित रहना)

तिफ़्ल मरकूज़ (विद्यार्थी केन्द्रित) तदरीस पर काफ़ी ज़ोर दिया जाता है। ट्रेनिंग कॉलेजों और यूनिवर्सिटियों में असातिज़ा की तरबियत भी इसी तरह होती है।

ज़्यादातर असातिज़ा कमरा-ए-जमाअत में काम करवाते हैं। और ख़ासतौर पर प्राइवेट स्कूलों में ये ज़रूर होता है। हर्फ़-ब-हर्फ़ (शब्दश:) उस्ताद ब्लैक बोर्ड पर सारे सवालों के जवाब लिख देते हैं। तलबा वहाँ से नक़्ल (उतार) कर लेते हैं। तलबा ख़ुद से सवालात हल नहीं करते। ये तरीक़ा दूसरे मज़ामीन (विषयों) में तो मुअस्सर (प्रभावी) हो सकता है लेकिन ज़बान की आमोज़िश में ये तरीक़ा बिल्कुल मुफ़ीद (लाभकारी) नहीं हैं। ज़बान की आमोज़िश में तलबा को ख़ुद मतन (सामग्री) को दस-बीस मर्तबा पढ़ना होता है। पढ़कर कम-से-कम पाँच-दस मर्तबा सबक़ का ख़ुलासा (सार) लिखने की लाज़मी मश्क़ (अनिवार्य अभ्यास) भी ज़रूरी है जो कि कमरा-ए-जमाअत में मुमकिन नहीं। कमरा-ए-जमाअत में उस्ताद जिन ख़ुतूत (कामों) की तरफ़ इशारा करता है उन पर मेहनत-ओ-लगन से घर पर काम करना तलबा के लिए लाज़मी होता है। लेकिन जब पका-पकाया सब कुछ मिल जाता है तो तलबा मेहनत से घर पर कोई काम नहीं करते हैं। रट-रटाकर इम्तिहान देते हैं, जिसका नुक़सान उन्हें ख़ुद उठाना पड़ता है।

ये हक़ीक़त है कि तिफ़्ल मरकूज़ तालीम मुअस्सर है लेकिन ये भी जानना ज़रूरी है कि किन हालात में तिफ़्ल मरकूज़ तालीम मुअस्सर है और किन हालात में नहीं। हिन्दुस्तानी तालीमी निज़ाम में तिफ़्ल मरकूज़ तालीम मुअस्सर है या नहीं इस पर सवालिया निशान है। इसलिए तलबा को समझना ज़रूरी है। और फिर तलबा के मेअयार के मुताबिक़ असातिज़ा का तअय्युन (निर्धारण) होना चाहिए। हुकूमत के लिए वाजिब है कि वो तलबा के लिए ज़रूरी असातिज़ा का इंतखाब करे। लेकिन ये तसव्वुर ख़ाम-ए-ख़्याल (निरर्थक) है।

गाइड की दस्तयाबी (उपलब्धता)

एनसीईआरटी की किताबों की गाइड मार्किट में मौजूद है। तलबा नफ्सियाती और उस पर इन्हसार (आश्रित) कर लेते हैं। चूँकि उनके पास बदल मौजूद होता है इसलिए कमरा-ए-जमाअत में तवज्जो कम देते हैं। ज़बान सीखने की तरफ़ा मुतवज्जे भी नहीं होते। गाइड ने तलबा के ज़हन पर ग़ैरमामूली मनफ़ी (असाधारण नकारात्मक) असर मुरत्तब (डाल) कर रखा है। ये एक ऐसा मसला है जिसने उस्ताद और शागिर्द दोनों को गुमराह कर रखा है। दरअसल उस वक़्त तलबा इस बात को समझने से क़ासिर (असमर्थ) मालूम होते हैं कि असल तालीम मालूमात हासिल करना नहीं, बल्कि तालीम का मक़सद आमोज़िश है, जोकि गाइड से नहीं हो सकती।

ज़बान की तालीम में किसी ग़ज़ल की तशरीह जान लेना इल्म नहीं है बल्कि असल इल्म ये है कि किस तरह एक ग़ज़ल की तशरीह जान लेने से दूसरी ग़ज़ल

की तशरीह ख़ुद-ब-ख़ुद कर सकें। तलबा के अन्दर ये सलाहियत पैदा करना है कि वो अदब की तशरीह-ओ-तफहीम (व्याख्या और बोध) के टूल्स (Tools) समझ सकें। और वो इसका इन्तिबाक़ (लागू) दूसरी जगह कर सकें। लेकिन गाइड ने तलबा को अपनी तरफ़ मुतवज्जे कर लिया है। जिसकी वजह से तलबा इस पर इन्हसार करने लगे हैं। और ज़बान की तदरीस के असल मक़सद से दूर होते जा रहे हैं। कमरा-ए-जमाअत में उस्ताद अदब फ़हमी (साहित्य बोध) की तकनीक बताता है। वो एक अफ़साने (कहानी) की तदरीस करता है। उसके ज़मन में अफ़साने के तकनीकी मसाइल से तलबा की वाक़िफ़ियत कराता है। गाइड ने काफ़ी हद तक इल्मी रूहानियत को नुक़सान पहुँचाया है।

तलबा की नम्बरों के लिए जद्दोजहद

मौजूदा दौर में तलबा के अन्दर नम्बरों की होड़ लगी हुई है। कमरा-ए-जमाअत में इसके ग़ैरमामूली असरात पड़ते हैं। नम्बरों के हुसूल (प्राप्ति) ने जहाँ तलबा के अन्दर दरजाबन्दी (स्तरीकरण) कर दी है वहीं आमोज़िश की सतह को भी नुक़सान पहुँचाया है। इम्तिहान के अय्याम (दिनों) में तलबा मेहनत करते हैं जबकि आम दिनों में देखना पसन्द नहीं करते। जबकि आमोज़िश मुसलसल कोशिश से होती है। और ज़बान की आमोज़िश दो चन्द महीनों में नहीं होती है। एक लफ्ज़ को ज़बान बनने में कम-अज़-कम सौ मर्तबा उसका इस्तेमाल करना होता है। जब तलबा के ज़हन में नम्बरों का हुसूल ही मक़सद बन जाता है तो वो उर्दू ज़बान की आमोज़िश के लिए नहीं पढ़ता बल्कि किसी और ही मक़सद से पढ़ता है जिसकी तफ़सील (विवरण) यहाँ मुमकिन नहीं। बाज़ तलबा के ज़हन में ये बात होती है कि काम भर के नम्बर आ जाते हैं तो मज़ीद (अधिक) मेहनत करने की क्या ज़रूरत है। बच्चों के ज़हन में इल्म की अहमियत कम और नम्बरों की अहमियत ज़्यादा होती है। ये अगरचे (भले ही) तलबा का क़ुसूर नहीं है, ये हिन्दुस्तानी समाज का क़ुसूर है कि जिनके नम्बर ज़्यादा होते हैं उनको अहमियत दी जाती है। और जिनके नम्बर कम आते हैं उनकी अहमियत की तरफ़ कोई ख़ास तवज्जेह नहीं दी जाती है।

तलबा की बेख़ौफ़ी

माज़ी क़रीब (कुछ समय पहले तक) तक तलबा के अन्दर असातिज़ा (शिक्षकों) और इन्तज़ामिया (प्रबन्धकों) का खौफ़ और उनका एहतराम हुआ करता था। लेकिन मौजूदा वक़्त में तलबा नफ्सियाती तौर पर बेख़ौफ़ और निडर मालूम होते

हैं और उनके अन्दर से एहतिराम का जज़्बा भी निकलता जा रहा है। उन्हें मालूम है कि कोई उस्ताद या इन्तज़ामिया उन्हें ज़द-ओ-कोब या सज़ा नहीं दे सकती। तलबा क़ानून का नाजायज़ फ़ायदा उठाते हुए सुस्ती और काहिली बरतते हैं। माहिर-ए-नफ्सियात (मनोविज्ञान के विशेषज्ञों) के मुताबिक़ कभी-कभी सख़्ती नागुज़ीर (ज़रूरी) होती है। तालीम-ओ-तरबियत में खौफ़-ओ-शौक़ दोनों की अहमियत है। बाज़ तलबा खौफ़ से काम करते हैं तो बाज़ शौक़ से। सुस्ती और काहिली जैसे मर्ज़ से बचाने के लिए तलबा के अन्दर क़द्रे खौफ़ ज़रूरी है। इससे वो जज़्बाती तौर पर काम करने के लिए फ़िक्रमन्द होते हैं और ये फ़िक्र उनकी ज़िन्दगी में आमोज़िश के अमल को मुस्तहकम (स्थिर) बनाती है।[9]

असातिज़ा का ग़ैरज़िम्मेदाराना रवैया

एक तरफ़ तो इन्तज़ामिया की वजह से कमरा-ए-जमाअत के मसाइल पैदा होते हैं तो दूसरी तरफ़ असातिज़ा की तरफ़ से भी कम मसाइल नहीं पैदा होते हैं। अक्सर-ओ-बेशतर देखने में आता है कि उनका ज़बान के तईं (प्रति) ग़ैरज़िम्मेदाराना रवैया होता है। असातिज़ा जदीद (नये) तरीक़े का इस्तेमाल करने से गुरेज़ करते हैं। शऊरी तौर पर तलबा के साथ उनका इश्तिराक़ (सहयोग) कम होता है। बेदिली से असबाक़ की तरसील (सबक़ पढ़ाते) करते हैं। उनमें सबक़ की मंसूबाबन्दी (योजना बनाना) और मुताले (अध्ययन) का फ़ुक़दान (कमी) होता है। जबकि ज़बान की आमोज़िश में असातिज़ा का काम तलबा की निस्बत (अपेक्षाकृत) बढ़ जाता है। इसलिए कि उनके पास तहलील-ओ-तक़रीर की जाँच करने के लिए काफ़ी मेहनत दरकार होती है। हर एक तालिब-ए-इल्म की हैसियत को समझते हुए उनके लिए लायेह अमल (उपयुक्त कार्य) तय करने में वक़्त दरकार होता है। इसके लिए मुताले (अध्ययन) की ज़रूरत होती है। लेकिन असातिज़ा उन चीज़ों से जी चुराते हैं जिनकी वजह से कमरा-ए-जमाअत में मसाइल पैदा होते हैं और उर्दू ज़बान की आमोज़िश मुतास्सिर होती है।[10]

मसाइल का मुमकिना तदारुक (समस्याओं के सम्भावित समाधान)

असातिज़ा की ईमानदारी

(अलिफ़) : ईमानदारी ऐसा ग़ैरमरई वसीला (ज़रूरी साधन) है जो कमरा-ए-जमाअत के अन्दर पैदाशुदा मसाइल हल करने की सलाहियत रखती है। उर्दू के असातिज़ा को ख़ासतौर पर ज़िम्मेदाराना रवैया अपनाने की ज़रूरत है। इसलिए कि

उनके कमरा-ए-जमाअत में ज़बान की अमोज़िश के ज़्यादा मसाइल पैदा होते हैं, जिनका ऊपर ज़िक्र हो चुका है। असातिज़ा की उर्दू से बेपनाह मुहब्बत और लगाव होता है तो वो हर मुमकिन कोशिश करते हैं कि किस तरह इसकी तदरीज-ओ-इशाअत (धीरे-धीरे प्रसार) हो सके। उर्दू की तजरीद-ओ-इशाअत कमरा-ए-जमाअत से ज़्यादा बेहतर कहीं से नहीं हो सकती है। उर्दू का हर उस्ताद इब्तिदाई सतह से ही ईमानदार होगा तो तलबा का सानवी और आला सानवी तक पहुँचते-पहुँचते एक बाक़ायदा मेअयार हो चुका होगा जिसकी उम्मीद सानवी जमाअत का उस्ताद करता है।

असातिज़ा को एक तरफ़ ईमानदार होना चाहिए तो दूसरी तरफ़ उनको अपने अन्दर उस्ताद वाली अच्छी सिफ़ात (गुण) भी पैदा करना चाहिए। तदरीसी तकनीक सिर्फ़ ट्रेनिंग से हासिल नहीं की जा सकती बल्कि उसके लिए फ़ितरी जौक़ (स्वाभाविक शौक़) का होना ज़रूरी है। असातिज़ा को सिर्फ़ निसाब पूरा कराने पर तवज्जेह नहीं देना चाहिए बल्कि उनको तलबा के साथ एक हमआहंगी (सामंजस्य) पैदा करने की ज़रूरत होती है जिसके सबब तलबा क्लासरूम में बातचीत के ज़रिये सीख सकें। असातिज़ा का मसाइल हल करने में ग़ैरमामूली किरदार होता है। अगर उनके अन्दर तलबा से मुहब्बत, सिखाने का जज़्बा, उनके मुस्तक़बिल (भविष्य) का ख़्याल, उनसे हमदर्दी, ज़िम्मेदारी का एहसास, ज़बान के साथ गहरी वाबस्तगी (जुड़ाव), तलबा के साथ ख़ुशगवार रिश्ते वग़ैरह जैसी सिफ़ात (गुण) हों तो कमरा-ए-जमाअत के कई मसाइल आसानी से हल हो सकते हैं।

(बे) : एक अहम बात जिसकी तरफ़ असातिज़ा को ख़ासतौर पर काम करने की ज़रूरत है वो है ज़बान का लहजा। हर सिन्फ़ (विधा) की तदरीस शिक्षण का मिन्हाज (तरीक़ा) अलग होता है ताहम उसकी पेशकश (प्रस्तुति) दिलकश होना चाहिए। इबारत (लेख) का जो तकाज़ा है उसका पूरा करना पहले असातिज़ा (शिक्षक) पर लाज़िम है। इबारत में जहाँ मकालमा (संवाद) है उसकी क़िराअत (पठन) में मकालमाती (नाटकीय) अन्दाज़ हो, जहाँ पर ज़ोर देकर पढ़ना है, वहाँ आवाज़ ऊँची हो, कहीं पर मुहब्बत भरे जुमले हैं तो वहाँ मुशफ़्फ़िक़ाना (नर्म) अन्दाज़ हो। ग़ुस्से वाली बात पर ग़ुस्से का लहजा हो। मिन्जुमला ये कि उस्ताद को उर्दू ज़बान की तदरीस करते हुए अदाकारी (नाटकीय) का अन्दाज़ अपनाना ज़रूरी है। इसमें शर्म-ओ-हया को बाला-ए-ताक़ रखकर (छोड़कर) ज़बान की नज़ाकत को समझते हुए तलबा के सामने उसके जुमला-ए-नुक़ात (मुख्य बिन्दु) पेश करें। ऐसा न हो कि एक ही रफ़्तार में, एक ही तरीक़े से इबारत ख्वानी (पाठ-पठन) हो और तलबा बोरियत के शिकार हो जायें।

मुअस्सर तदरीस (प्रभावी शिक्षण) के लिए असातिज़ा को अदाकारी करने पर ख़ुद को आमादा करने की ज़रूरत है। जिस कमरा-ए-जमाअत में अदाकारी का असलूब (तरीक़ा) नहीं इख़्तियार किया जाता वहाँ पर बेहतर आमोज़िश नहीं हो सकती है। उसके लिए असातिज़ा के पास ही इसका बेहतरीन हल है। असातिज़ा को लिसानियत (भाषा) की बारीकियों का माहिर होना ज़रूरी है।[11] असातिज़ा की तरबियत स्कूलों के मुशाहिदात (अवलोकनों) और उनके मसाइल (मसलों) की रौशनी में होनी चाहिए। इसलिए कि कमरा-ए-जमाअत में बेहतरी के इमकानात (सम्भावनाएँ) के इन्हसार (ज़िम्मेदारी) उन्हीं पर हैं। कमरा-ए-जमाअत के मसाइल हल करने का ज़्यादातर दारोमदार असातिज़ा पर ही होता है। इसलिए पेशावराना तदरीस शुरू करने से पहले उनकी तरबियत का अन्दाज़ बदलना होगा। ख़ासतौर पर उर्दू की तरबियत में क़दीम (पुराना) रिवाज है, कमरा-ए-जमाअत में उसका इन्तिबाक़ (मुताबिक) नहीं हो सकता है।[12]

लिसानी मुसाबिक़ा (भाषायी प्रतियोगिता)

ज़बान की आमोज़िश के लिए लिसानी कल्ब (भाषिक प्रतियोगिता) का होना ज़रूरी है जिसके तहत तलबा लिसानी मुसाबिक़े (भाषायी प्रतियोगिताएँ) मुनाक़्क़िद (संगठित) कर सकें।[13] लिसानी मुसाबक़ा तलबा की सलाहियत को उभारता है। हफ़्तावाराना (साप्ताहिक) मुसाबिक़े का इनअक़ाद तलबा के अन्दर उर्दू सीखने की ख़्वाहिश पैदा करता है। हालाँकि लिसानी मुसाबक़े होते हैं लेकिन आमतौर पर इनाम हासिल करने के लिए होते हैं, आमोज़िश के लिए नहीं होते। अगर आमोज़िश की सतह पर ये मुसाबिक़े हों तो ज़बान की आमोज़िश आसान हो सकती है। इससे तलबा के अन्दर जोश-ओ-जज़्बा पैदा होगा और इसका असर कमरा-ए-जमाअत में होगा। लिसानी मुसाबक़े में नग़मासराई (गीत-पठन), दास्तानगोई (कथावाचन), दीवारी रिसाले (दीवार पत्रिकाएँ) व जराइद, तक़रीरी (भाषण) मुक़ाबले, बहस-ओ-मुबाहिसे (वाद-विवाद), अदबी (साहित्यिक) क्विज़, बैंतबाज़ी, मज़मून नवीसी (निबन्ध लेखन) और ड्रामा निगारी (नाटक लेखन) और उसकी पेशकश (प्रस्तुति) ख़ास तौर पर क़ाबिले ज़िक्र हैं।[14] उर्दू ज़बान की आमोज़िश में मुआविन (सहयोगी) सरगर्मियों का होना ज़रूरी है। इसका वाज़ेह (स्पष्ट) मतलब ये हुआ कि कमरा-ए-जमाअत में निसाब की तकमील ज़बान की आमोज़िश के लिए काफ़ी नहीं है। इसके लिए मुआविन सरगर्मियों (सहयोगी गतिविधियों) का इनअक़ाद (संगठन) लाज़मी है। तलबा को निसाब के बाहर बहुत कुछ सीखने की ज़रूरत होती है जिसकी वजह से वो कमरा-ए-जमाअत में फ़आल किरदार (सक्रिय भूमिका) अदा कर सकते हैं।[15]

तरग़ीबी सेशन (प्रोत्साहन सत्र)

उर्दू के लिए ख़ासतौर पर तरगीबी सेशन तलबा के अन्दर दिलचस्पी फ़राहम करने का बेहतरीन ज़रिया है। मुहिब्बाने उर्दू (उर्दू प्रेमी) दस-पन्द्रह मिनट भी उर्दू की अहमियत व अफ़ादियत (फ़ायदे), उसकी ज़रूरत-ओ-अहमियत, तहज़ीब-ओ-तमद्दुन (संस्कृति और सभ्यता) और अपनाइयत पर तलबा को रग़बत (प्रोत्साहन) दिलायें तो इसका बराहेरास्त (प्रत्यक्ष) असर कमरा-ए-जमाअत में पड़ेगा। ताहम असातिज़ा ख़ुद ये काम कर सकते हैं लेकिन उनके अलावा अगर कोई दूसरा शख़्स इस सेशन को लेता है तो तलबा की दिलचस्पी बढ़ जाती है और मन्हज (तरीक़ा) भी नया होता है। आमतौर पर नये शख़्स की वजह से जोश-ओ-जज़्बा भी अलग होता है।

सानवी और आला सानवी जमाअत में तरगीबी सेशन तलबा के लिए बेहद मुफ़ीद-ओ-कारआमद साबित होते हैं। इससे तलबा का जौक़ बढ़ता है, उनकी दिलचस्पी बढ़ती है और फिर वो कमरा-ए-जमाअत में नये जोश-ओ-जज़्बे के साथ शरीक़ होते हैं। तरगीबी सेशन में ख़ासतौर पर समाजी और तरगीबी मश्क़ (प्रोत्साहन अभ्यास) की ज़रूरत होती है। तलबा जिस क़द्र समाअत (सुनेंगे) करेंगे उसी क़द्र बोलने पर भी क़ादिर होंगे।[16] इससे तलबा के अन्दर बोलने की सलाहियत पैदा होती है। और उनके अन्दर ख़ुदएतमादी (आत्मविश्वास) पैदा होती है। जिसका इज़हार वो कमरा-ए-जमाअत में कर सकते हैं। कमरा-ए-जमाअत में सवाल दरयाफ्त (पूछने) करने में उनके साथ दुश्वारी पैदा नहीं होगी।

तलबा की दरजाबन्दी (स्तरीकरण)

ये काम स्कूलों की इंतज़ामिया असातिज़ा (शिक्षकों) की सिफ़ारिशात से कर सकती है। स्कूल के इन्तज़ामिया को सालाना दर्जाबन्दी करनी चाहिए। तलबा के किरदार और उनके इल्मी मेअयार पर तफ्सीली गुफ़्तगू करके वो उसके हल तलाश कर सकते हैं। दर्जाबन्दी के लिए असातिज़ा में इज़ाफ़ा (बढ़ोतरी) भी करना पड़ सकता है। एक कमरा-ए-जमाअत में ज़बान जानने वाले या न जानने वाले दोनों तरह के तलबा हों तो उनके लिए अलग से असातिज़ा का इन्तखाब करके उनके लिए कमरा-ए-जमाअत बदल देना मुफ़ीद होता है। तलबा की ज़हनी सलाहियत को सामने रखते हुए उनकी दर्जाबन्दी करने से ज़बान की आमोज़िश बेहतर हो सकती है। असातिज़ा को अपने मुशाहिदात (अवलोकनों) की बिना पर दर्जाबन्दी करके तलबा के साथ मुश्तरका (संयुक्त) कोशिश करनी चाहिए। इससे ज़बान की आमोज़िश की उम्मीद बढ़ जाती है।[17]

इम्तिहान के नताइज में बच्चों की नफ्सियाती मन्हज (मनोवैज्ञानिक तरीक़े से) पर दर्जाबन्दी करने से उनकी आमोज़िश (सीखने) के इमकानात बढ़ जाते हैं। क़ाबिलियत-ओ-सलाहियत की बिना पर तलबा की तक़सीम उनकी आमोज़िश में मुआविन-ओ-मददगार साबित होती है।[18]

इज़ाफ़ी (अतिरिक्त) क्लासेज़ का एहतिमाम

कमज़ोर बच्चों के लिए असातिज़ा इन्तज़ामिया (प्रबन्धकों) की मदद से इज़ाफ़ी क्लासेज (अतिरिक्त कक्षाओं) का एहतिमाम करके कमरा-ए-जमाअत के मसाइल हल कर सकते हैं। ऐसा करने से तलबा के अन्दर ख़ुदएतमादी पैदा होगी। उनको ख़ास तवज्जेह भी दी जा सकेगी। ख़ास तवज्जेह ऐसा आला है जो तलबा को तेज़ी के साथ आमोज़िश के लिए उभारता है। कमरा-ए-जमाअत में कमज़ोर तलबा पर आमतौर पर असातिज़ा तवज्जेह नहीं दे पा रहे हैं। ये तवज्जेह अलग से मिल जाने पर इन बच्चों में ज़बान की अमोज़िश की ज़िम्मेदारी पैदा होगी और वो सीखने की मज़ेद कोशिश करेंगे। ये काम उसी वक़्त मुमकिन है जब असातिज़ा और इन्तज़ामिया के अन्दर तदरीसी (शिक्षण) रूह हो। उनके अन्दर सिखाने की हवस हो। तलबा को सजाने और सँवारने की तड़प हो। ये बात वाज़ेह (स्पष्ट) रहे कि तालीमी मार्केटिंग ने तलबा की आमोज़िश को ग़ैरमामूली तौर पर मुतास्सिर (प्रभावित) किया है। प्राइवेट स्कूलों में ख़ासतौर पर मार्केटिंग पर ज़ोर दिया जाता है। सरकारी स्कूलों में तसाहुली (सुस्ती) और हुकूमत की जानिबदारी (ताफदारी) का रोल अगरचे है लेकिन उर्दू को तवज्जेह देने की ज़रूरत है।

उर्दू ज़बान की अहमियत पर लेक्चर

उर्दू ज़बान हिन्दुस्तान की तहज़ीब-ओ-सक़ाफ़त (संस्कृति और सभ्यता) की अक्कासी (अक्स) करती है। क़ौम की तहज़ीब और उसकी ज़बान में चोली-दामन का साथ होता है। स्कूलों में साइंसी मज़ामीन (विषयों) की ग़ैरमामूली अहमियत ने दूसरे मज़ामीन की अहमियत को कमज़ोर करने में अहम रोल अदा किया है। इसलिए कभी-कभी माह-दो-माह में उर्दू ज़बान की अहमियत-ओ-अफ़ादियत पर माहिरीन-ओ-मुहक्क़िक़ीन (विशेषज्ञों और शोधकर्ताओं) के लेक्चर्स कमरा-ए-जमाअत के लिए मुफ़ीद (फ़ायदेमन्द) होंगे। ख़ासतौर पर मुसलमानों को इस पर तवज्जेह देने की ज़रूरत है। इसलिए कि अगर मुसलमान भी इस पर तवज्जेह नहीं देंगे तो फिर इसका हाल कभी बेहतर नहीं हो सकेगा। अदीबों (साहित्यकारों) का लेक्चर तलबा के लिए न सिर्फ़ तरगीब (प्रोत्साहन) का काम करेगा बल्कि उनकी

तख़्लीक़ी सलाहियतों (संरचनात्मक योग्यताओं) को उभरने में भी मदद करेगा। बराहेरास्त (प्रत्यक्ष) अदीबों (साहित्यकारों) से मुलाक़ात तलबा के जोश को बढ़ाने में काफ़ी मददगार साबित हो सकती है।

उर्दू ज़बान अदम तवज्जेही (उपेक्षा) का शिकार होती है और इसका असर कमरा-ए-जमाअत में साफ़ दिखता है। इस तरह के लेक्चर्स से काफ़ी हद तक तलबा के अन्दर उर्दू के तईं (प्रति) ख़ुदएतमादी पैदा हो सकती है। इस तरह के प्रोग्राम से कोई तालिब-ए-इल्म उर्दू ज़बान सीख तो नहीं सकता लेकिन उनमें सीखने का जज़्बा पैदा हो सकता है, जिसकी तकमील (पूरा होना) कमरा-ए-जमाअत में होगी।[19]

आई.सी.टी. (Information and Communication Technology) का इस्तेमाल

कमरा-ए-जमाअत में मल्टीमीडिया का इस्तेमाल मुअस्सर (प्रभावी) है। स्मार्ट बोर्ड की मदद से नज़्में और ग़ज़लें सुनाई जा सकती हैं। ख़ुशइल्हानी (मधुर स्वर) तलबा की तवज्जेह का मरकज़ (केन्द्र) होती है। मल्टीमीडिया के इस्तेमाल से न सिर्फ़ ज़बान को सीखने में मदद मिलेगी बल्कि जिन बच्चों की आवाज़ अच्छी होगी उनको नग़मासराई (कविता-पाठ) की तहरीक (प्रेरणा) भी मिलेगी। असातिज़ा कमरा-ए-जमाअत में तदरीस को मुअस्सर बनाने में आई.सी.टी. (ICT) का सहारा ले सकते हैं। इनमें एडुसेट, क्लास प्रोजेक्ट, ज्ञान दर्शन, वीसास चैनल, यूट्यूब वग़ैरह का इस्तेमाल किया जा सकता है। मुख़्तलिफ़ सूबाई (राज्य) हुकूमत और मरकज़ी (केन्द्र) हुकूमत के ज़रिये ऑनलाइन उर्दू समाअत-ओ-बसारत (सुनने और देखने) पर मबनी (आधारित) प्रोग्राम की तरफ़ तलबा को उभारा जा सकता है और उनकी ज़बान की आमोज़िश में इन वसाइल (ज़रियों) से मदद ली जा सकती है।[20]

असातिज़ा का इज़ाफ़ी (अतिरिक्त) वक़्त में तदरीस

कमरा-ए-जमाअत में ज़बान की तदरीस के तईं (प्रति) ढेरों मसाइल हैं। असातिज़ा उनको अपने तईं (तौर पर भी) भी हल करने की कोशिश कर सकते हैं। इसका तरीक़ा ये हो सकता है कि वो तलबा को कमरा-ए-जमाअत के अलावा इज़ाफ़ी वक़्त में पढ़ाने की कोशिश करें। इसमें इमलानवीसी (श्रुतलेख), नक़लनवीसी (अनुलेख), इबारतख़्वानी (पाठ-पठन) और मतनफ़हमी (सामग्री बोध) पर ज़ोर दें। तलबा की बुनियादी कमज़ोरियों की निशानदही (पहचान) कराएँ जो कि आमतौर

पर ज़बान की बुनियादी महारतों में होती हैं। और ये महारतें तलबा और असातिज़ा के इश्तिराक़ (भागीदारी) से पैदा हो सकती हैं। इसके लिए दोनों को इज़ाफ़ी वक़्त देने की ज़रूरत है। ज़बान की आमोज़िश में मश्क़ (अभ्यास) को ख़ास अहमियत हासिल है। लिखने और पढ़ने की मश्क़ जिस क़दर होगी, ज़बान उतनी ही बेहतर होगी। बुनियादी महारतों के फ़रोग़ (विकास) में ज़्यादा से ज़्यादा वक़्त देने पर कमरा-ए-जमाअत में उसका मसला ही नहीं रहेगा और बेहतर-ओ-मुअस्सर कमरा-ए-जमाअत का वुजूद हो सकता है। हिन्दुस्तान में ख़ासतौर पर इज़ाफ़ी औक़ात (अतिरिक्त समय) में तदरीस का रिवाज था और आज भी किसी-न-किसी हद तक ये रिवाज है लेकिन मेनस्ट्रीम में उसका फ़ुक़दान (कमी) है जिस पर तवज्जेह देने की ज़रूरत है। ये काम अगरचे सिर्फ़ असातिज़ा पर ही मोहमल (निर्भर) नहीं है लेकिन उनके बग़ैर इस काम का वुजूद भी नहीं हो सकता।

इन्तज़ामिया की तवज्जेह

इन्तजामिया की थोड़ी-सी तवज्जेह कई मसलों को हल कर सकती है। कमरा-ए-जमाअत में असातिज़ा और तलबा होते हैं लेकिन इन्तज़ामिया का किरदार पोशीदा (छिपा) होता है। जिस तरफ़ इन्तज़ामिया की तवज्जेह साइंसी मौज़ूआत की तरफ़ होती है, अगर उसी तरह वो तमाम मज़ामीन (विषयों) को यकसां तवज्जेह देंगे तो उर्दू की आमोज़िश का मसला भी आसानी से हल हो सकता है। इन्तज़ामिया की बेतवज्जेही का फ़ायदा असातिज़ा और तलबा दोनों उठाते हैं जिससे कमरा-ए-जमाअत में उर्दू की आमोज़िश नहीं हो पाती है। अगर इन्तज़ामिया इस मसले पर संजीदा (गम्भीर) हो जाये तो इसका असर असातिज़ा और तलबा दोनों पर पड़ेगा और कमरा-ए-जमाअत मुअस्सर (प्रभावी) होगा।

ज़रूरतन सख़्त इक़दामात (आवश्यकतानुसार क़दम उठाना)

कमरा-ए-जमाअत में उसूल-ओ-ज़वाबित (अनुशासन) की सख़्ती से पाबन्दी ज़रूरी है। असातिज़ा और तलबा दोनों पर ज़रूरत के एतबार से सख़्त कार्रवाई इन्तज़ामिया (प्रबन्धकों) की तरफ़ से होने लगे तो लाज़मी तौर पर दोनों संजीदा (गम्भीर) होंगे। अगर कोई तालिबे इल्म रोज़ाना के घर के काम करने में कोताही बरतता है तो असातिज़ा को चाहिए कि उस पर सख़्त क़दम उठायें और उसका पूरा साथ इन्तज़ामिया भी दे। और अगर ज़रूरत पड़े तो इन्तज़ामिया ख़ुद उस पर सख़्त एक्शन ले। तलबा की बेतवज्जेही का हिसाब न लेना उनके लिए मज़ीद कमरा-ए-जमाअत में मसाइल पैदा करने के मुतरादिफ़ (बराबर) है।[21]

ख़ुलासा (सार)

मज़कूरा (वर्णित) कमरा-ए-जमाअत की फ़ेहरिस्त (सूची) मुकम्मल (पूरी) नहीं है। इसमें हजफ़-ओ-इज़ाफ़े (कमी या बढ़ोतरी) की गुंजाइश है और उनके मसाइल के तदारुक (समाधान) के जितने तरीक़ों का ज़िक्र किया गया है वो भी हर्फ़-ए-आख़िर (अन्तिम) नहीं हैं। ज़बान की अमोज़िश (सीखने) में हिन्दुस्तान के मौजूदा तालीमी निज़ाम में मज़कूरा (वर्णित) मसाइल आमतौर पर पाये जाते हैं, जिनका तदारुक (समाधान) ज़बान के असातिज़ा, हुकूमतें और इन्तज़ामिया सभी पर ज़रूरी है ताकि तलबा उर्दू ज़बान की आमोज़िश (अधिगम) आसानी से हासिल कर सकें। उर्दू की ज़बूंहाली (बदहाली) से उर्दूदां (उर्दू जानने वाला) तबक़ा इनकार नहीं कर सकता, लेकिन इनमें बेहतरी पैदा करने के लिए कमरा-ए-जमाअत से जुड़े हुए हर मसले पर ग़ौर करना ज़रूरी है। असातिज़ा के तरबीयती इदारे (प्रशिक्षण संस्थानों) को इस पर ख़ास तवज्जेह देने की ज़रूरत है।

स्कूल के इन्तज़ामिया और असातिज़ा पर लाज़िम है कि वो अपनी बिसात (क्षमता) के मुताबिक़ कमरा-ए-जमाअत से मुताल्लिक़ मसाइल के तदारुक के लिए मुमकिन क़दम उठायें ताकि उर्दू ज़बान खस्ताहाली से बेहतरी की तरफ़ लौट सके। स्कूलों में ऐसा तालीमी निज़ाम क़ायम हो जिससे तलबा उर्दू की आमोज़िश शौक़ से करें न कि बोझ समझकर उर्दू की क्लास में जायें। कमरा-ए-जमाअत से जुड़े मसाइल अगरचे आम मसाइल हैं लेकिन उनकी तरफ़ बेतवज्जेही की वजह से ज़बान की आमोज़िश में रुकावटें पैदा होती हैं। कमरा-ए-जमाअत को सभी लोग मिलकर मुअस्सर बनायें ताकि वहाँ पर ज़बान ज़बान की हैसियत से पढ़ाई जा सके और तलबा भी दिलचस्पी के साथ पढ़ सकें।[23]

मसादिर-ओ-मराजिअ (सन्दर्भ):

1. तालीम की नफ्सियाती असास, साद : 329-334, मॉरिस, ए. एलिसन, मुतर्जिम : अब्दुल्लाह वली बख्श क़ादरी, तरक्क़ी उर्दू बैरो, नयी दिल्ली (1985)
2. https://www.jasarat.com/blog/2017/12/02/farooq-tahir-2/
3. उसूल-ए-तालीम और अमल-ए-तालीम, डी. एस. गोर्डन, मुतर्जिम : डॉ. ख़लील-उर-रहमान सैफ़ी प्रेमी, साद : 29-49.
4. ज़बान-ओ-अदब के तदरीसी पहलू, साद : 9, ग़ज़नफ़र, मुस्लिम एजुकेशनल प्रेस. बनी इस्राइलान, अलीगढ़ (2009)
5. तालीम-ओ-तदरीस के रौशन पहलू, साद : 106, रेज़ अहमद, एजुकेशनल पब्लिशिंग हाउस, नयी दिल्ली (2011)

6. विलिंस्की : अंडरस्टैंडिंग रीडिंग ए साइकोलॉजिकल एनालिसिस ऑफ़ रीडिंग एंड लर्निंग टू रीड, साद, 232 (1990)
7. इशारत-ए-तालीम, साद : 437-453, ऑस्टन, क़ौमी काउंसिल बराए फ़रोग़-ए-उर्दू ज़बान, मुतर्जिम : नूरु-उल-हसन (1987)
8. तालीम-ओ-तदरीस के रौशन पहलू, साद : 49, रियाज़ अहमद, एजुकेशनल पब्लिशिंग हाउस, नयी दिल्ली (2011)
9. तालीम-ओ-तदरीस के नये तनाज़ुर, साद : 53, हलीमा फ़िरदौस, कर्नाटक उर्दू अकादमी, बेंगलूरु (2011)
10. तालीम की नफ्सियाती असास, साद : 279, मॉरिस ए. एलिसन, मुतर्जिम : अब्दुल्लाह वली बख्श क़ादरी, तरक़्क़ी उर्दू बैरो, नयी दिल्ली (1985)
11. तालीम की नफ्सियाती असास, साद : 503-521, मॉरिस ए. एलिसन, मुतर्जिम : अब्दुल्लाह वली बख्श क़ादरी, तरक्क़ी उर्दू बैरो, नयी दिल्ली (1985)
12. तदरीस ज़बान-ए-उर्दू, साद : 43, इनामुल्लाह खान शेरवानी, सावित्री ऑफ़सेट प्रिंटिंग डिवीज़न, कलकत्ता (1989)
13. विलिंस्की : अंडरस्टैंडिंग रीडिंग ए साइकोलॉजिकल एनालिसिस ऑफ़ रीडिंग एंड लर्निंग टू रीड, साद, 35 (1990)
14. तदरीसनामा, साद : 34, जिल्द अव्वल, अकादमी बराए फ़रोग़-ए-इस्ताअदाद-ए-उर्दू मीडियम असातिज़ा, जामिया मिल्लिया इस्लामिया, नयी दिल्ली
15. विलिंस्की : अंडरस्टैंडिंग रीडिंग ए साइकोलॉजिकल एनालिसिस ऑफ़ रीडिंग एंड लर्निंग टू रीड, साद, 213 (1990)
16. इशारत-ए-तालीम, साद : 437-453, ऑस्टन, क़ौमी काउंसिल बराए फ़रोग़-ए-उर्दू ज़बान, मुतर्जिम : नूरु-उल-हसन (1987)
17. उर्दू की तालीम के लिसानियाती पहलू, साद : 97, गोपी चंदर नारंग, आज़ाद किताब घर, दिल्ली (1964)
18. तदरीस ज़बान-ए-उर्दू, साद : 135, इनामुल्लाह खान शेरवानी, सावित्री ऑफ़सेट प्रिंटिंग डिवीज़न, कलकत्ता (1989)
19. विलिंस्की : अंडरस्टैंडिंग रीडिंग ए साइकोलॉजिकल एनालिसिस ऑफ़ रीडिंग एंड लर्निंग टू रीड, साद : 308 (1990)
20. तालीम की नफ्सियाती असास, साद : 320, मॉरिस ए. एलिसन, मुतर्जिम : अब्दुल्लाह वली बख्श क़ादरी, तरक्क़ी उर्दू बैरो, नयी दिल्ली (1985)
21. तदरीसनामा, साद : 50-74, जिल्द अव्वल, अकादमी बराए फ़रोग़-ए-इस्ताअदाद-ए-उर्दू मीडियम असातिज़ा, जामिया मिल्लिया इस्लामिया, नयी दिल्ली
22. तदरीसनामा, साद : 24-25, जिल्द अव्वल, अकादमी बराए फ़रोग़-ए-इस्ताअदाद-ए-उर्दू मीडियम असातिज़ा, जामिया मिल्लिया इस्लामिया, नयी दिल्ली
23. तालीम की नफ्सियाती असास, साद : 503-521, मॉरिस ए. एलिसन, मुतर्जिम : अब्दुल्लाह वली बख्श क़ादरी, तरक़्क़ी उर्दू बैरो, नयी दिल्ली (1985)

इल्मी और तख़्लीक़ी तहरीरों की सलाहियतों का फ़रोग़

(साहित्यिक और सृजनात्मक लेख की योग्यता का विकास)

–मुहम्मद मुश्ताक़ तिजारवी

ज़बान (भाषा) तरसील (सम्प्रेषण) का सबसे अहम वसीला (ज़रिया) है। मल्फ़ूज़ी (मौखिक) ज़बान भी और मक्तूबी (लिखित) ज़बान भी, किसी भी ख़्याल (विचार), मज़मून (लेख) या नुक़ते (बिन्दु) को बयान करने के लिए ज़बान की लाज़मी अहमियत है। किसी भी मज़मून या किसी भी ख़्याल के लिए ज़बान की एहमियत ऐसी है जैसी रूह के लिए जिस्म की होती है। दोनों एक-दूसरे के लिए लाज़िम-ओ-मल्ज़ूम (अनिवार्य) हैं और दोनों का वुजूद बड़ी हद तक एक-दूसरे पर मुन्हसिल (आधारित) है। अगर जिस्म न हो तो रूह का वजूद साबित नहीं होगा बल्कि असबाब (कारणों) की दुनिया में कुछ भी ज़हूर पज़ीर (स्पष्ट) नहीं होगा। इसलिए कोई भी ख़्याल या फ़नपारा (भाषिक नमूना) ज़ाहिरी शक्ल उसी वक़्त इख़्तियार करता है जब उसको ज़बान का क़ालिब (साँचा) मिल जाये। उसूली तौर पर तो यह बात काफ़ी है कि ख़्याल की रूह अल्फ़ाज़ के जामे (लिबास) में पेश कर दी जाये लेकिन ख़्याल की असर आफरीनी (प्रभावी होने) और उसकी पायदार (दृढ़) अहमियत के लिए एक शर्त और है, और वो यह है कि वो ज़बान इल्मी (साहित्यिक) भी हो और तख्लीकी (मौलिक) उन्सुर (पहलू) भी उसमें शामिल हो। इल्मी व तहकीकी (शोधपरक) ज़बान और उस ज़बान के अन्दर तख़्लीक़ियत (मौलिकता) का मेअयार ही दरअसल किसी ख़्याल की इशाअत (प्रकाशन) की ज़मानत (गारंटी) होता है। अगर एक बेहतरीन ख़्याल ग़ैर-इल्मी (ग़ैर-साहित्यिक) ज़बान में पेश किया जाये तो उसकी मआनवियत (अर्थपूर्णता) कुछ भी नहीं होती।

लेकिन अगर उसी ख़्याल को इल्मी (साहित्यिक) ज़बान में पेश किया जाये तो उसकी अफ़ादियत (फ़ायदामन्दी) तस्लीम की जाती है और उसी ज़बान की वजह से वो ख़्याल देरपा (टिकाऊ) होता है और दूसरों पर असरअन्दाज़ होता है। इसके

ज़रिये अफ़कार-ओ-नज़रियात (विचार और नज़रिये) परवान चढ़ते हैं। एक अहम बात यह है कि मेअयारी (उत्तम) तहक़ीक़ी (शोधपरक) ज़बान के फरोग़ (विकास) के लिए उस ज़बान में तख़्लीक़ी (सृजनात्मक) उन्सुर (पहलू) लाज़मी है। अगर ज़बान में तख़्लीक़ियत (सृजनात्मकता) का उन्सुर (पक्ष) नहीं है तो वो ज़बान आला इल्मी (उच्च साहित्यिक) और मेयारी (उत्तम) मज़ामीन (लेखों) की मुतहम्मिल (भरपूर) नहीं हो सकती। तख़्लीक़ियत (सृजनात्मकता) से आ'री (ख़ाली) ज़बान में ज़्यादा-से-ज़्यादा तक्लीदी (अनुकरणीय) मज़ामीन (लेख) ही बयान किये जा सकते हैं। तमाम अदीबों (लेखकों), शायरों (कवियों) और दूसरे फ़ुनून (कलाओं) के माहिरीन (विशेषज्ञों) की तहरीरों (आलेखों) का सबसे क़ीमती जौहर उनकी ज़बान की तख़्लीक़ियत (सृजनात्मकता) है। यही तख़्लीक़ियत (सृजनात्मकता) इस ख़्याल को आला इल्मी (उच्च अकादमिक) मेअयार अता करती है। इसलिए ज़बान का इल्मी (साहित्यिक) होना और उस इल्मी (साहित्यिक) ज़बान के फ़रोग़ के लिए उस ज़बान में तख़्लीक़ियत (सृजनात्मकता) का उन्सुर (पहलू) होना लाज़मी है।

तख़्लीक़ी (सृजनात्मक) और इल्मी (साहित्यिक) ज़बान की अहमियत सभी तस्लीम (मानते) करते हैं। इसकी अहमियत वाज़ेह (स्पष्ट) करने की ज़रूरत नहीं है। सवाल यह पैदा होता है कि बच्चों में तख़्लीक़ी (सृजनात्मक) तहरीर (लेखों) की सलाहियत कैसे पैदा की जाये। इस सवाल के जवाब से पहले मुनासिब मालूम होता है कि तख़्लीक़ियत (सृजनात्मकता) क्या है तलबा (विद्यार्थियों) के अन्दर उसकी अफ़ादियत (फ़ायदा) क्या है–इस पर इख़्तसार (संक्षेप) के साथ चन्द जुमले अर्ज़ कर दिये जायें।

तख़्लीक़ियत (सृजनात्मकता) का अंग्रेज़ी मुतरादिफ़ (पर्यायवाची) Creative है। हमारी राय में यह लफ्ज़ उसूलन मखलूक़ (सृष्टि) के लिए मौज़ूं (उपयुक्त) नहीं है। तख़्लीक़ (सृजन) तो उस ज़ात बेहमता (बेमिसाल) की शान है जो खालिक़ कायनात (सृष्टि का निर्माता) मालिक-उल-मुल्क (ईश्वर) है। इसलिए हमने इस लफ्ज़ को सिर्फ़ उसके मारूफ़ माअनी (प्रचलित अर्थ) में इस्तेमाल किया है कि किसी भी एतबार से इन्सान की वो सलाहियत (योग्यता) जो नये ख़्यालात या नयी ईजादात (अविष्कारों) ज़ामिन (गारंटी) की होती है। ज़्यादा बेहतर तरीक़े से ये कह सकते हैं कि समाज या मुआशरे की ज़रूरत को किसी भी नये पहलू से पूरा करना, चाहे शऊरी (सचेत) तौर पर या इत्तफ़ाकी (संयोगी) तौर पर तख़्लीक़ियत (सृजनात्मकता) कहलाता है। ज़बान के एतबार से तख़्लीक़ियत (सृजनात्मकता) का मतलब ये है कि नयी ताबीरात (उपमाओं) और नये इस्तआरात (रूपकों) के ज़रिये अपनी बात को इस तरह कहना कि गोया जो भी मेरे दिल में है, हर शख़्स

को वो अपनी बात लगे। इल्मी (साहित्यिक) ज़बान का मतलब होता है कि हम अपने ख़्यालात को मरबूत अन्दाज़ में पेश कर सकें, इबारत (लेख) वाज़ेह (स्पष्ट) हो, अल्फ़ाज़ आमियाना (आम) हों, मज़मून (लेख) में शुरू से आख़िर तक मंतक़ी (तार्किक) रब्त मौजूद हो, इस्तदलाल (तर्क) माक़ूल अन्दाज़ में हो, नये ख़्यालात के लिए अल्फ़ाज़ या तराकीब (उपायों) में जिद्दत का उन्सुर (पहलू) हो। इस तरह हम कह सकते हैं कि बच्चों में ऐसी ज़बान लिखने की सलाहियत पैदा करना जिसमें अस्लूब-ए-बयान (वर्णन का ढंग) नादिर (अनोखा) और अब्दई (नवीन) हो और तर्ज़े तहरीर (लेखन पद्धति) मन्तक़ी (तार्किक), मरबूत (समन्वित) और माक़ूल (उपयुक्त) हो। दरअसल इनकी तख़्लीक़ी (सृजनात्मक) और इल्मी (साहित्यिक) सलाहियत का मरहून-ए-मिन्नत (आभारी) है।

तरसील (सम्प्रेषण) और इज़हार (अभिव्यक्ति) बयान (भाषण) का वसीला (माध्यम) नहीं है इसके साथ ही ज़बान (भाषा) गौर-ओ-फ़िक्र और तफ्कीर (विचार) के अमल का भी लाज़मी हिस्सा है। हम जो कुछ करते हैं–पहले उसको सोचते हैं और सोचने का अमल पूरी तरह अल्फ़ाज़ के पैकर (प्रतिमा) पर मुन्हसिर (आधारित) है। अगर हमारी सोच अल्फ़ाज़ का जामा (पहनावा) नहीं पहन सकती तो उसका इज़हार अमल में भी नहीं हो सकता। इसलिए हम कह सकते हैं कि इन्सान के तमाम कारनामे उसके फ़िक्र-ओ-तदबीर (विचार और योजना) के ताबे (मातहत) हैं और फ़िक्र-ओ-तदबीर (विचार और योजना) का अमल पूरी तरह ज़बान के ताबे (मातहत) है। हमारी ज़बान में जितनी नुदरत (नवीनता), तख़्लीक़ियत (सृजनात्मकता), अब्दाईयत (नित्यता) और नयापन होगा हमारे कामों में भी उस इन्फ़रादियत (वैयक्तिकता) का अक्स जलवादर (ज़ाहिर) होगा। फ़िक्र (सोच) अपने इज़हार (अभिव्यक्ति) के लिए जिस तरह ज़बान की मोहताज होती है उसी तरह अपने वजूद में आने के लिए भी वो पूरी तरह अल्फ़ाज़ की मोहताज होती है। कोई भी नया काम उस वक़्त तक मुमकिन नहीं है जब तक उसके लिए नये अल्फ़ाज़, नयी ताबीर (मिसाल) और नया अन्दाज़ तफ़हीम (का बोध) न हो।

बच्चों के अन्दर इल्मियत (साहित्यिकता) और तख़्लीक़ियत (सृजनात्मकता) को फ़रोग देने वाले असबाब-ओ-अवामिल (कारणों और कारकों) से आमतौर पर गुफ़्तगू होती है और बिलउमूम इस बात पर ज़ोर होता है कि तलबा (विद्यार्थियों) में तख़्लीक़ी फ़िक्र (सृजनात्मक विचार) को कैसे परवान चढ़ाया जाये। इस काम के लिए आमतौर पर साज़गार (उपयुक्त) माहौल, आज़ादी, हौसलाअफजाई और रिवायत (परम्परा) से हटकर सोचने की आज़ादी फ़राहम करना ज़रूरी होता है। ये वो असबाब हैं जो इन्सान के दायरा-ए-अख्तियार (इख़्तियार) में हैं। इनके अलावा

बसा औकात (कई बार) ऐसा भी होता है कि कुछ चैलेंज बच्चों के सामने होते हैं, उनके हल करने में भी हम देखते हैं कि बाज़ ग़ैर-मामूली (असाधारण) तख़्लीक़ी (सृजनात्मक) इमकानात (सम्भावनाएँ) वजूद में आये हैं लेकिन ये इन्सानी अमल (कार्य) का मरहून-ए-मिन्नत (कृतज्ञता) नहीं है बल्कि ये फ़ितरत (प्रकृति) का अमल (कार्य) है।

तख़्लीक़ी फ़िक्र (सृजनात्मक विचार) और तख़्लीक़ी ज़बान (सृजनात्मक भाषा) दोनों के फ़र्क़ को मल्हूज़ (मद्देनज़र) रखते हुए हम कह सकते हैं कि तख़्लीक़ी फ़िक्र के लिए तख़्लीक़ी ज़बान भी ज़रूरी है। किसी भी फ़िक्र का सही इज़हार उसी वक़्त हो सकता है जब उसके लिए मुनासिब ज़बान (उपयुक्त भाषा) इस्तेमाल की जाये। तख्लीकी फ़िक्र को फ़रोग़ (बढ़ावा) देने वाले अवामिल (कार्य) तख़्लीक़ी ज़बान (सृजनात्मक भाषा) के फ़रोग़ (विकास) की ज़मानत नहीं बन सकते। इसलिए जहाँ तक तख़्लीक़ी ज़बान (सृजनात्मक भाषा) को फ़रोग देने और बच्चों में उसकी सलाहियत पैदा करने का सवाल है तो उसके लिए दर्जे ज़ैल (निम्नलिखित) तरीक़े इख़्तियार किये जा सकते हैं–

मादरी ज़बान (मातृभाषा) में तालीम

तालिबे इल्म के अन्दर जितनी तख़्लीक़ी सलाहियत (सृजनात्मक योग्यता) उसकी अपनी मादरी ज़बान में पैदा की जा सकती है, उतनी हर ज़बान में नहीं। दरअसल मादरी ज़बान असल होती है और दूसरी ज़बानें जो वो सीखता है वो उसी मादरी ज़बान के वास्ते (माध्यम) से सीखता है। इसलिए मादरी ज़बान में तफ्कीर (विचार) का अमल ज़्यादा मुन्फ़रद (बेजोड़) और ज़्यादा अब्दाई (समृद्ध) हो सकता है। इसलिए इब्तदाई (आरम्भिक) तालीम मादरी ज़बान (मातृभाषा) में मिलनी चाहिए। मादरी ज़बान में जिन उलूम-ओ-फ़ुनून (ज्ञान-विज्ञान) की तालीम हासिल करेगा उन उलूम-ओ-फ़ुनून (ज्ञान-विज्ञान) में उसके अन्दर तख़्लीक़ियत (सृजनात्मकता) और नुदरत (नवीनता) का उन्सुर (पक्ष) ज़्यादा होगा। इनमआनी (अर्थ) समझ ज़्यादा होगी और इज़हारे बयान (भाषण की अभिव्यक्ति) पर क़ुदरत (महारत) की वजह से वो इन नज़रियात को ज़्यादा बेहतर तरीक़े से पेश कर सकेगा।

कसीर लिसानी (बहुभाषिक) तालीम

तालिबे इल्म (विद्यार्थी) को सिर्फ़ एक ज़बान नहीं सिखाना चाहिए बल्कि कई ज़बानों की तालीम दी जानी चाहिए। कई ज़बानों की वजह से तालिबे इल्म का फिकरी (चिन्तन) उफ़क़ (क्षितिज) वसीअ (व्यापक) होगा और उसको अन्दाज़ा

होगा कि एक बात को कहने के लिए मुख़्तलिफ़ ज़बानों में क्या अन्दाज़-ए-बयान (अभिव्यक्ति का तरीक़ा) हो सकता है। बाज़ औक़ात (कई बार) एक ज़बान का लफ्ज़ दूसरी ज़बान में इस्तेमाल करने में भी मफ़ाहीम (व्याख्या) बहुत बुलन्द और मुन्फ़रद (महत्त्वपूर्ण) हो जाते हैं। शायरी में इसकी मिसालें बहुत हैं। नस्र (गद्य) में भी ऐसा होता है। मुख़्तलिफ़ ज़बानों की अदबी रिवायत (साहित्यिक परम्परा) भी उसके अन्दर नयेपन और नये अन्दाज़ की दावत देगी।

क्लासिकी अदब का मुताला (अध्ययन)

ज़बान में तख़्लीक़ियत (सृजनात्मकता) और इल्मियत (साहित्यिकता) का सबसे अहम वसीला (ज़रिया) क्लासिकी अदब (साहित्य) का मुताला (अध्ययन) है। क्लासिकी अदब (साहित्य) में आज़ादाना तौर पर इज़हार-ए-ख़्याल (राय का इज़हार) होता है और उसका बड़ा हिस्सा अगरचे एक इन्सान के नाम से होता है लेकिन हक़ीक़त में क्लासिकी अदब क़ौमों का इल्तमाई इल्मी वारसा (सम्पत्ति) होता है। इसमें हज़ारों लोगों और सैकड़ों सालों के तजरबात का ख़ुलासा (निचोड़) होता है। इसके मुताले (अध्ययन) से इन्सान के अन्दर क़ुदरत (महारत) और माअने आफ़रीनी (अर्थ प्रदान करने) और अब्दाइयत की बेइन्तहा सलाहियत पैदा हो जाती है।

शायरी

शायरी की ख़ूबी ये है कि ये हमेशा क़द बाला (ऊँचे क़द) पा क़बाए तंग (बुराइयों) का मिसदाक़ (तस्दीक़) होती है। इसलिए कि शायर जो बात कहना चाहता है वो आमतौर पर अल्फ़ाज़ के जामे में नहीं आ सकती। इसलिए अल्फ़ाज़ के ज़रिये वो उसकी तरफ़ सिर्फ़ इशारा ही कर पाता है। ये इशारा इतना मुनव्वाअ और अब्दाई होता है कि इस तरह कसरते मुताला (अधिक अध्ययन) से ज़हन की तरबियत (प्रशिक्षण) नये मायने अखज़ (नये मायने) करने की हो जाती है। क़ारी (पाठक) आमतौर पर एक-एक शेर के कई मायने अख्ज़ (प्राप्त) कर लेते हैं। इसी तरह शायरी में कम अल्फ़ाज़ में वसीअ मफ़ाहीम (व्यापक अर्थ) को पिरोने के लिए इस्तआरात और तल्मीहात का बहुत इस्तेमाल होता है। चूँकि शायरी में अल्फ़ाज़ महदूद होते हैं और मायने अल्फ़ाज़ से ज़्यादा पिरोए जाते हैं। ख़ासतौर पर अरबी, उर्दू व फ़ारसी की ग़ज़लिया रिवायत और मिन्जुमला तमाम ज़बानों की इश्क़िया शायरी इस पहलू से बहुत ही मुनफ़रिद (ख़ास) अहमियत की हामिल है। एक ही बात है उसका इज़हार सौ तरह से किया है, एक बड़ी हक़ीक़त है उसका इज़हार

चन्द अल्फ़ाज़ में करता है। ये शायरी की ख़ास ख़ूबी है और तालिबे इल्मों को शायरी पढ़ाने का एक ख़ास फ़ायदा ये भी है कि उनके अन्दाज़, ज़बान और तफ्कीर के अमल का दायरा बहुत वसीअ (व्यापक) हो जाये। इसलिए तालिबे इल्मी में ज़बान के एतबार से तख़्लीक़ियत (सृजनात्मकता) और इल्मियत पैदा करने में शायरी की तालीम का ख़ास दख़ल है।

तख़्लीक़ी अदब

नाविल, अफसाने, ड्रामे, इंशाईए (निबन्ध) वग़ैरह तख़्लीक़ी अदब की वो अस्नाफ़ (शाखें) हैं जिनमें अल्फ़ाज़ और मफ़ाहीम (मायने) दोनों के इस्तेमाल और इंतखाब में बड़ी आज़ादी होती है। इसमें सबसे ज़्यादा ज़ोर अब्दाइयत और तख़्लीक़ियत (सृजनात्मकता) पर होता है। इसलिए उनमें लिखने वाला सिर्फ़ अल्फ़ाज़ का पाबन्द होता है, फ़िक्र या किसी और चीज़ का नहीं। इसलिए कि न वो तारीख़ लिख रहा है और न मज़हब और उसके लिए जगह, मक़ाम, हक़ीक़त-ओ-मजाज़, सच और झूठ किसी भी तरह की कोई पाबन्दी नहीं होती है। कहने का ये मक़सद बिल्कुल नहीं है कि ये अस्नाफ़ (विधाएँ) मादरो पिदर आज़ाद (कमियों से ख़ाली) होती हैं। लेकिन फिर भी इसमें लिखने वाले को बहुत आज़ादी होती है। इसलिए तख़्लीक़ी अदब (सृजनात्मक साहित्य) के मुताले से ज़बान-ओ-बयान (भाषा और भाषण) में तख़्लीक़ियत पैदा हो जायेगी और फ़िक्र-ओ-तख़य्युल (सोच-विचार) में भी तख़्लीक़ी अन्दाज़ पैदा होगा।

मश्क़-ओ-मुमार्सत (अभ्यास और अनुभव)

जैसा कि पहले भी ज़िक्र हुआ तख़्लीक़ियत में बड़ा दख़ल कस्ब (कोशिश) और मश्क़-ओ-मुमार्सत (अभ्यास और अनुभव) का होता है। हम अपने माहौल, तरबियत और मेहनत के ज़रिये तलबा के अन्दर तख़्लीक़ियत (सृजनात्मकता) और अब्दाइयत का सलीक़ा पैदा कर सकते हैं। इसी तरह उनको तख़्लीक़ी और इल्मी ज़बान की मश्क़ करवाके उनको अच्छा क़लमकार (लेखक) बना सकते हैं। इसलिए तालिबे इल्मों में ज़बान के एतबार से तख़्लीक़ियत-ओ-इल्मियत (सृजनात्मकता और साहित्यिकता) पैदा करने की कोशिश करनी चाहिए। जिसका सबसे अहम ज़रिया बच्चों से तख़्लीक़ी अदब लिखवाना है। जितना ज़्यादा लिखवाया जायेगा उतना ही ज़्यादा बच्चों में तख़्लीक़ी सलाहियत पैदा होगी। मसलन बच्चों को रोज़ाना डायरी लिखने की आदत डालें या उनसे रोज़ाना, हफ्तावार या कि फ़ासले से रिपोर्ट लिखवायें। इसी तरह मज़ामीन (लेखों) के ख़ुलासे (सारांश) लिखवाना

और बार-बार लिखवाना भी तालिब-ए-इल्मों के अन्दर इल्मी लियाक़त (साहित्यिक उपयुक्तता) और तख़्लीक़ियत (सृजनात्मकता) को पैदा करने का अहम ज़रिया है। मज़मून निगारी (निबन्ध लेखन) का मुक़ाबला, बैंतबाज़ी का मुक़ाबला, नारा नवीसी (लेखन), सवालनवीसी (लेखन) वग़ैरह के मुक़ाबले भी इनसे कराये जा सकते हैं। इस तरह तालिबे इल्मों में एक बात को मुख्तलिफ तरह से, कभी मुख़्तसर जुमलों में बड़ी बात कहने और कभी मुख़्तसर बात को फैलाकर कहने का सलीक़ा आ जायेगा। ज़बान और इज़हार-ए-बयान पर अमूमी क़ुदरत हासिल हो जायेगी। और ज़बान-ओ-बयान में तख़्लीक़ियत का उन्सुर (पहलू) इफ्कार-ओ-नज़रियात (फ़िक्र और नज़रिये) में अब्दाइयत का ज़ामिन (गारंटी) होगा।

उर्दू ज़बान की हीयत-ओ-साख्त बतौर वसीला-ए-तदरीस

(शिक्षण विधि के रूप में उर्दू भाषा के रूप और संरचना)

-मोहम्मद राशिद इक़बाल

तख्लीस (सार)

ज़बान दरअसल आवाज़ों का मजमूआ (संकलन) है और इन आवाज़ों को तहरीरी (लिखित) शक्ल (रूप) देने के लिए जिन अलामतों (प्रतीकों) का सहारा लिया जाता है हम उन्हें हुरूफ़-ए-तहिज्जी (Alphabets) कहते हैं। हर ज़बान की अपनी हीयत-ओ-तरबियत (संरचना और संवर्धन) और उसूल-ओ-क़वाइद (क़ायदे क़ानून) होते हैं। उर्दू ज़बान की तदरीस (शिक्षण) हिन्दुस्तान के स्कूलों में कहीं मादरी ज़बान के तौर पर होती है तो कहीं दूसरी या तीसरी ज़बान के तौर पर। वक़्त के साथ उर्दू ज़बान और इसके अदब (साहित्य) ने भी ख़ूब तरक़्क़ी की है, तारीख़-ए-उर्दू (उर्दू का इतिहास), अस्नाफ़-ए-अदब (साहित्य की विधाएँ), तहक़ीक़ (शोध), तनक़ीद (समीक्षा) और लिसानियात (भाषाविज्ञान) वग़ैरह के शोअबे (क्षेत्र) में बहुत काम हुए हैं। अगरचे लिसानियात (भाषाविज्ञान) का शोअबा (क्षेत्र) हनूज़ तिश्ना (अभी तक अतृप्त) है और उसमें बहुत काम करना अभी बाक़ी है।

लेकिन उर्दू ज़बान का तरीक़ा-ए-तदरीस (शिक्षण विधि) हमारे स्कूलों में आज भी रिवायती अन्दाज़ का है। हम इक्कीसवीं सदी में होने के बावजूद भी इस जानिब कमाहिक़ा (पर्याप्त) तवज्जेह नहीं दे पाये हैं। हालाँकि तरीक़ा-ए-तदरीस एक पूरा फ़न (कला) है जिसके ज़रिये तदरीस को आसान और दिलचस्प बनाकर तलबा-ओ-तालिबात (विद्यार्थियों) के सामने पेश किया जा सकता है। आज हम

फ़न-ए-तदरीस (शिक्षण विधि) में 'Joyful Learning' की बात करते हैं जिसके लिए ज़रूरी है कि दौराने तदरीस मवाद (सामग्री) की तरतीब और तरीक़ा-ए-पेशकश (पढ़ाने का ढंग) इस अन्दाज़ का हो कि बच्चे उसको बोझ न समझें बल्कि दिलचस्पी लेकर ख़ुशी-ख़ुशी उसे कुबूल करें और सीखते जायें।

उर्दू ज़बान की हीयत-ओ-साख्त (संरचना) का अपना एक निज़ाम है, उसके उसूल-ओ-क़वाइद हैं लेकिन हम उसकी हीयत-ओ-तरतीब को बतौर तरीक़ा-ए-तदरीस कैसे इस्तेमाल कर सकते हैं? क्या उर्दू को सौतियाती (उच्चारण) निज़ाम (व्यवस्था) के तहत पढ़ाया जाना मुमकिन है? क्या उर्दू ज़बान को हीयती निज़ाम की मदद से प्राइमरी सतह पर पढ़ाया जा सकता है? छोटे बच्चों को उर्दू के मुबादियात (आधारभूत बातें) और उसकी मुख्तलिफ़ हीयतों और शक्लों की शनाख़्त के बाद, क्या हीयत की मदद से तदरीस मुमकिन है? और अगर हाँ, तो उसके क्या तरीक़ेकार होंगे? क्लासरूम में उसको किस तरह अमल में लाया जाये वग़ैरह उमूर पर इस मक़ाले में बहस की जायेगी और इस बात की कोशिश होगी कि उर्दू ज़बान की तदरीस को किस तरह मज़ीद दिलचस्प और सहल (आसान) बनाकर पेश किया जाये।

तम्हीद (भूमिका)

ज़बान जज़्बात-ओ-एहसासात के इज़हार का एक बेहतरीन वसीला (माध्यम) है। ये एक नस्ल से दूसरी नस्ल तक इल्मी विरासत की मुन्तक़िली (हस्तान्तरण) में भी बहुत अहम किरदार अदा करती है। मुआशरे और समाजी सतह पर भी इसकी अहमियत से इनकार नहीं किया जा सकता है। गोया ये कहना बेजा (अनुपयुक्त) न होगा कि ज़बान इन्सानों की सबसे अहम ज़रूरत है। इसलिए ज़बान की अहमियत हमेशा से मुसल्लम रही है। शुरुआत में इन्सानों ने इशारों की ज़बान का इस्तेमाल किया होगा फिर रफ़्ता-रफ़्ता ज़बानें तरक़्क़ी के मनाज़िल (मंजिलें) तय करती गयीं और फिर ज़बान के उसूल-ओ-क़वाइद मुरत्तब (बनाये) हुए। फिर लोग तकल्लुम (बोलने) की हद से आगे बढ़कर मुख्तलिफ़ अदबी पैराय (साहित्यिक तर्ज) में इज़हार-ए-ख्याल करने लगे। यहाँ तक कि आज हम ज़बान की उस तरक़्क़ीयाफ़्ता शक्ल को देख रहे हैं जहाँ कसीर लिसानियत (बहुभाषिकता) की बात होती है और ज़बानें अपने हुदूद-ओ-क़ुवैद (बन्धनों) से आगे निकलकर आलमी (वैश्विक) ज़बान बन रही हैं।

उर्दू ज़बान

उर्दू दुनिया की हज़ारों ज़बानों में से एक है जो अपनी मिठास और शीरीं बयान की वजह से जानी जाती है। उर्दू आज दुनिया के बेशतर मुमालिक में बोली, पढ़ी, लिखी, सुनी और समझी जाती है। उर्दू के इस फैलाव और तरक़्क़ी ने उर्दू सीखने वालों की तादाद में इज़ाफ़ा किया है। इसलिए उर्दू की तदरीस (शिक्षण) को भी नये तक़ाज़ों (ज़रूरतों) से हमआहंग (जोड़ना) करना बहुत ज़रूरी हो गया है। हमारे मदारिस (मदरसों) और स्कूलों में उर्दू की तदरीस में आज भी वही पुराने तरीक़े इस्तेमाल हो रहे हैं। जिसकी वजह से बच्चों की दिलचस्पी उर्दू ज़बान में कम हो जाती है और बिलआख़िर (आख़िरकार) दसवीं और दसवीं के बाद ज़्यादातर बच्चे उर्दू को बतौर मज़मून (विषय) इख़्तियार करना पसन्द नहीं करते बल्कि उर्दू के बिल्मुक़ाबिल (अपेक्षा) दीगर ज़बानों को मुन्तख़ब कर लेते हैं।

तदरीस-ए-उर्दू में हीयत-ओ-साख्त की ज़रूरत (बनावट)

उर्दू की तदरीस (शिक्षण) के दौरान असातिज़ा और तलबा (अध्यापक और विद्यार्थी) हर एक के लिए एक बड़ा मसला ये पेश आता है कि मुस्लिम बच्चे क़ुरआन की तालीम हासिल करते हैं और उर्दू की भी। उर्दू और अरबी के हुरूफ़ (वर्ण) बहुत हद तक मुशाबेह (समान) और एक जैसे होते हैं सिवाय (अलावा) चन्द हुरूफ़ के। लेकिन अरबी में हुरूफ़-ए-तहिज्जी (वर्ण) को अलिफ़, बा, ता, सा की शक्ल में पढ़ाया जाता है जबकि उर्दू में उसे अलिफ़, बे, ते, से, के तलफ्फुज़ के साथ पढ़ना पड़ता है। ये बच्चों के लिए बहुत ही परेशानकुन (परेशान करने वाली) हालत होती है। मजीद आगे चलकर बच्चों को ت، ط، س،ش، ص،ث،ظ،ض، मिलती-जुलती आवाज़ों वाले हुरूफ़ और उनसे बनने वाले अल्फ़ाज़ लिखने में बहुत परेशानी होती है। इसकी वजह ये है कि बच्चों को दौराने तदरीस सिर्फ़ हुरूफ़ की शनाख़्त (पहचान) कराई जाती है, हुरूफ़ (वर्ण) और उनकी सौतियात (उच्चारण) का ख़्याल रखकर नहीं पढ़ाया जाता है। यही वजह है कि बच्चों को अलफ़ाज़ के माअनी-ओ-इस्तेमाल (अर्थ और प्रयोग) को समझने के साथ-साथ उन्हें कैसे लिखना है ये भी मश्क़ (अभ्यास) करके सिखाया जाता है। अगर हम उर्दू के सौतियाती निज़ाम (उच्चारण व्यवस्था) के मुताबिक़ उर्दू की तदरीस (शिक्षण) कराएँ तो इन बहुत-सी मुश्किलात से हम ख़ुद भी बच सकते हैं और बच्चों को भी बचा सकते हैं। इसी तरह सौतियाती निज़ाम (उच्चारण व्यवस्था) से वाक़िफ़ियत (रूबरू कराने) के साथ-साथ उर्दू के साख्तियाती निज़ाम (संरचनात्मक व्यवस्था) को भी मद्देनज़र रखा

जाये तो बहुत ही आसानी से बच्चों को उर्दू क़वाइद (नियमों) से भी वाक़िफ़ कराया जा सकता है। जिसके बाद वो उर्दू क़वाइद (नियमों) से भी अच्छी तरह वाक़िफ़ हो जायेंगे। वरना देखा ये गया है कि मादरी ज़बान (मातृभाषा) होने की वजह से उर्दू तो अच्छी तरह बोल लेते हैं लेकिन क़वाइद (नियमों) से बिल्कुल नाबलद होते हैं जोकि आज के इस तक़ाबिली (प्रतिद्वन्द्वात्मक) दौर में उर्दू के तलबा के लिए बिल्कुल भी मुनासिब नहीं है।

मौजूदा तरीक़ा-ए-तदरीस (वर्तमान शिक्षण विधि)

मुख़्तलिफ़ माहिरे तालीम (विभिन्न शिक्षा विशेषज्ञों) ने ज़बान की तदरीस के लिए मुख़्तलिफ़ तरीक़ेकार बताये हैं। मादरी ज़बान की तदरीस के तरीक़े दूसरी और तीसरी ज़बान की तदरीस के तरीक़ों से क़द्र-ए-मुख़्तलिफ़ (बहुत भिन्न) होते हैं। उर्दू की तदरीस कहीं मादरी ज़बान के तौर पर, तो कहीं दूसरी या तीसरी ज़बान के तौर पर होती है। उर्दू की तदरीस ख़्वाह मादरी ज़बान के तौर पर हो या दूसरी और तीसरी ज़बान के तौर पर, उनको जदीद तक़ाज़ों (नयी माँगों) से हमआहंग (जोड़ पाना) करना वक़्त की बहुत बड़ी ज़रूरत है।

मौजूदा दौर में उर्दू की तदरीस के लिए जो तरीक़ेकार इख़्तियार किया जाता है वो मुख़्तलिफ़ तरीक़ा-ए-तदरीस का मजमूआ (संकलन) होता है। ये सही है कि किसी ज़बान की तदरीस के लिए कोई एक ही तरीक़ेकार काफ़ी हो, ऐसा नहीं है। उस्ताद तलबा की ज़हनी सतह (मानसिक स्तर), मवाद मज़मून की मुनासिबत (विषय सामग्री की उपयुक्तता) और अपनी सहूलत के मुताबिक़ किसी भी तरीक़ा-ए-तदरीस का इन्तखाब कर सकता है। लेकिन उर्दू की तदरीस में उर्दू के सौतियाती निज़ाम (उच्चारण व्यवस्था) के मुताबिक़ तदरीस करना भी ज़रूरी है।

रिवायती तरीक़ा-ए-तदरीस (परम्परागत शिक्षण विधि)

रिवायती तरीक़ा-ए-तदरीस की वजह से बच्चों के अन्दर बोलने और समझने की सलाहियत तो पैदा हो जाती है लेकिन पढ़ने और लिखने में सबसे ज़्यादा दिक़्क़त का सामना करना पड़ता है। और उसकी एक सबसे बड़ी वजह ये है कि हम बच्चों को सिर्फ़ हुरूफ़ और अल्फ़ाज़ लिखना सिखाते हैं, उनके अन्दर आवाज़ों (असवात) की समझ नहीं पैदा करते हैं। इसी तरह इन आवाज़ों को तहरीर (लेखन) में लाने और लिखने के लिए हम किन-किन अलामतों (हुरूफ़) का इस्तेमाल करते हैं, मजीद ये कि इन अलामतों (हुरूफ़) की मुख़्तलिफ़ शक्लें क्या-क्या हैं, किन-किन हुरूफ़ को मिलाकर लिखा जा सकता है और कौन-से हुरूफ़ अलग लिखे जाते हैं वग़ैरह

वग़ैरह। बच्चों में इन बातों की समझ पैदा करने में मुअल्लिम (अध्यापक) नाकाम रहते हैं जिसकी वजह से उर्दू लिखना और पढ़ पाना उनके लिए कार-ए-दुश्वार (मुश्किल काम) साबित होता है। और बच्चे रफ़्ता-रफ़्ता इस ज़बान से मुतनफ़्फ़िर (दूर) हो जाते हैं या ये ज़बान उनको बहुत ही दुश्वार मालूम होने लगती है।

अगर इब्तिदाई सतह (प्रारम्भिक स्तर) पर हम बच्चों को ये चीज़ें समझाने में कामयाब हो गये तो यक़ीन मानिए कि बच्चे के अन्दर उर्दू की लिखावट को लेकर जो खौफ़ होता है हम उसे ख़त्म करने में कामयाब हो पायेंगे और वो बच्चा उन अल्फ़ाज़ को भी महज़ सुनकर सही लिख सकेगा जिसे उसने अब तक लिखा ही नहीं है। अब उसके बाद बाक़ी काम सिर्फ़ उन अल्फ़ाज़ के माअनी को समझाना और उनके इस्तेमालात से वाक़िफ़ कराना रह जायेगा। इस तरीक़ा-ए-तदरीस के दौरान हम शुरू से ही बच्चों को अल्फ़ाज़ के माअनी और इस्तेमालात भी बताते जायेंगे ताकि बच्चे उनसे वाकिफ़ हो सकें। लिहाज़ा बच्चे आहिस्ता-आहिस्ता अच्छी तरह से उर्दू की तमाम बुनियादी महारतों से वाक़िफ़ हो जायेंगे और बतौरे ख़ास लिखने से वो कभी नहीं घबराएँगे। इस तरह हम बच्चों के अन्दर उर्दू पढ़ने और लिखने के हवाले से ख़ुदएतमादी (आत्मविश्वास) पैदा कर सकेंगे।

इसलिए इस मक़ाले में हम उर्दू ज़बान की हीयत-ओ-साख्त (संरचना) को तदरीस के तरीक़े के तौर पर किस तरह इस्तेमाल किया जाये ये देखने की कोशिश करेंगे। जिसमें ज़बान की हीयती शक्लों और उसकी साख्त को इस्तेमाल करके उर्दू की तदरीस को मुमकिन बनाने की कोशिश की जायेगी ताकि बच्चा उर्दू को पढ़ना और लिखना एक साथ सीख सके और साथ-ही-साथ इसके समझने और बोलने की सलाहियतें भी परवान चढ़ती रहें।

ज़बान की सौती और क़वायदी निज़ाम (ध्वनि और व्याकरणिक व्यवस्था)

किसी भी ज़बान के दो अहम निज़ाम होते हैं : 1. सौतियाती निज़ाम (ध्वनि व्यवस्था) 2. क़वाइदी निज़ाम (व्याकरणिक व्यवस्था)। हर ज़बान के सीखने वाले के लिए इन दोनों से वाक़िफ़ होना बहुत ज़रूरी है।

उर्दू का सौतियाती (ध्वनि) निज़ाम। सौत (ध्वनि) के लफ्ज़ी माअनी :

सौत के लफ्ज़ी माअनी आवाज़ के हैं। सौत, अरबी ज़बान का लफ्ज़ है और इस्मे मुअन्नस (स्त्रीलिंग) के तौर पर इस्तेमाल होता है। फरहंग (शब्दकोश) आस्फिया में सौत का माअनी दर्जे ज़ैल है :

सौत (ع), इस्मे मुअन्नस (स्त्रीलिंग संज्ञा) : बांग, आवाज़, निदा, सदा, (फरहंग आस्फिया, जिल्द सौम स. 288)

सौत के इस्तिलाही (शाब्दिक) माअनी :

लेकिन लिसानियात (भाषाविज्ञान) की इस्तिलाह (शब्दावली) में सौत से मुराद आ'अज़ा-ए-तकल्लुमी (उच्चारण अवयवों) से निकलने वाली आवाज़ें हैं और आवाज़ों के मुताले (अध्ययन) को हम इल्मुल सौत (भाषाविज्ञान) या इल्मुल असवात कहते हैं। आ'अज़ा-ए-तकल्लुमी से निकलने वाली असवात अगर बग़ैर किसी रुकावट के निकल आयें तो उसे हम मसौता (हुरूफ़-ए-इल्लत/स्वर) कहते हैं और अगर दरमियान में कोई रुकावट हो और आवाज़ रगड़ खाकर या रुककर निकल रही हो तो उसे हम मुसम्मता (हुरूफ़-ए-सही/व्यंजन) कहते हैं।

उर्दू सौतियात (ध्वनियों) की मदद से उर्दू की तदरीस के लिए, इब्तिदाई दरजात (आरम्भिक कक्षाओं) में पढ़ाते वक़्त हम बच्चों को दरजा ज़ैल तसव्वुरात (निम्नलिखित अवधारणाएँ) समझाने की कोशिश करें :

- हर हर्फ़ (वर्ण) की अपनी अलग आवाज़ होती है।
- तमाम हुरूफ़ (वर्णों) की आवाज़ें एक-दूसरे से मुख़्तलिफ़ होती हैं।
- कई हुरूफ़ की आवाज़ एक-दूसरे से मिलती-जुलती होती है, इन मिलती-जुलती आवाज़ों की शनाख़्त कराना और इनके फ़र्क़ को समझाना।
- हुरूफ़ को उनकी सही आवाज़ के साथ पहचानना और याद रखना।
- हुरूफ़ (वर्ण) और लफ्ज़ (शब्द) के फ़र्क़ को समझना (कि एक से ज़ायद (ज़्यादा) हुरूफ़ से मिलकर ही लफ्ज़ बनता है)।
- उर्दू के मुसम्मते (हुरूफ़-ए-सही) और मसौते (हुरूफ़-ए-इल्लत) की शनाख़्त उनकी आवाज़ों के साथ कराना।
- मुसम्मते की मश्क़ कराते वक़्त मिलती-जुलती आवाज़ों वाले हुरूफ़ पर ख़ास तवज्जे देना ताकि उनके फ़र्क़ को बच्चे बाआसानी ज़हननशीं (याद) कर सकें।
- उर्दू में कुल दस मसौते हैं, इनमें मुन्हसिर (आश्रित) मसौते (यानी ज़बर, ज़ेर, पेश) की मश्क़ पहले कराना, उसके बाद तवील मसौते (यानी हुरूफ़-ए-मद्दा) के बारे में बताना।
- बच्चों को हुरूफ़ और उनकी आवाज़ों की समझ पैदा करने के लिए मुख़्तलिफ़ क़िस्म की मश्क़ कराना और आस-पास के अशया (चीज़ों) की मदद लेना जैसे : आवाज़ सुनकर हुरूफ़ बताना, अशया के पहले हर्फ़ की आवाज़ को समझकर सही से अदा करना, ख़ास आवाज़ से शुरू होने वाले अशया का नाम बताना वग़ैरह।

- इस्तेमाल के एतबार से हुरूफ़ की मुख़्तलिफ़ शक्लें होती हैं जैसे : इब्तिदाई (आरम्भिक), वुस्ती (माध्यमिक) और निहाई या इख़्तितामी (अन्तिम) शक्लें; इन तमाम शक्लों की बच्चों को मश्क़ कराना। एक चार्ट की मदद से इसे बेहतर अन्दाज़ में बताया जा सकता है।

हुरूफ़ की मुख़्तलिफ़ शक्लों का चार्ट :

मसलन : हर्फ़	इब्तिदाई	वुस्ती	निहाई / इख़्तितामी
अलिफ़ (ا)	अब, उस, उन	नाम, बाल, शाम, काम	जा, ला, बाजा, दादा
बे (ب)	बस, बद, बम	दुबला, दबदबा, सब्ज़ी	जब, सब, कब
डे (ڑ)	X	सड़क, सड़ना, पकड़ना	साद, जड़, पकड़
भे (بھ)		भाग, भूल अभी, कभी	X

इसी तरह से बक़ा (बाक़ी) हुरूफ़ की भी मश्क़ कराई जाये और ये समझाने की कोशिश हो कि इन हुरूफ़ की इब्तिदाई, वुस्ती और निहाई शक्लें किस तरह बदलती हैं और इनको मिलाकर किस तरह लिखा जाता है। साथ-ही-साथ ये भी बताएँ कि कुछ हुरूफ़ ऐसे भी हैं जो लफ्ज़ के शुरू में नहीं आते हैं, जैसे डे, ढे वग़ैरह (ڑ،ڑھ) और कुछ ऐसे भी हैं जो आख़िर में नहीं आते हैं जैसे फ और भ (پھ اور بھ)। इस तरह तमाम हुरूफ़ के चार्ट बनाकर बच्चों को समझाने की कोशिश की जाये।

जब बच्चे हुरूफ़ की इन शक्लों से वाक़िफ़ हो जायेंगे तो अब उन्हें दोहर्फ़ी (दो वर्ण वाले) और सेहर्फ़ी (तीन वर्ण वाले) अल्फ़ाज़ की मश्क़ कराई जाये और आवाज़ की मदद से नये अल्फ़ाज़ को ख़ुद से पढ़वाने की कोशिश की जाये। मसलन अगर बच्चे को 'अब' बता दिया गया है तो वो 'कब, जब, सब, रब, डर, सर, जल, चल, हम' वग़ैरह अल्फ़ाज़ ख़ुद से पढ़ने के लायक़ हो जायेंगे। और कब, सब वग़ैरह को पढ़ाते वक़्त बच्चों को इन हुरूफ़ की सौतियाती आवाज़ों की मदद से ही अल्फ़ाज़ पढ़ाये जायें जैसे : (ک + ب ، کب، س + ب، س) इसी तरह अब आगे ऐसे दोहर्फ़ी अल्फ़ाज़ की मश्क़ कराई जाये जिनमें मसौते तब्दील कर दिये जायें। जैसे : सुन (سُ+ن،سن) चुन, गिन, बिन वग़ैरह। और इसके बाद दिल, सिल (دِ+ل، دل، سِ+ل،سل), बिल, गिर, निब वग़ैरह। और इसी तरह तीन हर्फ़ी, चार हर्फ़ी अल्फ़ाज़ भी सौतियात की मदद से सिखाये जायें। मुख़्तसर ये कि सौती और लफ्ज़दारी तरीक़े का एक साथ इस्तेमाल किया जाये तो उर्दू की तदरीस में इससे बेहतर नतीजा अखज़ (प्राप्त) किया जा सकता है और इससे पढ़ने के साथ-साथ लिखने की मश्क़ भी अच्छी तरह कराई जा सकती है ताकि तलबा (विद्यार्थियों) ग़लतियों से पाक इमला (श्रुतलेख) लिख सकें।

सौतियाती तरीक़ा-ए-तदरीस का फ़ायदा

सौतियात (ध्वनि) की मदद से उर्दू की तदरीस का एक फ़ायदा तो ये होगा कि बच्चों के अन्दर उर्दू और अरबी हुरूफ़-ए-तहिज्जी के दरमियान तलफ्फुज़ (उच्चारण) का जो मसला था वो ख़त्म हो जायेगा। मज़ीद ये कि कोठारी कमीशन (1964) की सिफ़रिशात के मुताबिक़ सेलिसानी (त्रिभाषा) फार्मूले के तहत बच्चों को एक से ज़ायद ज़बानें पढ़नी होती हैं। लिहाज़ा सौतियाती तदरीस (ध्वनि शिक्षण) की वजह से दीगर ज़बानों में भी बच्चों को इससे मदद मिलेगी क्योंकि अंग्रेज़ी और दीगर ज़बानें भी जदीद तरीक़ा-ए-तदरीस (नवीन शिक्षण विधियों) की वजह से दीगर ज़बानें भी जदीद तरीक़ा-ए-तदरीस के मुताबिक़ पढ़ाई जाती हैं। और इसमें इब्तिदाई दरजात के अन्दर सौतियात का बहुत ख़्याल रखा जाता है।

सौतियाती तरीक़ा-ए-तदरीस में मश्क़ कराने के काम

- असवात (ध्वनियों) और उसकी अलामत (हुरूफ़) की शनाख़्त (पहचान) से मुताल्लिक़ खेल तैयार करें।
- अल्फ़ाज़ से मतलूबा (सम्बन्धित) असवात (ध्वनियों) की शनाख़्त कराएँ।
- सीखे हुए सौत (ध्वनि) से बनने वाले अल्फ़ाज़ की तलाश करें।
- मुख़्तलिफ़ अशया (चीज़ों) के नाम का पहला सौत क्या है, इसकी शनाख़्त कराई जाये।
- पढ़े हुए सौत से मिलते-जुलते हमकाफ़िया अल्फ़ाज़ बच्चों से पढ़वाएँ, पढ़कर सुनाएँ वग़ैरह।
- बच्चों को हमसौत अल्फ़ाज़ वाले नज़्म, हम्द, गीत वग़ैरह याद कराएँ।

उर्दू का साख्तयाती निज़ाम (संरचनात्मक व्यवस्था)

साख्त (बनावट) का लफ्ज़ी माअनी

साख्त फ़ारसी ज़बान का लफ्ज़ है और मुअन्नस (स्त्रीलिंग) के तौर पर इस्तेमाल होता है, इसके लफ्ज़ी माअनी बनावट और तरकीब के होते हैं। फ़रहंग आस्फ़िया में साख्त के माअनी दर्जे ज़ैल हैं :

साख्त (फ़) इस्म मुअन्नस : बनावट, तसन्नुअ, बन्दिश, वज़ा, तरकीब वग़ैरह। (फ़रहंग आस्फ़िया, जिल्द सौम, स. 5)

साख्त का इस्तिलाही (शाब्दिक) माअनी :

लिसानियात (भाषाविज्ञान) में साख्त से मुराद लफ्ज़ की वो हीयत (बनावट) है जो मुस्मता और मसौता से मिलकर बनती है और इस साख्त के एक से ज़्यादा

अरकान हो सकते हैं। जैसा कि नसीर अहमद ख़ाँ ने अपनी किताब 'उर्दू साख्त के बुनियादी अनासिर' में बयान किया है :

"एक रुक्न सिर्फ़ एक मसौते पर मुश्तमिल (आधारित) होता है जिसके शुरू या आख़िर में एक-या-एक से ज़्यादा मुस्मते आ सकते हैं...एक छोटे से छोटा रुक्न सिर्फ़ एक मसौते पर भी मुश्तमिल हो सकता है जैसे ا।"

(उर्दू साख्त के बुनियादी अनासिर : नसीर अहमद ख़ाँ, स. 117)

रुक्नी साख्त के एतबार से अल्फ़ाज़ की इक़साम (क़िस्में) :

रुक्नी साख्त के एतबार से अल्फ़ाज़ यक रुक्नी, दो रुक्नी, से रुक्नी, या कसीर रुक्नी साख्त के हामिल हो सकते हैं। मसलन यक रुक्नी साख्त (जिसमें एक मसौता हो) जैसे : अ, आज, आग, सच, शर्त। दो रुक्नी साख्त (जिसमें दो मसौते हों) जैसे: आई, चाय, आधा, पानी, सदा, सज़ा वग़ैरह, वग़ैरह।

क्लास में तदरीस (शिक्षण) के दौरान अगर सौती साख्त (ध्वनि संरचना), रुक्न (वर्ण), यक रुक्नी (एक वर्ण वाले) अल्फ़ाज़ और दो रुक्नी अल्फ़ाज़ वग़ैरह को ज़हन में रखकर तदरीस (शिक्षण) कराई जाये और सौत की मदद से रुक्न की शनाख़्त (पहचान) करा दी जाये जिससे बच्चे यक रुक्नी अल्फ़ाज़ और दो रुक्नी अल्फ़ाज़ की शनाख़्त कर सकें तो इससे बच्चों को उर्दू इमला लिखने में काफ़ी मदद मिल जायेगी और बच्चे नये अल्फ़ाज़ को सिर्फ़ सुनकर सौत (ध्वनि) और रुक्न की मदद से सही लिखने पर क़ादिर (योग्य) हो जायेंगे।

इसी तरह सर्फ़ी कवाईद (व्याकरण नियमों) की वजह से जो लफ्ज़ की साख्त में और नह्वी क़वाइद (वाक्य विन्यास) की वजह से जुमले की साख्त में तब्दीली होती है वो बच्चों को क्लास में समझकर पढ़ाने की ज़रूरत है ताकि वो इन क़वाइद से भी वाकिफ़ हों और अपनी ज़रूरत के मुताबिक़ इन क़वाइद को समझकर इस्तेमाल कर सकें।

सर्फ़ी क़वाइद (व्याकरणिक नियमों) के तहत अल्फ़ाज़ में मुख्तलिफ़ सतह पर की जाने वाली तब्दीलियों को बताया जाये जैसे जमा (बहुवचन) बनाना। साबक़े (उपसर्ग) और लाहिक़े (प्रत्यय) जोड़ना। इस्म (संज्ञा) की निस्बती शक्ल (सम्बन्धित रूप) की शनाख़्त (पहचान) कराना, इस्म (संज्ञा) की मुख्तलिफ़ हालतों हालत-ए-फ़ाइली (कर्ता कारक), हालत-ए-मफ़ऊली (कर्म कारक), हालत-ए-इज़ाफ़त (सम्बन्धकारक अवयव), हालत-ए-मुनादी (विस्मयादिबोधक अवयव) और हालत-ए-सर्फ़ी वग़ैरह के बारे में बताएँ।

इसी तरह बच्चों को नह्वी क़वाइद (वाक्य विन्यास के नियमों) से भी वाकिफ़ कराया जाये और जुमला (वाक्य) किसे कहते हैं?

जुमले के अजज़ा (भाग) क्या-क्या होते हैं? जुमले की मुख़्तलिफ़ क़िस्में क्या-क्या हैं? जैसे जुमला-ए-इस्मिया (संज्ञा आधारित), फ़ेअलिया (कर्म आधारित), सवालिया (प्रश्नसूचक) और इस्ताअजाबिया (विस्मयादिबोधक) वग़ैरह के बारे में भी दौराने तदरीस बताया जाये। जहाँ भी सबक़ के दौरान जुमले की कोई नयी क़िस्म का इस्तेमाल नज़र आये तो उससे सरसरी तौर पर न गुज़रा जाये बल्कि बच्चों को उनकी ज़हनी सतह के मुताबिक़ जुमले से वाक़िफ़ कराया जाये।

उर्दू की तदरीस में ग्रामर पढ़ाने के लिए इतलाक़ी (मुक्त) तरीक़ा-ए-तदरीस इख़्तियार किया जाये और इबारत (लेख) की रौशनी में ही ग्रामर बच्चों को समझाया जाये। ख्वाह उर्दू के नाह्व (वाक्य विन्यास) पढ़ाने हों या सर्फ़ (व्याकरण), ताकि बच्चे इन क़वाइद (नियमों) को मिसालों की मदद से अच्छी तरह समझ जायें। इसके साथ ही मुख़्तलिफ़ क़िस्म की मश्क़ (अभ्यास) के ज़रिये से बच्चों को बोलने और अपने ख़्यालात के इज़हार का हुनर भी सिखाया जाये।

ख़ुलासा (सारांश)

उर्दू की तदरीस (शिक्षण) को दौरे जदीद (नये ज़माने) के नये तरीक़ों से हमआहंग (जोड़ना) करना वक़्त की बहुत अहम ज़रूरत है। जदीद (नये) उसूले तदरीस (शिक्षण पद्धति) को इख़्तियार करके ही उर्दू की दर्स-ओ-तदरीस (शिक्षण) में पेश आमादा (सामने आने वाले) नये मसाइल का सामना किया जा सकता है और पढ़ने और लिखने की मुश्किलात को दूर किया जा सकता है। उर्दू के सौतियाती निज़ाम (ध्वनि व्यवस्था) को इस्तेमाल करके अगर तदरीस की जाये तो उर्दू के बहुत से मसाइल का हल निकल सकता है लेकिन इसमें मुश्किल ये है कि हमारे उर्दू असातिज़ा की तरबियत इस हवाले से नहीं होती है जिसकी बिना पर ज़्यादातर असातिज़ा (अध्यापक) सौतियाती (ध्वन्यात्मक) पहलू से उर्दू की तदरीस में कामयाब नहीं हो पाते हैं और उलझन का शिकार हो जाते हैं क्योंकि इल्मे लिसानियात (भाषाविज्ञान) ख़ुद उन्नीसवीं सदी की पैदावार है। जैसा कि मुहिउद्दीन क़ादरी ज़ोर ने अपनी किताब 'तक़सीम-ए-उलूम' में ज़िक्र किया है कि "फ्रांस का मशहूर फ़ाज़िल ई गोब्लो पहला शख़्स है जिसने किताब 'तक़सीम-ए-उलूम' (1898 ई.) में इस इल्म की कमाहिक़ा (रागुचित) तारीफ़ की और इसकी अहमियत पर बहस की।" (मुहिउद्दीन क़ादरी ज़ोर, हिन्दुस्तानी लिसानियात, मतबूआ शम्सुल इस्लाम प्रेस, हैदराबाद, 1932 ई.)। फिर रफ़्ता-रफ़्ता इल्मे लिसानियात ने तरक़्क़ी की और जदीद लिसानियात का आगाज़ हुआ और फिर इल्मे लिसानियात को ज़बान

की तदरीस के लिए इस्तेमाल किया जाने लगा। लेकिन इस हवाले से उर्दू असातिज़ा की तरबियत की बेहद ज़रूरत है।

ज़बान की सौतियाती तरीक़ा-ए-तदरीस में सौत (ध्वनि), हुरूफ़ (वर्ण), सौत और हुरूफ़ के दरमियान ताल्लुक़ और मुतब्बेक़ात, सौत रुक्न, साख्त, यक रुक्नी (एक अक्षर वाले), दो रुक्नी (दो अक्षर वाले), से रुक्नी (तीन अक्षर वाले) और कसीर रुक्नी साख्त (अधिक अक्षरों की संरचना) वाले अल्फ़ाज़ वग़ैरह का इस्तेमाल करके बच्चों को उर्दू की तदरीस करायी जाये। साथ-ही-साथ उर्दू के सर्फ़ी (व्याकरणिक) और नह्वी क़वाइद (वाक्य विन्यास) की इतलाक़ी (सम्बन्धित) ग्रामर के तहत पढ़ाया जाये ताकि बच्चे बक़द्रे ज़रूरत (ज़रूरत के मुताबिक) और क़ाबिले इस्तेमाल क़वाइद (प्रयोग योग्य नियमों) से भी वाक़िफ़ हो सकें और ज़बान की तमाम बुनियादी महारतों को बख़ूबी और बसहूलियत सीख सकें।

चुनांचे उर्दू की तदरीस में सौतियाती (ध्वनि सम्बन्धित) तरीक़े का इस्तेमाल ज़रूरी है। हालाँकि जदीद तरीक़ा-ए-तदरीस के मुताबिक़ किसी भी एक तरीक़ा-ए-तदरीस पर मुकम्मल इन्हसार (निर्भर) करके ज़बान की तदरीस करना अच्छा नहीं माना जाता है क्योंकि ये उस्ताद (शिक्षक) के विजदान (अन्तर्ज्ञान) पर मुन्हसिर (आधारित) है कि वो ज़बान के किस हिस्से की तदरीस के लिए कौन-सा तरीक़ा बेहतर तौर पर इस्तेमाल कर सकता है और किस तरह से तलबा की अमोज़िश (सीखना) बेहतर हो सकती है। लेकिन अगर मुख्तलिफ़ तरीक़ा-ए-तदरीस में सौतियाती तरीक़े को भी शामिल कर लिया जाये तो उससे मज़ीद बेहतर नतायज (परिणाम) निकल सकते हैं और तलबा की अमोज़िश (सीखना) हर लिहाज़ से उम्दा (उत्तम) हो सकती है और ख़ासतौर पर इब्तिदाई सतह (प्रारम्भिक स्तर) पर तलबा में पायी जाने वाली इमला (श्रुतलेख), तलफ्फुज़ (उच्चारण) और बुलन्दख्वानी (सस्वर पठन) से मुताल्लिक़ ग़लतियों का बसहूलत इज़ाला (आसानी से भरपाई) किया जा सकता है।

हवाला-ए-जात (सन्दर्भ) :

1. फरहंग Position paper: Teaching of Indian Languages, NCERT 2006
2. आस्फिया जिल्द सौम : (ऑनलाइन रेख़्ता डिक्शनरी के तवस्सुत से)
3. मसऊद हुसैन खान, उर्दू लफ़्ज़ का सौतियाती और तजुज़ सौतियाती मुताला, जमा-ओ-तरतीब : मिर्ज़ा ख़लील अहमद बेग (अलीगढ़, 1986), स. 32
4. मुहिउद्दीन क़ादरी ज़ोर, हिन्दुस्तानी लिसानियात (मतबूआ शम्सुल इस्लाम प्रेस, हैदराबाद, 1932 ई.), स. 71
5. मौलवी अब्दुल हक़, क़वाइद-ए-उर्दू (अल्नाज़िर प्रेस, ख़्यालीगंज लखनऊ, 1914 ई.)

उच्च प्राथमिक शालाओं में भाषा पर कार्य

–हृदय कान्त दीवान

प्राथमिक कक्षाओं में भाषा सिखाने के मुख्य पहलू होते हैं, सुनना, समझना, बोलना, अभिव्यक्ति, सृजन, कल्पना, फन्तासी (fantasy) और तर्क। ये सब मिलकर बच्चे के मानसिक विकास, व्यक्तित्व और बच्चे की पहचान को गढ़ते हैं। सवाल यह है कि उच्च प्राथमिक कक्षाओं में भाषा के किस तरह के अभ्यास और किस तरह के मौक़े बच्चों के लिए बनाये जायें जिससे कि वह प्राथमिक कक्षाओं में सीखे पहलुओं में और ज़्यादा सक्षम बन सकें। इस उम्र तक बच्चों के व्यक्तित्व में एक बड़ा अन्तर आ जाता है। यहाँ आते-आते उनकी अपने बारे में कुछ समझ होती है। भाषा के प्रति उनका एक दृष्टिकोण होता है। यह सवाल भी बहुत महत्त्वपूर्ण है कि हम इस समय कितनी और कौन-सी भाषाएँ पढ़ाएँ। और इन सभी में सबसे महत्त्वपूर्ण यह सोच पाना है कि कक्षा में इनके लिए क्या किया जाये और इसे सार्थक रूप से सम्भव बनाने के लिए पाठ्यपुस्तक में किस तरह के संकेत अभ्यासों व अन्य माध्यमों द्वारा दिये जायें। इस पर्चे में इन्हीं मसलों पर चर्चा की गयी है।

प्राथमिक कक्षाओं में जो प्रक्रिया शुरू की थी उसे उच्च प्राथमिक कक्षाओं में आगे ले जाना है। प्राथमिक कक्षाओं में भाषा सिखाने के मुख्य पहलू हैं, सुनना, समझना, बोलना, अभिव्यक्ति, सृजन, कल्पना, फन्तासी (fantasy) और तर्क। ये सब मिलकर बच्चे के मानसिक विकास, व्यक्तित्व और बच्चे की पहचान को गढ़ते हैं। सवाल यह है कि उच्च प्राथमिक कक्षाओं में किस तरह के अभ्यास और किस तरह के मौक़े बच्चों के लिए बनाये जायें जिससे कि वह और ज़्यादा सक्षम बन सकें। ज़ाहिर है इस उम्र तक बच्चों के व्यक्तित्व में एक बड़ा अन्तर आ जाता है। यहाँ आते-आते उनकी अपने बारे में कुछ समझ होती है। उनकी स्वयं और उनके परिवारों की कुछ अपेक्षाएँ होती हैं। इसके अलावा भाषा के प्रति उनका एक दृष्टिकोण होता है और इस दृष्टिकोण का उसके आगे के रास्ते में योगदान होगा।

इस समय भाषाओं की प्रकृति और कुछ हद तक भाषाओं के बीच अन्त:सम्बन्धों पर चर्चा की आवश्यकता है। यह भी सम्भव है कि इन कक्षाओं में 2-4 भाषाओं का भाषायी विश्लेषण किया जा सके जिससे कि भाषाओं के समानान्तर पहलू के बारे में बच्चे का एहसास बन सके। वह यह भी समझ पाये कि सभी भाषाओं में सम्भावनाएँ हैं और ऐसा नहीं है कि कोई एक भाषा अन्य भाषाओं से विशेष है। यह उसे विचारात्मक और तार्किक दृष्टि से समझाने की आवश्यकता नहीं है बल्कि उसको इस तरह महसूस कराने की है जिससे कि वह भाषाओं में आपसी लेन-देन, तुलना और अनुवाद को समझ सके। वह यह एहसास कर सके कि ये सारे विचार-विमर्श जो स्कूली भाषा में किये जाते हैं वह उसकी घर की भाषा में भी किये जा सकते हैं। प्राथमिक स्तर की तरह यहाँ भी यह सवाल बहुत महत्त्वपूर्ण है कि हम इस समय कितनी और कौन-सी भाषाएँ पढ़ाएँ। यह पता करना इसलिए आवश्यक है कि बच्चे को एक ओर तो अपने समुदाय, आस-पास और परिवार से जुड़ना है, साथ ही उसको नये विचार, नये ज्ञान के स्रोत और आगे बढ़ने के अवसर चाहिए। तो इन सभी पहलुओं को ध्यान में रखते हुए सोचना पड़ेगा कि कौन-सी और कितनी भाषाएँ हमें उच्च प्राथमिक कक्षाओं में शामिल करनी हैं।

इन सभी में सबसे महत्त्वपूर्ण यह सोच पाना है कि कक्षा में इनके लिए क्या किया जाये और इसे सार्थक रूप से सम्भव बनाने के लिए पाठ्यपुस्तक में किस तरह के संकेत अभ्यासों व अन्य माध्यमों द्वारा दिये जायें। स्वाभाविक है कि इसकी झलक मूल्यांकन की रचना में भी दिखनी होगी। इस पर्चे में हम इन्हीं मसलों पर बातचीत करेंगे।

उच्च प्राथमिक स्तर पर भाषा के टास्क

उच्च प्राथमिक शाला स्तर पर पढ़ने के सन्दर्भ में उद्देश्यों के बारे में सोचें तो कई बातों का ध्यान रखना होगा। पहली बात तो यही है कि बच्चे की पढ़ने की क्षमता को और विकसित करना है। यह प्रक्रिया वहाँ से शुरू होगी जहाँ वह पिछली कक्षा तक पहुँचा है। सभी बच्चे एक समय पर एक स्तर पर नहीं होते, अत: यह सोचना होगा कि पढ़ने की क्षमता के विकास का क्या अर्थ है। क्या इस विकास का अर्थ यह है कि बच्चे ज़्यादा मुश्किल और ज़्यादा लम्बे टेक्स्ट पढ़ पायेंगे, क्या यह है कि वह उन टेक्स्ट के बारे में अपनी ख़ुद की राय बना पायेंगे और यह समझ पायेंगे कि जो भी टेक्स्ट दिया जाता है उसे हमेशा पूरी तरह से सही नहीं माना जाना चाहिए और उसे जाँचना व परखना चाहिए? ये सब पढ़ना सीखने के उद्देश्यों के सन्दर्भ में महत्त्वपूर्ण पहलू हैं। इसी के साथ यह भी महत्त्वपूर्ण है कि अलग-अलग विषयों में

भाषा की विशिष्टताओं का अहसास हो व उनकी शब्दावली का उपयोग करने की क्षमता विकसित हो पाये। पढ़ने के लिए पाठक को पाठ के अर्थ का निर्माण करना होता है और यह लेखक के विचार के जितना क़रीब हो उतना अच्छा है। पाठक को लेखक के विचार का अपनी समझ और विवेक का इस्तेमाल करके विश्लेषण करना होता है। पढ़ने वाले को यह भी देखना होता है कि उस व्यक्ति के विचार में कहाँ और जोड़े जाने की गुंजाइश है या उस विचार का उस परिस्थिति के लिए आगे के लिए क्या निहितार्थ है। जो पढ़ा है उसको वह कैसे उपयोग कर सकता है या उसको कहाँ ध्यान में रखने की ज़रूरत है। अतः उच्च प्राथमिक कक्षाओं में टेक्स्ट पर काम करते समय इस सबको अभ्यास में डालना आवश्यक है।

एक और प्रमुख क्षमता जिसे उच्च प्राथमिक और माध्यमिक स्तर पर बच्चे में विकसित करने की ज़रूरत है, वह है लेखन क्षमता। इसमें भी यह पुनः सोचना होगा कि इस स्तर पर लिखने की क्षमता का अर्थ क्या है? उससे किस तरह के विषयों पर कितना लिखने की अपेक्षा होनी चाहिए? उसके लेखन में शुद्धता पर कितना ध्यान देना चाहिए? इस स्तर पर उसका लेखन बेहतर करने के लिए क्या करें? अक्सर इन स्तरों पर यही प्रयास होता है कि बच्चा सही वर्तनी और व्याकरण का इस्तेमाल करे। यह समझा जाता है कि यदि शुरू से ही सही वर्तनी व व्याकरण का इस्तेमाल करना नहीं सीखेगा तो कभी नहीं सीखेगा। यह भी माँग होती है कि लेखन में अलंकार का उपयोग होना चाहिए। यह अपेक्षा होती है कि लेखन का स्वरूप एक व्यवस्थित खाक़े के अनुरूप हो। यह रास्ता उपयुक्त नहीं है। यह सब इस स्तर पर बिल्कुल महत्त्वपूर्ण नहीं है। महत्त्व इस बात का है कि बच्चा यह समझे कि वह जो लिख रहा है, वह उसके विचार होने चाहिए और नक़ल करना या याद करके दोबारा लिखना असल में लिखना नहीं है। लिखना अपने विचारों की अभिव्यक्ति, अपने सवालों की अभिव्यक्ति, अपनी कल्पना की अभिव्यक्ति है। यह क्षमता धीरे-धीरे बेहतर होती रहेगी। इसके लिए ख़ुद लिखने के मौक़े और लिखे पर संवाद की आवश्यकता है। इस संवाद में ग़लतियाँ निकालने के स्थान पर लिखे टेक्स्ट का जश्न मनाना व उसे बेहतर बनाने के लिए सरल व सार्थक सुझाव ज़रूरी हैं। लेखन में वाक्य रचना, वर्तनी, तर्क की गहराई, टेक्स्ट की सुगठिता, शब्दावली की समृद्धता पढ़ने व चर्चा से होती है। जैसे-जैसे अलग-अलग ढंग से बच्चों का ज्ञान बढ़ता है, उसमें नये शब्दों व नये तर्कों को समझने की क्षमता बढ़ती है, वैसे-वैसे लेखन क्षमता का भी स्वाभाविक विकास होगा। लिखने की क्षमता पढ़ने की क्षमता से गहराई से जुड़ी है। लिखने वाले के साथ उसके द्वारा लिखे टेक्स्ट पर चर्चा करना चाहिए। धीरे-धीरे लिखते समय लेखक के मन में यह ख़्याल आने लगता है कि यह टेक्स्ट बाद में कोई पढ़ेगा तो

उसे वह कैसे समझेगा। वह यह अहसास कर पाता है कि बातचीत में पूरा सन्दर्भ मौजूद होता है, नहीं समझ आने पर उसी वक़्त उस बात को अलग ढंग से रखा जा सकता है, कुछ ग़लत कह दिया जाये तो उसी वक़्त सुधारा जा सकता है लेकिन लिखित टेक्स्ट स्थायी है। लिखित सामग्री सन्दर्भ से हटकर किसी अपरिचित व्यक्ति द्वारा पढ़ी जा सकती है अत: ऐसे लिखना होगा जो ज़्यादा व्यापक और सार्वभौमिक रूप से समझ में आ सके। उच्च प्राथमिक और माध्यमिक स्तर पर इस ओर ध्यान देकर बच्चों में इसकी समझ विकसित करने की ज़रूरत है।

भाषायी विश्लेषण

माध्यमिक, उच्च प्राथमिक स्तर पर भाषा शिक्षण का उद्देश्य यह भी है कि बच्चे में भाषायी विज्ञान और विश्लेषण की क्षमता विकसित हो। भाषायी विश्लेषण का अर्थ है कि वह यह समझ पाये कि वाक्य संरचना में कुछ नियम होते हैं। वह वाक्यों में काल, लिंग, प्रश्न आदि से सम्बन्धित तब्दीलियाँ करने व उन्हें समझने में सक्षम हो। इसके लिए उसे ऐसे टास्क मिलें जिनसे वह शब्दों के रूप से खेल सके व उनकी रचना में निहित पैटर्न पहचान सके। इस दौरान उसे सभी प्रकार के शब्दों के बहुवचन का श्रेणियों में बाँटना आ जाये। बार-बार बहुवचन अथवा किसी और पहलू पर कार्य करने से यह समझ आयेगा कि अमूमन यदि शब्द के अन्त में 'आ' की ध्वनि है यथा लड़का, पतीला, बल्ला, हरा, तोता, आया...आदि का बहुवचन बनाते समय यह देख सकते हैं कि इसके अन्त में 'ए' की ध्वनि आयेगी। जैसे लड़के, पतीले, तोते आदि। इसी तरह 'ई' में अन्त हो रहे शब्द यथा लड़की, मिट्टी, खिड़की... इन सबके बहुवचन में 'इ' ध्वनि आयेगी जैसे लड़कियाँ, मिट्टियाँ आदि। इसके और भी बहुत से उदाहरण ढूँढ़े जा सकते हैं। इसी तरह से काल के रूपों में बदलाव भी निश्चित ढंग से होता है। इसी तरह से लिंग व क्रिया के रूप में भी पैटर्न होते हैं जिसे अध्ययन कर आत्मसात किया जा सकता है, ताकि स्वाभाविक तौर पर अपनी भाषा में उपयोग किये जा रहे पैटर्न के साथ-साथ तुलनात्मक रूप से अपरिचित स्कूल की भाषाओं में भी इन पैटर्न का अहसास उसे होने लगे।

नयी भाषाओं में सही बोलना (सही व्याकरण के साथ), उनमें पढ़ना व लिखना सीखते समय कई ग़लतियों से गुज़रते हुए यह पैटर्न सीखे जाते हैं। रमा कान्त अपने लेख बहुभाषिता : एक कक्षा स्रोत **(अग्निहोत्री, रमा कान्त (2013)** ***बहुभाषिता: एक कक्षा स्रोत*** **सन्दर्भ (85). pp. 43-53)** में कहते हैं कि हर कक्षा बहुभाषी होती है और कक्षा में बच्चों द्वारा लायी भाषाओं के इन सभी के सन्दर्भ में तुलनात्मक अध्ययन से भाषा के नियमबद्ध होने का अहसास होता है। इसके कारण धीरे-धीरे

लिखते समय बच्चे इस तरह के नियमों के आधार पर व्याकरण या लिपि की अपनी ग़लतियों को सुधारना शुरू करते हैं। वह यह भी समझ पायें कि उन्होंने जो लिखा है वह मानक लेखन और मानक व्याकरण से किस तरह अलग है और इनके अलग माने जाने के क्या कारण हैं। वह अपने लेखन को स्वयं ध्यान से देखें और उसमें क्या परिवर्तन करना है यह देखें। भाषा के विश्लेषण के लिए किस तरह के अभ्यास हों इसके कई और उदाहरण हैं। उदाहरण के लिए कुछ वाक्यों में यह देखने की कोशिश हो कि वाक्यों में कारक के प्रयोग से कर्ता और क्रिया के सम्बन्ध में किस तरह का फ़र्क़ आता है। और इसी तरह यह कि काल से, वचन से वाक्य का क्या सम्बन्ध है और काल के बदलने से या वचन के बदलने से वाक्यों में किस तरह के फ़र्क़ आते हैं। हम किसी वाक्य में संज्ञा के बहुवचन रूप का प्रयोग करना चाहते हैं या जहाँ हम यह दिखाना चाहते हैं कि बहुत सारी वस्तुएँ हैं तो इनमें वाक्य की रचना किस प्रकार बदलेगी। या फिर किसी कथन को प्रश्न बनाने व उसके रूप में क्या फ़र्क़ आता है आदि। यह जितनी अलग-अलग भाषाओं के साथ किया जाये उतना अच्छा है चूँकि यह विश्लेषण व तर्क की क्षमता का भी विकास करता है। यह विश्लेषण काल, लिंग, बहुवचन, कारक, क्रिया रूप आदि के सन्दर्भ में बिना परिभाषा के अलग-अलग भाषाओं पर किया जा सकता है। जिससे नियमों और परिभाषाओं को याद कर उनके आतंक से डरने के स्थान पर यह उपयोग का स्वाभाविक हिस्सा बन जाते हैं। उदाहरणार्थ अंग्रेज़ी में महिला, पुरुष के अलावा एक तीसरा रूप भी है। हिन्दी में कारक है जबकि अंग्रेज़ी में नहीं है। अतः यह एक जिज्ञासापूर्ण खोज बन जाती है कि किस-किस भाषा में क्या गुण हैं और किस में नहीं हैं। बहुवचन के रूपों के सन्दर्भ में भी अलग-अलग भाषाएँ अलग-अलग व्यवहार करती हैं। ऐसा विश्लेषण करते समय कई बातें ऐसी समझ आती हैं जिनका ज़िक्र साधारणतः व्याकरण से लैस कक्षाओं में नहीं होता। टेक्स्ट और वाक्यों के भाषायी विश्लेषण से न सिर्फ़ भाषा की समझ बेहतर होगी, बच्चों को और सन्दर्भों में मान्य व्याकरण और वर्तनी को समझने में मदद मिलेगी बल्कि उनका मानसिक और तार्किक विकास भी होगा। उनको यह भी समझ में आयेगा कि कैसे हम अवलोकनों के आधार पर कुछ बातें कह सकते हैं। एक तरह से यह वैज्ञानिक प्रक्रिया को समझने के लिए भी एक खिड़की है कि आप पहले डेटा इकट्ठा करें, उसका ध्यानपूर्वक अवलोकन करें, अवलोकनों को रिकॉर्ड करें और फिर उनका भाषायी विश्लेषण। आप वह वाक्य लें जो आप आमतौर पर बोलते हैं उनका विश्लेषण करें और समझने की कोशिश करें कि कौन-से नियम हम बना सकते हैं और उन नियमों के पीछे क्या आधार हैं।

समझना, अभिव्यक्ति व तर्क

पढ़ने व लिखने में आगे बढ़ने के लिए एक और महत्त्वपूर्ण क्षमता तर्क का विकास है। जब भी कोई टेक्स्ट रचा जाता है उसमें एक तार्किक क्रमबद्धता होती है। आप किसी कहानी के अथवा किसी विवरण का एक पैराग्राफ़ लें और उसके 10 वाक्य बेतरतीब ढंग से लिख दें तो उनको समझना बहुत मुश्किल है। कोई भी टेक्स्ट तभी समझ में आता है जब उसके वाक्यों में एक क्रम हो। उस क्रम को समझना और पहले वाक्य से अगले वाक्य का सम्बन्ध पहचानना और कई बार विशेषतौर पर विषय के टेक्स्ट में यह भी समझ पाना कि पहला वाक्य पाँचवें वाक्य से जुड़ा है। पाँचवें वाक्य को पहले वाक्य के आलोक में पढ़ना है और इसी तरह पूरे पैराग्राफ़ को समझना है। बड़े टेक्स्ट में पैराग्राफ़ के आपसी सम्बन्धों को समझना होता है। ताकि दोनों में तर्क व अर्थ के स्तर पर सामंजस्य हो। उच्च प्राथमिक स्तर पर पढ़ने के अभ्यास में इसके प्रति सचेतता आवश्यक है। इस तरह गहराई से पढ़कर समझने वाले टेक्स्ट मूल बिन्दु पहचानने अथवा सार बताने के कार्य की समझ में विकास का माध्यम हैं। यह बात कि कोई उपवाक्य कौन-सी संज्ञा या सर्वनाम से जुड़ा है (एक वाक्य में कई उपवाक्य होते हैं) और सर्वनाम कौन-सी संज्ञा को इंगित कर रहा है (यानी किसकी जगह आया है) या गुण किस विशेषण को इंगित कर रहा है। टेक्स्ट को समझने के लिए वाक्य की रचना व उसमें व्याकरणिक टुकड़े बिना सचेत संज्ञान के समझना पढ़ने की प्रक्रिया का अनिवार्य हिस्सा है। पढ़ते समय आप रुककर यह नहीं सोचते कि इस वाक्य में क्रिया कौन-सी है, संज्ञा कौन-सी है आदि। यह भी सचेत रूप से नहीं देखते कि संज्ञा पद क्या है व क्रिया पद क्या है। वाक्य को एक मानकर उसमें यह सब अचेतन में ही पहचान कर उसका अर्थ समझते हैं। यह कर पाने पर ही पढ़ना सम्भव हो पायेगा। इनके लिए पढ़ने वाले को व्याकरण के तत्त्वों की परिभाषा आना आवश्यक नहीं है, किन्तु वाक्य की समझ के लिए एक झलक में ही उसकी संरचना भाँपकर उसके अर्थ का अनुमान लगाते हुए इसका जुड़ाव अगले वाक्य से और इससे पहले आ रहे वाक्य के कथ्य से जोड़ना है। पैराग्राफ़ समझने के लिए यह आवश्यक नहीं कि हर शब्द पढ़ा जाये। सक्षम पाठक पठन सामग्री के छोटे हिस्से को ही देखकर अर्थ समझता चलता है। विश्लेषण की तार्किक क्षमता के विकास की आवश्यकता है। सामान्यत: यह तार्किक क्षमता, स्वाभाविक तौर पर पढ़ने वाला धीरे-धीरे पा लेता है, अगर उसके पास पढ़ने के पर्याप्त मौक़े हों और उन मौक़ों में कोई अड़चन या कोई बाधा अपेक्षाओं की वजह से और उसकी क्षमता को नकारने की वजह से न आये। अत: उच्च प्राथमिक और माध्यमिक स्तर

पर यह बात भी सोचनी होगी कि तार्किक क्षमता विकास की इस स्वाभाविक प्रक्रिया को हम व्यवस्थित ढंग से अपनी कक्षा की प्रक्रिया में, पाठ्यपुस्तकों के विकास में कैसे शामिल कर सकते हैं। इसके लिए ऐसे अभ्यास चाहिए जिनसे सीखने वाला यह समझ पाये कि पैराग्राफ़ में उपयोग किया तार्किक क्रम क्यों आवश्यक है। हर पैराग्राफ़ में तार्किक क्रम देख पाने व उसको बता पाने का अभ्यास उसे हो। वह समझ पाये कि पैराग्राफ़ से आगे पूरे टेक्स्ट की रचना में, कहानी की रचना में किस प्रकार का क्रम होता है जो उसे बाँधता है। वह यह समझ पाये कि पूरी कहानी की रचना में कैसे एक पूरा ढाँचा होता है। अच्छे नाटक व अच्छी कहानी की रचना में घटनाओं का क्रम और व्यक्तियों के व्यवहार का विवरण एक रचित क्रम में रखा जाता है। कहानी में जो आश्चर्य का तत्त्व डाला जाता है वह उसकी रोचकता को बनाये रखने के लिए बहुत ज़रूरी है। पढ़ते समय यह सोचना अथवा चर्चा करना स्वयं लिखने के प्रयास के लिए भी और पढ़े हुए के रसास्वादन के लिए भी लाभदायक है कि लेखक ने आश्चर्य के पहलू को डालने के लिए, उसको बढ़ाने के लिए जानकारी व घटनाक्रम को कैसे व्यवस्थित किया है। कहाँ अलग-अलग जगह पर टुकड़े किये हैं व कैसे बात को प्रस्तुत किया है। यह कहानी की रचना का हिस्सा कैसे है। इसके साथ ही कहानी व क़िस्सों में परिस्थितियों की कुछ वैकल्पिक कल्पना कर आगे बढ़ाने के अभ्यास भी उपयोगी हैं जिनमें क्रम का व उसे रचने का अनुभव हो। इसके लिए ऐसे अभ्यास भी हों जिसमें पढ़ने वाले को क्रम को समझने, उसकी विभिन्न सीढ़ियों के बीच में जुड़ाव खोजने व सारी कड़ियों को देख सकने का प्रयास हो। पाठक यह भी सोचे कि कहानी में आख़िर में कही बातें शुरू में कही बातों से कैसे जुड़ी हैं व कैसे उसे रचा गया है। यह सोच सके और चर्चा कर सके कि अगर इसके क्रम में बदलाव कर दिया जायेगा और बहुत-सी बातें जो बाद में पता चल रही हैं, अगर पहले पता हो जायेंगी तो क्या कहानी पढ़ने का मज़ा आयेगा? महत्त्वपूर्ण यह अहसास है कि कहानी लेखक यह कोशिश करता है कि पाठक टेक्स्ट उसी तरह से पढ़े जैसा वह चाहता है। कहानी पढ़ते समय यह उत्साह निरन्तर बना रहे कि मुझे पता करना है कि आगे क्या होगा। कहानी पढ़ने में वह ही याद रहता है जिसमें कुछ अनपेक्षित हो व जिसमें लेखक का मक़सद दिखाई दे, किन्तु वह थोपा हुआ न लगे व नज़रों में चुभता हुआ न लगे। वह पाठक को अपने ढंग से समझने व व्याख्या करने का मौक़ा दे। कई बार वयस्कों द्वारा चुनी हुई कहानियाँ इस तरह की नहीं होतीं और वह पढ़ने, तार्किक विकास व नैतिक विकास के लिए खुले विश्लेषण के मौक़े नहीं बना पातीं। कहानियों में भी यह सम्भावना नहीं होती और कक्षा में अपेक्षा भी नहीं होती। इस सबके विकास के लिए टेक्स्ट का

चुनाव महत्त्वपूर्ण है परन्तु उससे ज़्यादा महत्त्वपूर्ण है टेक्स्ट पर सुझाये गये अभ्यास व उनका परिप्रेक्ष्य। जो अभ्यास व सवाल दिये गये हों वह पाठक को टेक्स्ट पर सोचने, उसे विश्लेषित करने, पुनर्रचित करने, उस पर अपने ढंग से, अपनी इच्छा से चर्चा करने का मौक़ा दें।

सवाल पढ़कर हल करना

भाषा के विकास के लिए यह भी आवश्यक है कि टेक्स्ट को पढ़ने के साथ-साथ सवालों को और समस्याओं को पढ़कर समझने और फिर उनको हल करने के अभ्यास का मौक़ा हो। यह न सिर्फ़ कहानी, कविता, नाटक, वृत्तान्तों, विवरणों आदि के लिए परन्तु हर विषय में अलग-अलग प्रकार के टेक्स्ट के लिए है। यह भाषायी क्षमता व विषय समझ के विकास में मदद करेगा। भाषा में व अन्य विषयों में अपने विचार रख पाने और उसकी अवधारणाओं को समझने व अपने सोचने के ढाँचे में समाहित करने के लिए अभ्यास आवश्यक हैं। इसी से सीखने वाला विषय में स्वतन्त्र पाठक व अपने बूते पर नया ज्ञान हासिल करने वाला बनेगा। यह बात अक्सर पुस्तकों को लिखने में व कक्षा की प्रक्रिया में छूट जाती है कि विषय को सीखने का एक अति महत्त्वपूर्ण हिस्सा उस विषय पर लिखे गये टेक्स्ट को पढ़कर समझ पाना है। इसी से विषय को आगे सीखने का रास्ता बनेगा। नया ज्ञान हासिल करने के लिए समझकर पढ़ने का अभ्यास आवश्यक है। हर विषय की कक्षा में पुस्तक को स्वयं पढ़कर समझने की क्षमता विकसित होनी चाहिए। जिसमें उस विषय की शब्दावली व तार्किक ढाँचे का विकास शामिल है।

तर्क और भाषा का एक महत्त्वपूर्ण पहलू तर्कों व कथनों का आकलन करना है। इसी का एक हिस्सा कथनों को सिद्ध करना है। अलग-अलग विषयों में कथनों की जाँच अलग-अलग ढंग से होती है। गणित में इसका विशेष महत्त्व भी है व इसका ढंग भी ख़ास है, इसे समझाने के लिए मौक़े चाहिए। गणित इन्सानों द्वारा सोचकर गढ़े गये अमूर्त आब्जैक्ट्स के साथ कुछ मान्यताओं व नियमों के आधार पर खोजबीन से आगे बढ़ता है और उन मान्यताओं को समझकर उसके अमूर्त ढाँचे को समझकर ही सीखने वालों को गणितीय कथनों को पढ़ना व समझना सीखना होगा। अतः इस प्रकार के अभ्यास चाहिए जिनमें यह सोचना हो कि कथनों को कैसे जाँचें, कैसे उसके उदाहरण व ग़ैर-उदाहरण ढूँढ़ें। कैसे सामान्यीकृत कथनों को समझ सकें और गणितीय भाषा को पढ़ने की क्षमता के साथ गणितीय सन्दर्भों में भाषा के विशेष उपयोग को भी समझने लगें। उदाहरण के लिए यह कहना कि 'मान लो' ऐसी एक संख्या हो सकती है या फिर मान लो कि यह कथन सही है

और फिर देखना कि आगे चलने पर कोई अन्तर्विरोध सामने आते हैं या नहीं। इसके अलावा किसी राशि के लिए अक्षर संख्या का उपयोग करना जिसमें यह छिपा है कि उसका कोई भी मान हो सकता है। इस तरह की समझ गणित सीखने का महत्त्वपूर्ण हिस्सा है। इसका विकास नयी-नयी समस्याओं को हल करने के अभ्यास से होगा और इससे नये सवालों को हल करने की क्षमता भी बढ़ेगी। सवाल हल करने के लिए गणित की भाषा और गणित के सन्दर्भ में भाषा का उपयोग सीखना बहुत ज़रूरी है। अक्सर गणित की किताब बनाते समय यह छूट जाता है। सिद्ध करने की प्रक्रिया को समझने और बच्चे को उसमें सक्षम बनाने की प्रक्रिया में भाषा व गणित का अन्त:सम्बन्ध और सिद्ध करने के रास्तों को किस प्रकार समझा जाये इस पर अभ्यास छूट जाते हैं। यह भी उच्च प्राथमिक और माध्यमिक के भाषा शिक्षण के परिप्रेक्ष्य, पाठ्यचर्या और कक्षा अन्त:क्रिया का हिस्सा होना चाहिए।

जैसे-जैसे अवधारणाओं की जटिलता बढ़ती जाती है, टेक्स्ट व उन्हें समझना मुश्किल होता जाता है। विषयों के अध्यापन में यह भी अपेक्षा होती है कि बच्चे कई तरह की अवधारणाओं को जोड़कर कुछ सवालों का जवाब दे पायेंगे। यह समझा जाता है कि विषय के अच्छे ज्ञान के लिए ज़रूरी है कि आप किसी अवधारणा का इस्तेमाल दूसरी जगह पर कर सकें। विज्ञान और गणित दोनों में यह ज़रूरी है कि यह समझा जाये कि प्रस्तुत समस्या में उपलब्ध जानकारी किस-किस अवधारणा से जुड़ी है। इस जुड़ाव को बनाने में जानकारी का कौन-सा हिस्सा उपयोगी है। पूछे गये सवाल और दी गयी परिस्थिति को समझने में कैसे अवधारणा मदद करती है। यानी समस्या या सवाल के मजमून को इस प्रकार समझना जिससे उसको हल करने का रास्ता पहचाना जा सके। इसके साथ-साथ हल करने के रास्ते को पहचानते हुए यह समझना कि उसके लिए कौन-सी जानकारी महत्त्वपूर्ण है। इसी से यह समझ आयेगा कि जो पूछा गया है उसे पता करने के लिए जानकारी का किस प्रकार इस्तेमाल किया जाना चाहिए और उसके लिए कौन-से सिद्धान्तों, कौन-सी अवधारणाओं और किस तरह के फॉर्मूले की ज़रूरत होगी। इसके लिए पहला क़दम तो सवाल के टेक्स्ट को समझना है और फिर उसे ऐसे निरूपित करना है कि उसमें दी गयी जानकारी स्पष्ट रूप से सामने आ जाये व सवाल को हल करने का रास्ता भी क्रमबद्ध रूप में दिखने लगे। इसके लिए जानकारी को अलग-अलग तरह से निरूपित करने की ज़रूरत हो सकती है। कभी फ्लो चार्ट के रूप में, कभी महत्त्वपूर्ण बातों को रेखांकित करके, कभी किसी और ढंग से मुख्य पहलुओं व उनके अन्त:सम्बन्धों को प्रदर्शित करके आदि। यह इस प्रकार हो जिससे आगे बढ़ने के तरीक़े को खोज पाना सम्भव हो सके। स्वयं सवाल हल करने व समस्या सुलझाने के लिए पहले यह समझना ज़रूरी

है कि उसे हल करने में क्या पहलू उपयोग होंगे और फिर उसके हल का रास्ता क्या हो सकता है। यदि हम विषयों की समझ के विकास और भाषा में टेक्स्ट के समझ की बात कर रहे हैं तो यह आवश्यक हो जाता है कि सीखने वाला समस्या को हल करने का अपना रास्ता खोजे। एक ओर तो यह आवश्यक है कि सवाल नयी-नयी क़िस्म के हों और दूसरी ओर यह कि उनकी भाषा में भी विविध रूप हों।

इस प्रकार पूरे पाठ्यक्रम में ऐसे प्रयास होने चाहिए कि जिसमें स्वयं करने के ऐसे मौक़े हों जो सीखने वाले अपने बूते पर करने का प्रयास कर सकें। यह मौक़े विविध हों व अलग-अलग स्तर पर विविध प्रकार के हों। पुस्तक से यह अपेक्षा इंगित हो कि सीखने वाले गणित के सवाल स्वयं हल करेंगे ताकि नये क़िस्म के होंगे, यह अपेक्षा होगी कि वे नये क़िस्म के सवाल बनाने की कोशिश भी करें, वे गणित की भाषा समझना व इस्तेमाल करना सीखें आदि। इसी तरह विज्ञान की कक्षा में अपेक्षा होगी कि विद्यार्थी प्रयोग करें, उनका अवलोकन करें, उनके निष्कर्ष लिखें और उनके क्या निहितार्थ हैं, उन निहितार्थों को समझने की कोशिश करें। वे अपनी पुस्तक पढ़ें व अन्य सामग्री भी। विषय में आगे बढ़ने के लिए उन्हें अवधारणाओं को अलग-अलग सन्दर्भों में समझकर व महसूस कर व्यापक ढाँचे में पिरोकर आत्मसात करना होगा। इस अभ्यास के चाहें तो 5-6 प्रयोग एक साथ देकर उनके अन्त:सम्बन्ध समझाने का प्रयास करवाएँ और इसी तरह से यह भी कोशिश कि वो नये प्रयोग रचने का प्रयास करें। किसी बात को जाँचने अथवा समझने के लिए वो ऐसी कल्पनाएँ करें जिनकी वे स्वयं और अन्य लोग जाँच कर सकते हैं। इसके लिए वे अपने अवलोकनों में नये पैटर्न पहचान कर, कार्यकारी सम्बन्ध की कल्पना करें। ऐसा सम्बन्ध जो वह स्वयं भी जाँच सकते हैं या कोई और जाँच सकता है और जो उन्हें लगता है किस तरह की प्रक्रिया या अवलोकन चाहिए।

कार्यकारी सम्बन्ध समझना

इसी प्रकार जब हम भाषायी विकास की बात करते हैं तो उसमें कार्यकारी सम्बन्ध समझने की भी ज़रूरत होती है। इस तरह के सम्बन्ध प्रत्येक विषय के लिए अलग होते हैं। जैसे विज्ञान में कार्यकारी सम्बन्ध के उदाहरण हैं सर्दियों में भालू व मेढ़क आदि शीतनिद्रा में चले जाते हैं, या माता-पिता के गुणसूत्रों के कारण बच्चे की आँखों का रंग कुछ ख़ास तरह का होता है। जब हम गणित की बात करते हैं तो हम तार्किक रूप से किसी चीज़ को सिद्ध करने की बात करते हैं, उसमें गणितीय आब्जेक्ट्स व उनके बारे में पूर्व चयनित मान्यताओं से ही यह कहा जा सकता है कि अगर ऐसा है तो ऐसा ही होगा। विज्ञान में ऐसा नहीं है, क्योंकि उसमें हम भौतिक सामग्री व

परिस्थिति बदल देते हैं, तो जो अवलोकन और परिणाम हैं वे अलग-अलग हो सकते हैं। हालाँकि उसके पीछे के सिद्धान्त नहीं बदलते किन्तु मान व प्रत्यक्ष अवलोकन बदल सकते हैं। इसी तरह इतिहास में अलग ही ढंग से कार्यकारी सम्बन्ध रचित होते हैं। उनमें विविध तरह के स्रोतों से मिली जानकारी व इस सबको ख़ास प्रकार से देखते हुए सुसंगत ताने-बाने में रखने के प्रयास से ही इतिहास की समझ की रचना होती है। उदाहरण के लिए ऐसे लोगों से बातचीत करना, जो उस विषय को गहराई से जानते हैं, उस बातचीत को रिकॉर्ड करना, उस बातचीत को समझकर लिखना, अलग-अलग तरह के 4-5 लोगों से बातचीत करके और अलग-अलग तरह के स्रोतों को देखकर यह कह पाना कि इन सबसे पुराने समय के बारे में एक सुसंगत दृष्टि मिलती है। इसी के आधार पर हम पहले से आत्मविश्वास से कुछ कह सकते हैं। यह कहना ज़रूरी है किसी भी चीज़ का इतिहास इकट्ठा किया जा सकता है। इस इतिहास के स्रोतों से ऐतिहासिक समझ विकसित करने का प्रयास रोचक हो सकता है। स्कूल की विभिन्न कक्षाओं के लिए इसके अभ्यास बनाना हो पाये ऐसा प्रयास करना होगा। इसी तरह सामाजिक प्रक्रियाओं के बारे में, बाज़ार के बारे में और कई चीज़ें ऐसी हैं जिन्हें बच्चे को समझने में तार्किक ढाँचे की ज़रूरत है और ये सब चीज़ें बच्चे के अध्ययन एवं अभ्यास का हिस्सा होनी चाहिए। अत: हम देख सकते हैं कि ऊपर चर्चित तीनों विषयों को अलग-अलग तरह से देखना होगा। इन सभी तरह के कार्यकारण सम्बन्धों को समझने के लिए हर विषय की ख़ास प्रकृति के मद्देनज़र उससे जुड़े टेक्स्ट को समझ पाने का अभ्यास उच्च प्राथमिक कक्षाओं में और माध्यमिक कक्षाओं में आवश्यक है। इन कक्षाओं में शिक्षण का एक महत्त्वपूर्ण उद्देश्य यह है कि सीखने वाला सभी विषयों के टेक्स्ट पढ़ सके, उनको स्वयं समझ सके और नये टेक्स्ट गढ़ सके। ऐसे टेक्स्ट जिन्हें वह ख़ुद समझ सकता है और औरों द्वारा भी समझे जाने की सम्भावना है।

सांस्कृतिक विविधता का आदर

हम यह जानते हैं कि भाषा हमारी संस्कृति का हिस्सा भी है और बच्चे के सांस्कृतिक विकास का माध्यम भी। इस स्तर पर भाषा सिखाने का उद्देश्य बच्चे में पढ़ने की जिज्ञासा और नया जानने की जिज्ञासा पैदा करना है। वह उसके माध्यम से संस्कृतियों और विभिन्न तरह के जीने के तरीक़ों व उनमें निहित नज़रियों के बारे में जान सके ताकि उसे इन्सानी समाज की विविधता का भरपूर अहसास हो पाये। उच्च प्राथमिक कक्षाओं में सीखने वाले इन्सानी समाज की इस सांस्कृतिक विविधता और सांस्कृतिक धरोहर से परिचय पाने, उसको महसूस करने, उसे समझने व

उसकी व्याख्या करने व उसमें आनन्द के लिए तैयार होते हैं। इसके लिए कक्षा में जगह चाहिए। इसके लिए टेक्स्ट के प्रकार के साथ-साथ अन्त:क्रिया की प्रकृति पर ध्यान आवश्यक है। यह सोचना होगा कि कक्षा में बच्चों को सांस्कृतिक विविधता से परिचय करवाने की प्रक्रिया कैसे होगी? इसमें टेक्स्ट के अलावा क्या सामग्री और क्या ढंग इस्तेमाल किया जा सकता है। इसके साथ-साथ किस-किस तरह की सांस्कृतिक विविधता रखी जाये यह चुनाव करना बहुत ज़रूरी है। विविधता और उसका दायरा सीमित हो जायेगा अगर इसे जाने-अनजाने कुछ ख़ास तरह की संस्कृति को परोसने और उसको थोपने का माध्यम बना लिया जाता है। जहाँ यह आवश्यक है कि हम यह महसूस करें कि बच्चे का जितनी विविध तरह की संस्कृतियों से परिचय होगा उतनी ही उसकी उनमें से अपने लिए उपयुक्त समझ व व्यवहार चयन करने की ताक़त बनेगी। वहीं यह भी सोचना होगा कि असल उदाहरणों में से कौन-से छाँटें ताकि विविधता की झलक मिल सके। यह सब कक्षा की प्रक्रिया का हिस्सा होना चाहिए। अभी की चर्चा से ज़ाहिर है कि टेक्स्ट के चुनाव के अलावा यह सोचना भी आवश्यक है कि इस पर बच्चों को क्या टास्क दिये जायेंगे व उन्हें कैसे करवाया जायेगा। यह स्पष्ट है कि सांस्कृतिक विविधता को सराहने व उसका महत्त्व समझने की समझ मात्र टेक्स्ट पढ़कर नहीं पैदा हो सकती। उस पर चर्चा करने व अलग-अलग तरह के पहलुओं को दिये गये टेक्स्ट में से पहचानने व उनको अपने ढंग से व्यक्त करने से फ़ायदा होगा। कुछ टास्क तो इस तरह के हो सकते हैं जिनमें पाठ की विषयवस्तु को समूहों में पढ़कर उसके किन्हीं पहलुओं को दृश्यों, नाटक आदि के माध्यम से प्रस्तुत किया जाये। दूसरी तरह के टास्क यह हो सकते हैं कि बच्चे अपने माता-पिता से अपनी संस्कृति के बारे में चर्चा करें व उसकी कुछ झलक कक्षा में पेश करें। अलग-अलग तरह के उत्सवों में सभी का यथासम्भव शरीक़ होना भी विभिन्न तरीक़ों को समझने में व उनमें समानताएँ व अन्तर महसूस करने में मदद करेगा।

भावनात्मक, सौन्दर्य व नैतिक विकास

कुछ और महत्त्वपूर्ण पहलू भावनात्मक, सौन्दर्य और नैतिक विकास हैं। कक्षाओं में जिस तरह इन्हें प्रस्तुत किया जाता है उसके नज़रिये को बदलने की ज़रूरत है। अक्सर यह समझा जाता है कि बच्चे के भावनात्मक विकास के लिए उसको ऐसी परिस्थितियाँ देने की ज़रूरत है जिससे उसको कुछ सीधे-सीधे अनुभव और सीख मिले, इनमें द्वन्द्व अथवा जटिलता न हो। कोई ऐसे टेक्स्ट न हों जिनमें पीड़ा का भाव हो अथवा जिनमें तनाव अथवा दुविधा हो। भावनाओं में स्वाभाविकता के स्थान पर

कृत्रिम व अतिरेक अच्छा व्यवहार व अच्छी भावना को ही ज़्यादा जगह मिलती है। इससे ज़्यादातर साहित्य प्रकृति की सुन्दरता व नायकों की वीरता के इर्द-गिर्द हो जाता है। इसमें भी सौन्दर्यता की एक सीमित परिभाषा प्रस्तुत की जाती है जिसमें वयस्कों के और ख़ास तरह के वयस्कों के सौन्दर्य की कल्पना की प्रमुखता होती है। यह मोटे तौर पर मध्यम व उच्च वर्गीय परिवार की दृष्टि जिसमें जीवन की जटिलता, संघर्ष के आयाम व बहुसंख्या में लोगों के यथार्थ को देखने व समझने का प्रयास नहीं होता उसी पर आधारित होती है। उनके लिए अक्सर सामान्य जीवन में रमना, आस-पास हो रही चीज़ों को देखना और उनके यथार्थ में सौन्दर्य देख पाना शामिल नहीं होता। इसमें बच्चों से यह संवाद भी नहीं होता कि उनमें से प्रत्येक को क्या अच्छा लगता है और फिर पूरे समूह को क्या। बच्चों की अपने हिसाब से सुन्दर या उन्हें प्रिय और रोचक लगने वाली कृतियों पर भी चर्चा नहीं होती।

भावनात्मक विकास का एक प्रमुख आधार है अपनी भावनाओं को व्यक्त करना और उनके अनुसार व्यवहार कर पाना। इसके साथ ही अन्य लोगों के साथ अन्त:क्रिया के ऐसे मौक़े पाना जिनमें अन्य लोगों की भावनाओं को व आकांक्षाओं को उनके सोचने के ढंग को, व्यवहार आदि को महसूस करने व समझने का मौक़ा मिले। साथ मिलकर सोचना, सामूहिक कार्य करना, अपनी भावनाओं को व्यक्त कर पाने के माध्यम पाना, अन्य संस्कृतियों के अनुभव पाना और इन सब पर मनन करने के मौक़े पाना, उच्च प्राथमिक स्तर पर आवश्यक है। इस उम्र में बच्चे स्व: की पहचान व निर्माण प्रक्रिया में हैं व उन्हें अपने अन्दर उमड़ रही हर तरह की भावना को समझना है। इसीलिए यह आवश्यक है कि उन्हें इन सब पर अन्त:क्रिया का मौक़ा मिले व वे इनसे रूबरू होकर जूझ सकें। कुल मिलाकर ऐसे टास्क चाहिए जिनमें स्वयं के लिए सौन्दर्य के अर्थ को विकसित करने के विविध अवसर चाहिए, ऐसे टेक्स्ट व टास्क जिससे कि साहित्य में सौन्दर्य देखने का तरीक़ा समझ पायें और उसका भावनात्मक पहलू देख पायें। टास्क ऐसा हो जिससे कि अन्य टेक्स्ट को भी वह खँगाल पायें और स्वयं लिखने का रास्ता भी बना पायें। ऐसे टास्क जिनसे अन्य लोगों की भावनाओं को समझने में और उनके प्रति संजीदा होने में रुचि बने। भावनात्मक विकास का सबसे महत्त्वपूर्ण हिस्सा है कि दूसरों की भावनाओं को समझ पाना। इसलिए कक्षा में यदि भावनात्मक और सौन्दर्य के पहलुओं पर विमर्श हो और अलग-अलग तरह से सोचने वाले बच्चों के विचारों पर चर्चा हो तो उससे न सिर्फ़ बच्चों को अपनी भावना का विकास करने में मदद मिलेगी बल्कि इस बात में भी मदद मिलेगी कि वे अन्य लोगों की भावनाओं की कद्र के प्रति सचेत हो जायें।

हालाँकि इस तरह का विकास सिर्फ़ टेक्स्ट व उस पर विमर्श के अलावा अन्य तरह के मौक़ों की माँग करता है, पर सही चुने गये टेक्स्ट पर सही ढंग से की गयी चर्चा भी इसमें आवश्यक है।

टेक्स्ट का चुनाव व अभ्यास सम्भावना

इस चुनाव के बारे में दो बातें कहना ज़रूरी है, पहली यह कि चुनाव करते समय यह ध्यान रखना चाहिए कि सीखने वाले किस उम्र के हैं और उस उम्र में उनका मनोविकास और मनोवृत्ति किस प्रकार की है। उस विकास के स्तर और मनोवृत्ति को ध्यान में रखकर ही हमें उनके लिए उपयुक्त टेक्स्ट का चुनाव करना होगा। अगर हम ऐसी भावनाओं की बात करेंगे जो सीखने वालों की उम्र और अनुभव के दायरे के बिल्कुल बाहर की है तो उससे उनका जुड़ाव उस तरह नहीं हो पायेगा जैसा उनके हमउम्र और उनके क़रीब के किसी पात्र की भावना के विश्लेषण या उसके बारे में जानने से होगा। पाठक से अपेक्षाकृत दूरी की वजह से उन पर उस तरह के अभ्यास नहीं बन पायेंगे जिनकी आवश्यकता है। जिन भावनाओं व जिन मूल्यों पर हम कार्य करना चाहते हैं वे उस कक्षा और उन विद्यार्थियों के जीवन के विकास के लिए बहुत महत्त्वपूर्ण हैं। यह भी प्रश्न है कि बहुत सारी कहानियाँ जो वयस्कों को अच्छी लगती हैं और शायद उनके हिसाब से बच्चों के लिए बहुत ज़रूरी भी हो सकती हैं, लेकिन उनसे किस तरह की चीज़ सीखी जायेगी और बच्चे उसे कितने ध्यान से देखेंगे इस पर विचार करने की ज़रूरत है। किसी भी टेक्स्ट में भावना, सौन्दर्य और नैतिक अक्सर यह तीनों पहलू होते ही हैं। इन्हें हर टेक्स्ट के सन्दर्भ में आँकने की ज़रूरत है क्योंकि कई टेक्स्ट जिनमें प्रत्यक्ष तौर पर नैतिक बातें होती हैं वे भावनाओं व सौन्दर्य-बोध को नहीं छूते।

सीखने वालों और शिक्षकों को कक्षा विमर्श के लिए, पाठ पढ़कर समझने के अभ्यास के लिए व विषयों व उनकी अवधारणाओं के बारे में अपनी समझ बढ़ाने के लिए विविध स्रोतों की उपलब्धता होनी चाहिए। अत: जब हम भाषा के विकास की बात कर रहे हैं तो टेक्स्ट के चुनाव के साथ-साथ स्कूल में लाइब्रेरी के होने की बात ज़रूरी हो जाती है। उच्च प्राथमिक और माध्यमिक कक्षाओं में अनिवार्य है कि बच्चे को पाठयपुस्तक के अलावा अन्य पुस्तकें पढ़ने का मौक़ा हो और उस मौक़े के लिए हम उसको तैयार करें। यह कार्य हो लेकिन, जबर्दस्ती या उसके ऊपर परीक्षा जैसा कोई बोझा डालकर न किया जाये। उसको प्रेरित किया जाये और उसको सबके व्यवहार से यह समझ में आये कि उसको वह पढ़ सकता है और पढ़ने में उसको धीरे-धीरे रुचि और आनन्द आने लगे।

नैतिकता के मसलों के सन्दर्भ में विमर्श

नैतिक निर्णय और मूल्य उलझा हुआ प्रश्न है और उसमें बहुत सारी ऐसी परिस्थितियाँ हैं जिनमें उलझन होती है। उच्च प्राथमिक स्तर और माध्यमिक स्तर पर इस उलझन के बारे में कुछ चर्चा और विमर्श होना ज़रूरी है। यह सरलता से, सही-ग़लत, अच्छे-बुरे का फ़ैसला नहीं है बल्कि यह इस बात पर निर्भर है कि कौन-सी चीज़ किस परिस्थिति में सही हो सकती है और किसके लिए। क्या सही है और क्या ग़लत परिस्थिति व व्यक्ति निरपेक्ष नहीं है। सही-ग़लत का फ़ैसला सिर्फ़ व्यक्ति, सन्दर्भ और परिस्थिति के मद्देनज़र ही किया जा सकता है, ऐसा कोई फ़ैसला नहीं है जो हमेशा सही हो। दूसरी बात जो ध्यान में रखने की है कि नैतिक मूल्यों और निर्णयों के विकास में मूल्यों की बात तो होती है लेकिन सीखने वाले को स्वयं सोचकर तय करने व निर्णय लेने के मौक़े नहीं मिलते। पाठ के निर्णय उनके आधारों व उनमें निहित तर्कों पर विचार करने और तर्कों की समरसता पर विचार करने को नहीं कहते। मूल्यों पर आगे बढ़ने के लिए इस तरह के कई मौक़े चाहिए जहाँ टेक्स्ट में चर्चा की गुंजाइश हो व फिर कक्षा में इस बात पर कार्य हो कि कहानी में अलग-अलग ढंग से व्यवहार करने वाले पात्रों के बारे में सीखने वाले क्या सोचते हैं। उनके अनुसार किसी विशेष पात्र का उस सन्दर्भ में व्यवहार कैसा है और उस व्यवहार के कारणों पर अलग-अलग दृष्टिकोणों से चर्चा होने से उनकी समझ व्यापक होगी व मूल्य ढाँचा सुदृढ़ होगा। कक्षा का कार्य तब सार्थक होगा जब चर्चा में नैतिकता के तार्किक आधार उभरकर आयें व उन्हें मान्य इन्सानी मूल्यों व संवैधानिक मूल्यों से जोड़ने का प्रयास हो पाये। इस तरह के अभ्यास मात्र तर्क व चर्चा द्वारा नहीं होते वरन साथ कार्य करने, अनुभव व दृष्टिकोण बाँटने व अनौपचारिक चर्चाओं द्वारा विविधता व उसके आधार को समझने के मौक़े बनाने से हो सकते हैं। हम देख सकते हैं कि यह कार्य भी सिर्फ़ भाषा की कक्षा का नहीं है या दूसरे शब्दों में कहें तो भाषा न सिर्फ़ अन्य विषयों में बल्कि स्कूल के हर कार्य और बच्चे द्वारा किये हर अभ्यास में शामिल है। यह समझ बताने व बहस से नहीं वरन सहयोग, सहकार्य व साथ उठने-बैठने, खेलने व अन्त:क्रिया के समय एक-दूसरे के व्यवहार को देखने व आत्मसात करने से बनेगी। इसमें सही-ग़लत का मसला विविधता के स्तर पर और नैतिक तर्क के स्तर पर अलग-अलग देख पाना व उस पर कार्य कर पाना एक महत्त्वपूर्ण शैक्षिक प्रक्रिया है। NEP, 2020 तार्किक नैतिकता के विकास पर ज़ोर देती है। तार्किकता पूर्ण नैतिक विकास के लिए आवश्यक है कि बच्चा अपने निर्णय लेने में सक्षम बने। सक्षमता का अर्थ यह समझ है कि कोई निर्णय क्यों उचित है।

निर्णय का आधार यह नहीं हो कि उसे ऐसा करना ही है क्योंकि वह ही उसे बताया गया है। ऐसी नैतिक तार्किकता का विकास लोकतांत्रिक राष्ट्र के निर्माण में बहुत आवश्यक है। इससे ही वह अन्य जगहों पर भी दिये गये तथ्यों, कथनों को परखने की कोशिश करना सीखेगा। वह किसी कही बात को बिना जाँचे और समझे मानने के लिए तैयार नहीं हो। वह उन्हें तभी स्वीकारे जब वह उन कथनों को तार्किक व प्रामाणिक रूप से सही समझे।

निष्कर्ष

कुल मिलाकर अगर हम उच्च प्राथमिक कक्षाओं में भाषा शिक्षण के परिप्रेक्ष्य के बारे में सोचें तो कई सामान्य बिन्दु सामने आते हैं। इनमें से कुछ महत्त्वपूर्ण बिन्दु हम यहाँ रेखांकित कर रहे हैं। जितनी भी भाषाएँ हम शामिल करें उसमें परिप्रेक्ष्य यही होना चाहिए कि विद्यार्थी इन भाषाओं के परिप्रेक्ष्य को, भाषाओं की पृष्ठभूमि को समझ पायें और इनके आपसी अन्त:सम्बन्धों के एहसास कर पायें। वे यह भी महसूस कर पायें कि इन भाषाओं में बहुत-सी समानताएँ भी हैं और उनमें बहुत विविधताएँ भी हैं। इस उम्र में उसकी नैतिक समझ का निर्माण हो और वह, सही-ग़लत तय करने की क्षमता के साथ-साथ यह भी हिम्मत विकसित करे कि वह जो कर रहा है जो उसके आस-पास हो रहा है, इस सबके बारे में सही ढंग के सवाल पूछ सके। इसके साथ-साथ जो हो रहा है उसमें सकारात्मक रवैये के साथ जुड़ने और उसको समझकर ठीक दिशा में ले जाने की क्षमता भी उसमें हो। इसके लिए न सिर्फ़ टेक्स्ट का चुनाव उपयुक्त होना चाहिए बल्कि सही तरह के अभ्यास और आपसी संवाद और साथ काम करने के मौक़े हों। इसके अलावा विविध तरह के लोगों से बातचीत करने के मौक़े और आस-पास का अवलोकन करने और अलग-अलग तरह के जलसों व कार्यों में सम्मिलित होने के मौक़े बनाने की ज़रूरत है। जिससे उसको जीवन की अवधारणाओं में व लोगों व उनकी प्रतिक्रियाओं में विविधता का भी एहसास हो।

इस पूरी प्रक्रिया में उच्च प्राथमिक स्तर पर यह अपेक्षा है कि विद्यार्थी ज़्यादा व्यापक सन्दर्भों को समझ पाये, उस पर टिप्पणी लिख पाये, वह अमूर्त और अपने से बिल्कुल अलग क़िस्म के टेक्स्ट जिसके बारे में उसका कोई परिचय नहीं है उसको पढ़ पाये और उनसे एक रिश्ता बना पाये। वह यह समझ पाये कि उसमें क्या कहा जा रहा है और उसके आधार पर उस टेक्स्ट के बारे में कुछ टिप्पणी, उनका सार लिख पाये। इसके अलावा 2-3 अलग-अलग टेक्स्ट के बीच में अन्त:सम्बन्ध और उनसे क्या समग्र बात समझ में आ रही है देख पाये। उनको

मिलाकर इस तरह के सामान्यीकरण के अभ्यास कर सके। कुल मिलाकर हम उच्च प्राथमिक शाला में अपेक्षा करते हैं कि बच्चे की समझने और अभिव्यक्त करने की क्षमता का विकास हो। वह और ज़्यादा पढ़ने लगे और उसकी अलग-अलग तरह के विषयों में पढ़ने, उनके ऊपर मन्थन करने में और उनके ऊपर अपनी अभिव्यक्ति देने में रुचि बने।

❑❑